Einmal Indien und zurück

Otto Willkomm

EINMAL INDIEN UND ZURÜCK

Erinnerungen eines Leipziger Indienmissionars

Concordia-Verlag Zwickau

Titelbild: Neue Jerusalem-Kirche in Trankebar (Indien)
Foto: Ulrich Gäbler, Riehen (Schweiz)

Concordia-Verlag Zwickau 2003, 3. Aufl. 2016
(Evangelisch-Lutherische Freikirche)

Umschlag und Layout: R. Hoffmann, Zwickau
Druck: SAXOPRINT GmbH, Dresden

ISBN 978-3-910153-80-6

Inhaltsverzeichnis

Vorbemerkung

„Wenn einer eine Reise tut, so kann er was erzählen", schrieb einst Matthias Claudius. Dies gilt auch vom Verfasser dieser Lebenserinnerungen, Otto Willkomm. Erstaunlich, was dieser Mann unter den Verkehrsverhältnissen der 2. Hälfte des 19. Jahrhunderts alles zu sehen bekam:

In der Oberlausitz geboren, lernte er zunächst als Kind und Schüler die nähere Umgebung seines Heimatortes Ebersbach kennen. Als Student wanderte er von Ost nach West quer durch Mitteldeutschland. Mit 26 Jahren wurde er Missionar in Indien. Die Reise führte ihn über Italien und einen mehrwöchigen Zwischenaufenthalt in Ägypten und Palästina in die Nähe von Tranquebar an der östlichen Küste Vorderindiens. Dort arbeitete er unter den einheimischen Tamilen (damals „Tamulen" genannt). Nach Deutschland zurückgekehrt, schloss er sich der lutherischen Freikirche in Sachsen an. Zu Fuß besuchte er jahrzehntelang von Zwickau aus Predigtplätze im Vogtland und westlichen Erzgebirge. Ende der 1880-er Jahre reiste er im Auftrag seiner Kirche in die USA. Von dem allen berichtet er in diesem Buch. Andere Reisen, z.B. nach Dänemark, Frankreich, in die Schweiz und nach Ostpreußen finden nur nebenbei Erwähnung (S. 60).

Nach 40 Dienstjahren als Pfarrer schrieb Otto Willkomm im Ruhestand seine Erinnerungen auf. Als er den ersten Teil abschloss, war er 82 Jahre alt (Zwischenbemerkung S. 78). Sechs Monate vor seinem Tod im 86. Lebensjahr verfasste er die letzten Seiten des Manuskripts (S. 142). Das Ganze zeugt von einem erstaunlichen Gedächtnis. Nur zum Teil standen ihm Tagebuchaufzeichnungen zur Verfügung. Trotzdem gibt es im Vergleich zu sehr viel früher veröffentlichten Berichten (s. Anhänge) kaum Abweichungen.

Die Abschrift der handschriftlichen Aufzeichnungen besorgte die Enkeltochter des Autors, Anna Willkomm (1903-1989) seit 1979. Sie führte ihrem Großvater in den letzten Jahren den Haushalt und hat deshalb als beste Kennerin der Verhältnisse zu gelten. Später war sie als leitende Schwester im Evangelisch-Lutherischen Altersheim Hesel (Ostfriesland) tätig.

Das Buch liest sich wie eine fesselnd geschriebene Kulturgeschichte des 19. Jahrhunderts. Dabei spannt sich der Bogen von der Kindheit des Verfassers im Oberlausitzer Pfarrhaus über die Leipziger Studentenzeit bis zu den Eindrücken von fremden Kulturen in Palästina und Indien sowie unter deutschen Auswanderern in Nordamerika.

Vor allem aber sind diese Lebenserinnerungen ein Stück kirchlicher Zeitgeschichte. Sie zeigen den Weg eines jungen Mannes, der unter inneren Kämpfen bewusster Christ wird. Bibeltreue und Anfechtungen machen aus ihm einen bekenntnistreuen lutherischen Theologen, der schließlich nicht mehr bereit ist, den Lehrpluralismus der evangelischen Landeskirchen weiter mitzutragen. So führt sein Weg in die Evangelisch-Lutherische Freikirche. Ihr dient er jahrzehntelang sogar im leitenden Amt als Präses. Sein Lebensweg legt Zeugnis ab vom weltweiten Horizont bekenntnistreuen Luthertums schon im 19. Jahrhundert, lange bevor ökumenisches Denken in Deutschland modern wurde.

Dem Herausgeber ist es eine besondere Freude, als Urenkel des Verfassers dieses Werk an dessen 70. Todestag (5. August 2003) der Öffentlichkeit zugänglich machen zu können. Zu danken ist dabei: Dorothee Kubitschek und Magdalene Hugk für die computergerechte Abschrift sowie Martin und Gottfried Heyn für die kritische Durchsicht des Manuskripts. Der Text wurde weithin unverändert belassen. Ergänzungen des Herausgebers sind durch eckige Klammern gekennzeichnet. Leider ließen sich aber nicht alle Namen und Bezeichnungen aufhellen. Ein Namensregister am Schluss soll das Auffinden von Personen an verschiedenen Stellen erleichtern.

Zwickau, Sommer 2003

Gottfried Herrmann

Kapitel 1: Abstammung und Herkunft[1]

Ehe das Jahr 1925, in welchem ich den Stammbaum der Familie Willkomm[2] beendet habe, abläuft, will ich den Anfang machen, die meinen Kindern gemachte Zusage zu erfüllen, dass ich – wenn es Gott noch zulässt – Erinnerungen aus meinem Leben aufschreiben wolle. Als Motto muss ich über dieselben das Bekenntnis Jakobs schreiben: „Ich bin zu geringe aller Barmherzigkeit und Treue, die der Herr an mir, seinem Knecht, getan hat" [1Mose 32,11]. Sowie die Verse Ph. F. Hillers:

Mir ist Erbarmung widerfahren,
Erbarmung, deren ich nicht wert;
das zähl ich zu dem Wunderbaren,
mein stolzes Herz hats nie begehrt.
Nun weiß ich das und bin erfreut
und rühme die Barmherzigkeit.

Das muss ich dir, mein Gott, bekennen,
das rühm ich, wenn ein Mensch mich fragt;
ich kann es nur Erbarmung nennen,
so ist mein ganzes Herz gesagt.
Ich beuge mich und bin erfreut
und rühme die Barmherzigkeit.

Ich, Otto Heinrich Theodor Willkomm[3], bin das vierte Kind, der dritte Sohn, von Karl Ferdinand und Marie Pauline Willkomm, geb. Hünigen. Mein lieber Vater war der älteste Sohn des Magisters Karl Gottlob Willkomm. Eigentlich der zweitälteste, da meinen Großeltern schon am 7. September 1806 ein Sohn geboren war, der aber, wie es in des Großvaters Tagebuch heißt, nur die Welt beschrien, dann aber verschied. Diese harte Prüfung, auf welche der Großvater auch noch in der Abschiedspredigt hinweist, verursachte es, dass die am 7. Januar 1808 erfolgte Geburt meines Vaters um so größere Freude hervorrief.

Meine Großväter habe ich nicht gekannt. Der Großvater Hünigen ist schon 1839 gestorben, bevor meine Eltern sich verheirateten. Er hieß

---

1 Anmerkungen in runden Klammern stammen vom Verfasser (O. Willkomm), in eckigen Klammern vom Herausgeber (G. Herrmann). Die Fußnoten hat der Herausgeber hinzugefügt.

2 Otto Willkomm, Vorfahren und Nachkommen des Mag. Karl Gottlob Willkomm, Zwickau 1926.

3 Geboren am 30.11.1847 in Ebersbach, gestorben 5.8.1933 in Dresden.

Gottfried Friedrich Hünigen[4], hatte Theologie studiert und den philosophischen Doktortitel (Mag.) erworben, war bis gegen Ende 1816 Pfarrer in Güldenbaum bei Lauban, kam dann als Diakonus nach Zittau, wo er am 26. Juli 1839 als Archidiakonus[5] starb. (Näheres ist über ihn zu erfahren über Prof. Dr. Ernst Hünigen, seinen Enkel, der auch Familienforschung betreibt.)

Großvater Willkomm[6] starb 1849, als ich noch nicht zwei Jahre alt war. Von ihm existiert eine Art Tagebuch (ein kleines in rotes Leder gebundenes Büchlein), aus dem ich im Stammbaum einige Abschnitte mitgeteilt habe. Aufgrund desselben hat Prof. **Sueck** mit Hilfe der Tante Amalie einen Lebenslauf verfasst, den mein Vetter **Richard Willkomm** abgeschrieben und mir geschenkt hat. Er berichtet von vielen Enttäuschungen, die der Großvater, besonders in Berufungssachen, erlebt hat und die ihn – wie es mir scheinen will – etwas verbittert haben. Besonders schwer hat ihn ein Streit mit der Gemeinde Herwigsdorf betroffen, der wohl von den durch die französische Juli-Revolution 1830/31 geäußerten freiheitlichen Ideen ausging und bei einem Gottesdienst zu einem Konflikt führte, bei dem der Großvater vor dem Altar ohnmächtig wurde. Es war, soviel ich verstehen kann, bisher Brauch gewesen, dass die Männer bei der Beichte standen, das taten sie nicht mehr, und zwar scheint das in demonstrativer Weise verweigert oder unterlassen worden zu sein, so dass es den sehr auf Zucht und Ordnung haltenden Mann stark erregt haben muss. Übrigens scheint auch sonst mancher Konfliktstoff mit der Gemeinde angelegen zu haben. So erzählte unser Vater, dass die Dielen in der Wohnstube zum Teil weggefault waren; da hatten dann die Kinder Grassamen in die darunter zutage tretende Erde gesät und als die Großmutter ihnen das verwiesen habe, habe der Großvater gesagt: „Lass sie nur machen, so sehen dann die Kirchenväter, wie es hier steht!" („Kirchenväter" hießen damals die Verwalter des Kirchenvermögens; sie hatten auch die Klingelbeutel im Gottesdienst herumzutragen und den Kirchendienst zu versehen.)

Im Übrigen hat der Großvater sowohl bei der Gemeinde als auch bei seinen Amtsbrüdern und Vorgesetzten in großem Ansehen gestanden, wie

---

[4] Gottfried Friedrich Hünigen (1783-1839), 1811-1816 Pf. in Goldenbaum b. Lauban, seit 1816 in Zittau (Die meisten biographischen Angaben in den Anmerkungen stammen aus: Reinhold Grünberg, Sächsisches Pfarrerbuch, Freiberg 1940).

[5] Die Amtsbezeichnung „Diakonus" hat nichts mit dem heutigen Diakon zu tun, sondern wurde damals benutzt, um nachgeordnete Pfarrstellen (zweiter, dritter Pfarrer) an einer Gemeinde zu bezeichnen. Archidiakonus steht dabei für den ersten Diakonus, ihm folgte der Subdiakonus.

[6] Mag. Karl Gottlob Willkomm (1776-1849), 1804-1819 Diakonus in Ebersbach/Oberlausitz, seit 1819 Pf. in Herwigsdorf.

er denn ohne Zweifel ein großer und bedeutender Mann gewesen ist. Ein Zeugnis über seine theologische Stellung erhielt ich aus dem Munde des bekannten Prof. **von Zezschwitz**[7]. Demselben stellte mich bei einem Besuch in Erlangen im Dezember 1866 mein Freund **Georg Stöckhardt**[8] vor, und als er meinen Namen hörte, fragte er, ob ich mit dem Pfarrer Willkomm in Herwigsdorf verwandt sei. Als ich sagte, das sei mein Großvater, erzählte er mir, seine Mutter sei von ihrem Gut Hörnitz bei Zittau oft zu ihm in die Kirche gefahren, weil er noch Christus gepredigt habe in jener Zeit des öden Rationalismus. So dürfen wir gerade auch in diesem wichtigen Grunde uns freuen und dankbar sein, dass wir von ihm abstammen. Es steht nun in meinem Enkel **Martin Naumann**[9] die fünfte Generation unserer Familie im heiligen Predigtamt. Mögen alle, die noch zu demselben sich vorbereiten und in dasselbe berufen werden, treue Zeugen Jesu Christi werden!

Zu der Beerdigung des am 14. September 1849 verstorbenen Großvaters mussten meine Eltern von Ebersbach nach Herwigsdorf drei Stunden zu Fuß gehen, auch denselben Tag zurück. Das war damals eine nicht ungewöhnliche Sache, doch erzählte meine Mutter, dass sie auf dem Rückwege an dem Arm des Vaters manchmal geschlafen habe.

Meine Großmütter dagegen habe ich beide gekannt und in lebhafter Erinnerung. **Großmutter** [Christiane Karoline] **Hünigen** lebte ja in unserem Haus in Ebersbach, wohin sie wohl mit ihren noch unversorgten Kindern gezogen ist, als mein Vater 1845 dort Pfarrer wurde. Sie war das Jahr, bevor meine Eltern heirateten, Witwe geworden und hatte dann noch für mindestens vier Kinder zu sorgen. Im Ganzen hatte sie – soviel ich weiß – sieben Kinder: **Otto** [Hünigen], der Buchhändler war und von dem ich, da er mein Pate war, meinen Namen habe – er starb 1872 in Hubertusburg; **Robert**, der Gärtner wurde, lange in Amerika war, aber dann in den 80-er Jahren zurückkam und in Colditz gestorben ist; **Pauline**, meine Mutter; **Clementine**, die 1850 im Hause meiner Eltern starb, als Braut des Onkels Moritz Willkomm; **Ernst**, der 1842 als Student in Leipzig starb; **Marie**, die 1858 sich in meiner Eltern Hause mit Richard Seidemann aus Zittau verheiratete

7 Gerhard von Zezschwitz (1825-1886), seit 1856 Prof. für Praktische Theologie in Leipzig, dann Gießen, seit 1866 in Erlangen.

8 Karl Georg Stöckhardt (1842-1913), 1873-1876 Diakonus in Planitz, 1876 Übertritt zur Ev.-Luth. Freikirche, seit 1878 Pastor und Prof. der Missourisynode in St. Louis/MO. Vgl. Otto Willkomm, Von der Anklagebank zum Katheder (Lebensbild Stöckhardts), Zwickau 1914.

9 Martin Justus Naumann (1901-1972), 1925-1940 Pastor der Ev.-Luth. Freikirche in Schönfeld (b. Annaberg-Buchholz) und Hamburg, seit 1948 Prof. am Concordia-Seminar in Springfield/IL. (Missourisynode).

und 1898 in Nossen starb; **Heinrich**[10], der Theologie studierte und nach Verwaltung verschiedener Pfarrämter als emeritus in Cossebaude starb.

Es war nicht ganz nach dem Sinne unseres Großvaters Willkomm, dass mein Vater in diese Familie heiratete, weil er voraussah, dass der Vater damit auch die Sorge für die noch unversorgten Geschwister unserer Mutter auf sich nahm; und diese Befürchtung hat sich ja bestätigt. Der Vater aber hat das mit großer Geduld auf sich genommen und mit unserer Mutter die Sorge für deren – nur eine geringe Pension genießende – Mutter und ihre unversorgten Geschwister – die das Ebersbacher Pfarrhaus als ihre Heimat betrachten konnten – treu geleistet.

Ich habe die Großmutter in Erinnerung als eine kleine freundliche Frau, die uns Kinder nicht verwöhnte, aber zum Gehorsam, Ordnung und Bescheidenheit anhielt. Sie hatte immer ein Strickkörbchen am Arm und mag wohl unsere Füße mit Strümpfen versorgt haben. Ihr Sterben ist mir insofern sehr eindrucksvoll gewesen, als ich mich lebhaft erinnere, dass wir alle um ihr Bett gekniet haben.

Sie bescherte uns Kindern ihre Weihnachtsgaben immer besonders, nicht mit den Eltern am 24. Dezember, sondern erst am 6. Januar. Wir nannten das Sanktnickel – eine Verwechslung mit dem St. Nikolaustag, der ja am 6. Dezember ist. Es waren sicherlich bescheidene Gaben, die wir da erhielten. Aber wir waren überhaupt nicht verwöhnt, und es war uns eine besondere Freude, dass wir nach Weihnachten noch etwas zu erwarten hatten. Obwohl meine Erinnerung an diese Großmutter verblasst ist (ich war wenig über drei Jahre alt, als sie starb), so habe ich doch nur ein freundliches Bild von ihr in meinem Herzen. Meine Schwester Ottilie, die nach dem 1852 erfolgten Tod unseres ältesten Bruders Paul zwei Jahre hindurch krank lag, erinnert sich, dass die Großmutter sie in dieser Zeit besonders betreut hat und dass sie nach ihrer Genesung an der Hand der Großmutter wieder gehen gelernt hat. Sie hat darum auch besonders an ihr gehangen und nach ihrem Tode stundenlang in der Kammer gesessen, wo ihre Leiche lag, und geweint. Uns älteren Geschwistern ist das nicht so zu Herzen gegangen, denn ich erinnere mich, dass Tante Marie uns sehr schelten musste, weil wir den in dem Hausflur an der Wand lehnenden Sargdeckel bei unserem kindlichen Spielen als Versteck benutzten, ohne uns viel dabei zu denken.

Großmutter [Amalie Tugendreich] **Willkomm** lebte nach dem Heimgang des Großvaters in dem kleinen Städtchen Bernstadt auf dem Eigen. (Dieser

[10] Karl Heinrich Hünigen (1826-1904), seit 1851 Lehrer in Zittau, später Leipzig; seit 1861 Pfarrer in Chemnitz, Döhlen, Hermsdorf (b. Dippoldiswalde) und Schönerstädt; 1896 emeritiert.

Lausitzer Bezirk heißt „auf dem Eigen", weil er dem Kloster Marienstern zu eigen gehört, dessen Äbtissin z.B. auch noch die Patronatsrechte über die lutherischen Pfarreien ausübt; in meines Vaters Papieren fand ich den Entwurf eines Bewerbungsschreibens um eine solche Pfarrstelle, welches an die hochwürdige Äbtissin gerichtet war). In Bernstadt hatte der Großvater ein Haus für die Großmutter gekauft, welches sie, nachdem sie das Herwigsdorfer Pfarrhaus verlassen hatte, mit ihrer unverheirateten Tochter Amalie bezog und bis zu ihrem am 27. Mai 1872 vollzogenen Tod – also über 23 Jahre – bewohnte.

Dort haben wir die Großmutter oft besucht und stets fröhliche und glückliche Tage dort verbracht, wobei allerdings die Fröhlichkeit etwas gedämpft wurde durch Tante Malchens ziemlich strenges Regiment: Wir durften nicht zu laut werden, auch nicht mit schmutzigen Schuhen auf die weißgescheuerten Dielen treten. Aber hinter dem Hause war ein kleiner Garten und hinter diesem das Waschhaus mit einer zum Mühlgraben offenen Tür. Da gab es Gelegenheit zu allerlei Spielen, freilich auch zu schmutzigen Schuhen! Die meisten Besuche machten wir im Winter, am 31. Dezember, an welchem die Großmutter ihren Geburtstag hatte. Da gab es jedes Jahr eine Familienfuhre von Ebersbach nach Bernstadt, die entweder über Kottmarsdorf und den nordwestlichen Abhang des Kottmars oder über Eibau und Ninife (ein einzelnes zu Ruppertsdorf gehöriges Wirtshaus) nach Herrnhut und von dort auf der Staatsstraße nach Bernstadt führte. Da die Fahrt je drei Stunden dauerte und wir an demselben Tag zurück mussten, war unser Aufenthalt bei diesen Gelegenheiten nur ein kurzer. Doch erinnere ich mich, dass wir einmal in ein „Theatrum mundi" geführt wurden, ein Anfang der jetzigen Kinos – was uns sehr gefiel. Im Sommer wanderten wir von Herrnhut aus, wohin uns die Eisenbahn brachte, durch das schöne Pließnitztal nach Bernstadt.

Die Großmutter war eine kleine freundliche Frau, die ihre Enkelkinder sehr lieb hatte. Sie hatte einen lebhaften Geist und behielt bis in ihr hohes Greisenalter die volle Klarheit ihres Verstandes. Nur ihr Augenlicht nahm zuletzt sehr ab; als ich sie – es muss wohl in den Weihnachtsferien 1871 gewesen sein – das letzte Mal besuchte, musste ich in das Fenster treten, damit sie meine Gestalt noch sehen konnte.

Als sie im Mai 1872 heimgegangen war und auf dem Gottesacker in Herwigsdorf an der Seite des Großvaters beerdigt wurde, erhielt ich leider die Nachricht davon und die Aufforderung meines Vaters, dem Begräbnis beizuwohnen, erst in der Stunde des Begräbnisses und konnte also nicht kommen. Das hat damals meinen lieben Vater, den ich nicht einmal mehr benachrichtigen konnte, sehr enttäuscht und mir sehr leid getan, denn ich hatte die Großmutter sehr lieb und habe ihr ein gutes Gedächtnis bewahrt.

Im Mai 1873 bin ich dann mit meiner Braut noch einmal in Bernstadt gewesen, um Tante Malchen zu besuchen. Diese zog, nachdem das Haus verkauft war, nach Zittau.

Kapitel 2: Meine Eltern

Mein Vater, **Karl Ferdinand Willkomm**[11], war der älteste Sohn des damaligen Diakonus von Ebersbach [Oberlausitz]. Er war nach meiner Erinnerung ein ernster, aber sehr gütiger Mann, dem es schwer fiel, harte Worte zu sagen, der darum wohl manches schweigend getragen hat. Doch hielt er uns in strenger Zucht. Von seiner Jugend erzählte er gern. Er war in Herwigsdorf bei Zittau, wohin sein Vater, bevor er das zweite Lebensjahr vollendet hatte, versetzt wurde, aufgewachsen, hat von 1822-1827 das Gymnasium in Zittau und dann 1828-1830 die Universität in Leipzig besucht. Beim Abgang vom Gymnasium pflegten damals die angehenden Studenten ein Album bei den Honoratioren und sonst bekannten Bürgern der Stadt herumzutragen und bekamen nebst einem Lebensspruch ein Geldgeschenk als *viatinum* [Reisegeschenk]. Davon erzählte der Vater gern folgendes Erlebnis: Als er sein Albumblatt dem Bäckermeister Schütte überreichte, sagte dieser: „Do heeßt's woll, Schütte griff an Büttel!"

Die Reise nach Leipzig wurde damals teils zu Fuß – mitunter durch die Sächsische Schweiz – teils mit Gelegenheitsfuhren gemacht. Von Dresden an ging die Fahrt z.T. mit Elbschiffern zu machen. [Die] Post[kutsche] war für Studenten recht teuer und die Leipzig-Dresdener Eisenbahn wurde erst vollendet [1839]. Obgleich der Vater die Absicht hatte, Theologie zu studieren, hatte er doch große Neigung zu Mathematik. Doch erkrankte er im 1. Semester am kalten Fieber (Wechselfieber), welches in dem damals von sumpfigen Wäldern umgebenen Leipzig zu Hause war, und wandte dann all seine Kraft voll dem Studium der Theologie zu. Über die Professoren, deren Vorlesungen er gehört oder bevorzugt hat, habe ich nichts von ihm gehört. Die meisten waren wohl Rationalisten.

[11] Karl Ferdinand Willkomm (1808-1887), 1840-1845 Diakonus in Hirschfelde (b. Zittau), 1845-1863 Pfarrer in Ebersbach/OL, 1863-1880 in Altgersdorf (b. Löbau).

Obwohl er gleichzeitig mit **Ferdinand Walther**[12], dem nachmaligen Führer der Missouri-Synode, in Leipzig war, ist er weder mit ihm, noch mit dem um Kandidat Kühn sich sammelnden Kreise entschieden gläubiger Studenten in nähere Berührung gekommen, auch von der Stephanschen Bewegung nicht berührt worden. Doch hat das Vorbild seines entschieden gläubigen Vaters ihn wohl vor dem schlimmen Einfluss des Rationalismus bewahrt. Die „väterlichen Werke“ [Veröffentlichungen] des Großvaters sind ja vornehmlich ihm vermeint [für ihn bestimmt] gewesen.[13]

Der Vater war sein Leben lang bis in sein Greisenalter ein Frühaufsteher und ist selbst als Student meist um 5 Uhr aufgestanden, wie aus seinen Tagebuchblättern hervorgeht. Er hat also nie die Nächte durchgeschwärmt, sondern ist ein solider, fleißiger Student gewesen. Er rauchte nicht und ging nur in Gasthäuser, wenn es sein Beruf oder die Not erforderte. Da er aber viel Sinn für Naturschönheiten und einen starken Wandertrieb hatte, hat er einmal eine Fußreise nach Thüringen unternommen, mit dem Ziel, die Wartburg zu besuchen. Er ist aber nur bis Erfurt gekommen, weil ein Kommilitone[14], der noch dazu ein entfernter Verwandter war, mit ihm wanderte und aus seiner Tasche mit zehrte. Das hat der Vater uns oft mit Schmerzen erzählt. Später als Gymnasiallehrer hat er einmal eine Reise nach Berlin gemacht, bei der er anscheinend auf Freiers Füßen ging. Doch habe ich darüber nichts Näheres erfahren. Das war natürlich, ehe er sich mit unserer lieben Mutter verlobte.

Unsere liebe Mutter, **Marie <u>Pauline</u> Hünigen**, hatte ein viel lebhafteres, heiteres Temperament und ein sehr liebevolles Herz, so dass ihr die Herzen der meisten Leute zuflogen, auch solche, die vor dem ernsten und wortkargen Mann eine gewisse Scheu hatten. Sie hatte eine gute Schulbildung genossen, auch Französisch gelernt und war sehr musikalisch. Mit dem Vater lebte sie in herzlicher Eintracht und erzog uns ganz in seinem Sinn und Geiste, obwohl sie nicht immer mit seiner, vielleicht etwas pedantischen Weise [überein-]stimmte. Das Ebersbacher Pfarrhaus war durch sie stets offen für Gäste, die gern kamen und wiederkamen, und es herrschte ein fröhlicher, ungezwungener Ton bei uns, der auch unsere Kindheit und Jugend verklärte. In religiöser Hinsicht stand Mutter wohl eher rationalistisch, hielt aber doch fest an der Bibel und hat, obwohl sie meinen Entschluss, Missionar

---

[12] Carl <u>Ferdinand</u> Wilhelm Walther (1811-1887), 1836-1838 Pf. in Bräunsdorf (b. Chemnitz), 1838 Auswanderung nach Nordamerika, seit 1841 Pastor und Professor d. Missourisynode in St. Louis/MO.

[13] Vgl. Otto Willkomm, Vorfahren und Nachkommen des Mag. Karl Gottlob Willkomm, Zwickau 1926, S. 39.

[14] D.h. ein Mitstudent.

zu werden, nie recht verstand und unseren Austritt aus der Landeskirche noch weniger verstehen konnte, durch Gottes Gnade doch ihren Heiland gefunden und ist im Glauben an ihn heimgegangen. Die mancherlei Sorgen, die unsere Eltern zu tragen hatten, hat sie mit dem Vater treulich getragen und dafür gesorgt, dass unsere Kinderjahre durch dieselben nicht getrübt wurden. Nach des Vaters Tod lebte sie in Frankenberg und hatte Freude an ihren dortigen Enkelkindern, deren älteste, Elisabeth Schneider, sie ganz bis an ihr Ende versorgte.

Kapitel 3: Kindheitserinnerungen

Was ich von meiner frühesten Kindheit weiß, beruht wohl meist auf Erzählungen meiner Eltern. Das gilt jedenfalls von dem „Willkommen“, mit dem ich bei meinem Eintritt in die Welt begrüßt worden bin. Da hat jemand gesagt: „Schon wieder ein Junge!“ Ich war ja der dritte dieses Geschlechts und man hätte wohl für meine Schwester Elise, die eineinhalb Jahre vor mir erschienen war, lieber ein Schwesterchen gehabt. Da hat dann aber Tante Clementine den unwillkommenen Jungen in ihre Arme genommen und gesagt: „Wenn ihn niemand lieb haben will, so will ich ihn liebhaben.“ Und das hat sie jedenfalls gehalten, obwohl ich keine Erinnerung daran habe; denn sie starb, ehe ich das 3. Lebensjahr vollendete. Doch lebte ihr Bild bei mir wie in unserer ganzen Familie und wohl bei allen, die sie näher kannten, fort in einer Art Verklärung: Sie muss ein schönes so[wie] auch ein freundliches und liebenswürdiges Mädchen gewesen sein.

Ein ähnlicher, wenn auch geringerer Glorienschein umgab das Bild unseres 1852 im Alter von zehn Jahren an Scharlach gestorbenen ältesten Bruders Paul, an den ich aber keinerlei persönliche Erinnerungen habe. Er muss nach allem, was uns von ihm gesagt wurde, ein sehr [auf-]gewecktes, gehorsames und geschicktes Kind gewesen sein. Holzschnitzarbeiten, die er gemacht hatte, wurden als „Reliquie“ in einem Glasschränkchen aufgehoben und gebührend bewundert.

Übrigens haben mich meine lieben Eltern meine unerwünschte Jungenhaftigkeit nicht entgelten lassen, sondern mir alle Liebe erwiesen. Auch hat ja meine 2 1/2 Jahre später geborene Schwester Ottilie den Fehler gutgemacht und als unser Bruder Paul gestorben war, waren wir ja – wie es gewünscht worden [war] – zwei Knaben und zwei Mädchen. Ein kleiner Nachkömmling, der 1854 sich einstellte, änderte daran nichts, da er gleich nach der Geburt starb. Aber vielleicht ist der lebhafte Wunsch, den meine Mutter hatte, als sie mich unter dem Herzen trug, dass es ein Mädchen sein sollte, von Einfluss gewesen auf meinen zaghaften Charakter, dessen Eigenart ich oft als Feigheit empfunden habe und, wo es galt, nur unter schweren Kämpfen überwunden habe. Über diese Bemerkung würden wohl solche lächeln, die mich nur als „Streittheologen" kennen – so nannte mich im Anfang meiner Wirksamkeit als Herausgeber der „Freikirche" Dr. **Münkel**[15] in seinem „Neuen Zeitblatt" einmal den „Grobschmied von Planitz" – aber die Sache ist doch so: Ich wurde wider meinen Willen sozusagen ins Wasser geworfen und musste da eben lernen zu schwimmen, so gut oder schlecht es ging, und mein in Gottes Wort gebundenes Gewissen machte mir Angst, ich möchte meiner Naturanlage und der Zeitströmung folgend, zu gelinde sein, und riet mich dazu an, scharf zu reden und zu schreiben. Dabei mag ich wohl manchmal über das Maß gegangen sein, weil ich lieber zu scharf reden als verleugnen wollte. Aber ich habe mir auch darüber Gedanken gemacht, dass ich nicht energisch genug vorgegangen bin oder zu früh abgelassen habe, besonders in dem Konflikt mit den Zwickauer Pastoren.[16] Ich habe mich gefragt, ob mich nicht das Wort träfe, was der Prophet Elisa dem König Joas sagte, als er mit den Pfeilen dreimal die Erde schlug (2Kön 13,17-19). Gott hat mir, des[sen] bin ich gewiss, beides vergeben, sowohl wenn ich zu scharf, als auch, wenn ich aus Zaghaftigkeit zu gelinde gewesen bin.

Am 13. Dezember 1847 habe ich durch Gottes Gnade und meiner lieben Eltern treue Fürsorge die heilige **Taufe** empfangen und bin dadurch ein Kind Gottes geworden. Der Geist, der in meiner Eltern Haus herrschte, war ein durchaus christlicher. Jeder Tag wurde mit einer vom Vater gelesenen Andacht und Gebet begonnen. Auch wurden wir Kinder zum Beten angehalten und schon früh mit in die Kirche genommen, wo ich, als ich noch klein war, neben der Mutter im Pfarrstande, zwischen den beiden Kirchvätern [vgl. S. 10] Herberg und Gocht in einem ehemals als Beichtstuhl gebrauchten Stande schräg hinter dem Altar saß.

Meine Taufpaten waren [1] der älteste Bruder meiner Mutter, **Otto Hünigen**[17], [2] der Mann der Schwester Emilie meines Vaters, Subrektor **Heinrich**

---

[15] August Friedrich Otto Münkel (1809-1882), bis 1869 Pf. in Oiste b. Verden, 1868 Mitbegründer der Allg. Ev.-Luth. Konferenz, 1869 em.

[16] Auseinandersetzung mit den damaligen landeskirchlichen Pfarrern Sup. Christian Friedrich Meyer (1840-1911) und Lic. Georg Buchwald (1859-1947) in Zwickau (1885/86). Vgl. dazu: Gottfried Herrmann, Lutherische Freikirche in Sachsen, Berlin 1985, S. 364f.

[17] Otto Hünigen (gest. 1872 in der Anstalt Hubertusburg), unverheiratet, von Beruf Buchhändler in Hohenstein-Ernstthal (vgl. im folgenden Kap. 5).

Kämmel[18], und [3] die älteste Schwester meines Vaters, **Amalie Willkomm**. Sie haben sich alle stets ihrer Patenpflichten erinnert. Onkel Otto schenkte mir, als ich auf dem Gymnasium war, eine vergoldete Taschenuhr, die ich in Indien dem König von Pudukottah überlassen habe, weil er besonderes Wohlgefallen daran fand; er schenkte mir dafür die noch vorhandene Rajah-Uhr, deren Deckel mit Emaille ausgelegt ist. Von Tante Amalie erhielt ich eine silberne Denkmünze und als Erbstück die Standuhr mit Datumanzeiger und Viertelstundenschlag. Onkel Kämmel, unter dessen Rektorat ich das Gymnasium besuchte, hat mir viel Wohltaten erwiesen, ohne mich etwa in ungerechter Weise zu bevorzugen, und meine geistige Entwicklung sehr gefördert. So gedenke ich ihrer aller in Dankbarkeit.

Meine erste wirkliche Erinnerung ist die, dass ich, als ich mit unserem Dienstmädchen – sie hieß, glaube ich, Rosalie – zu unserer Waschfrau, zu der von uns sehr geliebten [Frau] Weber ging, in den Dorfbach gefallen bin, weil mich das Mädchen auf der Brücke, die kein Geländer hatte und nur aus drei roh behauenen Granitsteinen bestand, nicht an der Hand hielt. Der Fall in den z.Z. wenig Wasser führenden, aber etwa 1½ m unter der Brücke laufenden Bach brachte mir ein Loch im Kopf ein, welches aber schnell geheilt sein muss und hinterließ keine weiteren üblen Folgen.

Da aber die Eltern mit unachtsamen Dienstboten mehrfach üble Erfahrung gemacht zu haben scheinen, wurde, als ich etwa fünf Jahre alt war, eine schon ältere Person, eine Witwe, als Magd angenommen. Das war unsere Dore (**Dorothea**, verw. **Sinkwitz**, geb. Merken, geboren oder getauft am 2.2.1808 in Bellwitz bei Löbau; soviel ich weiß eine Wendin). Sie hatte eine Tochter Gustel, die einen Tag älter war als ich, aber bei den Stiefgeschwistern blieb, als ihre Mutter zu uns kam; denn diese war die zweite Frau ihres Mannes gewesen, der aus seiner ersten Ehe mehrere Kinder hinterlassen hatte. Mit dieser unserer Dore, die meinen lieben Eltern bis nach dem Tode meines Vaters (Ostern 1888), als meine Mutter nach Frankenberg zog, [die] Treue gehalten hat, ist mein frühes Kinderleben aufs Engste verknüpft.

Meine erste Erinnerung an sie ist, dass ich mit ihr auf dem Felde hinter unserem Pfarrgehöft Kartoffeln geerntet habe, wobei sie mich anwies, die Kartoffeln nicht anzuhacken und richtig in die vor uns stehende „Schwinge" (einen flachen Korb) zu werfen. Außer ihr war der Gartenarbeiter **Neumann**, der unseren großen Blumen- und Gemüsegarten bearbeitete, mein Vertrauter; und gelegentlich der Pächter des Pfarrfeldes, **Rösler**. (In Ebersbach hatten fast alle Familien einen Spitznamen, der meist von dem

[18] Heinrich Julius Kämmel (1813-1881), seit 1858 Gymnasiallehrer und -rektor in Zittau, seit 1841 verheiratet mit Emilie geb. Willkomm.

Rufnamen eines Vorfahren herrührte. So hieß eine Familie, deren Vorfahre Benediktus gehießen hatte, Behnz. Es wusste eigentlich kaum jemand, wie sie wirklich hießen. Es konnte vorkommen, dass bei den Abkündigungen eines Todesfalles in der Kirche, wo der Spitzname nicht genannt wurde, die Leute die Köpfe zusammensteckten, um zu erfahren, wer eigentlich gestorben war.)

An Altersgenossen hatte ich nur einen Gespielen namens Hiecke, der in der Nähe wohnte, aber zum Spielen erst kommen konnte, wenn er sein „Ziel" hatte, nämlich seine bestimmte Anzahl Spulen für seinen Vater, der Weber war, fertig hatte; denn dazu wurden in den zahlreichen Weberfamilien des Dorfes schon die kleinen Kinder gebraucht und angehalten. Wir haben uns – soviel ich mich erinnere – immer gut vertragen und in unserem Garten sowie auf den Pfarrfeldern, in einem kleinen Wäldchen und einer Sandgrube hat es uns an Zeitvertreib nicht gefehlt.

Außerdem hatte ich meinen Bruder Fritz und meine Schwestern Elise und Ottilie als Spielkameraden und manchmal kamen auch die Vettern Robert und Richard Willkomm, die Söhne des Onkels Wilhelm aus Bernstadt, zu Besuch und imponierten uns durch ihre Größe, Stärke und Kühnheit.

Unser Garten, durch welchen unser Haus von der verkehrsreichen Hauptstraße getrennt war, bot mit seinen Blumenbeeten, Rasenplätzen, verschlungenen Sandwegen und fünf verschiedenen Lauben mannigfaltig Gelegenheit zu allerlei Zeitvertreib, brachte uns aber auch manche Pflichten: So mussten wir jeden Sonnabend die Sandwege mit dem Rechen säubern und ordentlich machen, auch von dem Gras, das darin aufkam, säubern, was immerhin, da die Wege ziemlich lang sich hinzogen, ein[ig]e Arbeit machte. Der nach dem benachbarten Kretschmer-Grundstück [Kretscham = Gasthaus] und der Kirche zu gelegene Teil des Gartens enthielt ein kleines Wäldchen mit Laub- und Nadelbäumen sowie einen Teich, der durch das von dem laufenden Röhrbrunnen ablaufende Wasser gespeist wurde und einen Abfluss nach dem Dorfbach hatte. Da gab es natürlich sowohl am Röhrentrog als auch an dem Abfluss und am Teich viel Gelegenheit zum Plantschen. Wenn der Trog, in dem sich grünes Moos und Schlamm absetzten, gereinigt wurde, badeten wir Jungen darin, wenn warmes Wetter war.

Im Teiche, der ziemlich schlammig war, haben wir auch gebadet; aber im Winter, wenn das Eis fest genug war, [wurde] geschindert (wie es in der Lausitz heißt „getschügelt"), wobei einmal Ottilie ins Wasser fiel, als sie dem Abfluss, wo das Eis dünner war, zu nahe kam. Elise rettete sie, und ich war nicht wenig erstaunt, als ich aus der Schule kommend, ihre Kleider auf der Leine hängen sah und sie im Bett fand. Zum Schlittschuhsport war der Teich zu klein, ebenso zum Rudern. Aber ein Holzschiff, das der Vater uns geschnitzt hatte, ließen wir darauf fahren, sowie Kähne, die wir selbst aus Baumrinde schnitzten und Schiffe aus Papier. Einmal, bei einer großen Seeschlacht, bei welcher die ganze Papierschiffsflotte in Flammen aufging, kenterte das Holzschiff und die Soldaten (es waren Landratten von der Festung Königstein) ersoffen. Zum Glück waren die beiden Messinggeschütze, mit denen das Schiff bestückt war, angebunden und konnten mit dem Schiff geborgen werden. Die an der Südseite des Teiches ansteigende „Terrasse" war mit Quarzfelsstücken, zwischen denen Blattpflanzen wuchsen, gebaut und hatte nach dem Teiche zu eine Steinplatte. Nach der Straße zu (sie bildete die höchste Südostecke des Gartens) war sie von zwei Lindenbäumen bestanden, unter denen sich eine Bank befand. Von hier aus konnte der Verkehr auf der Chaussee beobachtet werden.

Außer dem Ziergarten mit dem Teich und Wäldchen gab es noch einen Gemüsegarten mit Beerensträuchern und hauptsächlich von der Dore gepflegtem Gemüse, auch etlichen Frühbeeten und einem großen Grasgarten mit Obstbäumen. Unter letzteren war der alte große Honigbirnbaum, der uns Kinder am meisten erfreute, weil wir, wenn er geschüttelt wurde, nach Belieben auflesen, unsere Taschen füllen und noch an unsere Spielkameraden austeilen konnten. Als Spielplatz war dieser Grasgarten, da das Gras verpachtet war, nur im Winter zum Rodeln verwendbar. Dagegen bot der Hof zwischen dem großen Wohnhaus und der Scheune sowie diese selbst auch im Sommer viel Unterhaltung. Denn dort verkehrte der Pächter mit seinen Ackergeräten und Fuhrwerk; dort wurde Holz und Reisig abgeladen, auf der Tenne gedroschen usw.

Als anstelle der Holz- und Reisigfeuerung die Steinkohlenfeuerung trat, wurde an die Scheune ein kleiner Kohlenschuppen angebaut, der uns als Ritterburg diente, die oft mit Wurfgeschossen berannt wurde, während unsere Schwestern auf der oberen Balkenlage sitzend, ihre Stickerei taten. Wurde die Lage zu gefährlich, so konnten sie von dort auf den Heuboden flüchten, da das Scheunendach, den Schuppen von oben überragend, offen war. Außer der als Wurfspeer dienenden Bohnenstange hatten wir Bogen und aus Schilfrohr hergestellte Pfeile, die an der Spitze mit einem Schieferstift beschwert waren.

Mit einem solchen Pfeil hätte ich meiner Schwester Ottilie einmal beinahe das Auge ausgeschossen. Er traf sie nur etwa ein Zoll [2,6 cm] unter dem Auge, und ich danke noch heute Gott, dass er ihn so gelenkt und mich davor bewahrt hat, dass ich mir lebenslang hätte Vorwürfe machen müssen. Gewöhnlich schossen wir mit den Pfeilen nur in die Luft und suchten besonders über das Scheunendach hinweg zu schießen. Da ist mancher Pfeil in dem Stroh desselben steckengeblieben.

Die Pfeile konnten wir uns von dem Rohr selbst schnitzen, weil damals anstelle der alten Balkendecken Rohrdecken in unserem Pfarrhaus eingezogen wurden. Außerdem wurden auch die alten Schornsteine durch gemauerte, sog. russische Schornsteine, ersetzt, was einen großen Umsturz im Hause bedeutete, mit ungeheuerem Staub und Dreck, für uns Kinder aber eine Wonnezeit, da wir auf den lange Zeit im Garten gelegenen Sandhaufen viel Spielgelegenheit fanden.

Im Hause hatten wir neben der Wohnstube einen Alkoven [= Nebenraum], in dem außer Kleidern und Mänteln sich ein Regal befand, auf dem unsere Spielsachen untergebracht waren. Im oberen Stock war ein langer Korridor, der als Kegelbahn diente. An seinem Ende konnte eine Schaukel aufgehängt werden. So gab es allerhand Gelegenheit zu Spiel und Unterhaltung. Am liebsten aber hielten wir uns in der der Wohnstube gegenüber liegenden Kochstube auf, in der die Dore ihr Wesen hatte und deren tiefe Fensternischen, besonders als wir noch klein waren, beliebte Spielplätze waren.

Zur Erläuterung dieser allgemeinen Kindheitserinnerungen füge ich Skizzen bei, die freilich auf genaue Abmessung keinen Anspruch machen können, da mir hierzu die Unterlagen fehlen [leider nicht überliefert].

Nun noch einzelne Erinnerungen:

Soldaten habe ich zum ersten Mal gesehen, als ein Zug sächsischer Dragoner durch Ebersbach kam und der Anlass, der sie durch unser Dorf führte, hat mir besonderen Eindruck gemacht. Es war in Wittgendorf bei Hirschfelde eine Mordtat geschehen und der Mörder sollte dort, wo er die Tat verübt hatte, hingerichtet werden. Dazu wurden jene Reiter kommandiert, um den Richtplatz abzusperren. Die Praxis, die Verbrecher möglichst am Orte des Verbrechens zu richten, hatte jedenfalls viel für sich, weil dadurch sowohl die Sühnung des Rechts gerade denen mehr zum Bewusstsein kam, deren Rechtsgefühl durch die Tat unmittelbar verletzt worden war, als auch die Abschreckung wirksamer wurde, als bei der jetzt üblichen Hinrichtung im Gefängnishofe.

Die **Eisenbahn** habe ich zuerst auf der Finke (Haltestelle Niedercunnersdorf der Zittau-Löbauer Eisenbahn) gesehen. Es steht mir heute noch vor Augen, wie die braunen Wagen um die Ecke herumkamen; wir stiegen dann ein und fuhren bis Herrnhut.

Im Jahre 1855 wurde das 300-jährige Gedächtnis des **Augsburger Religionsfriedens** im ganzen Land festlich begangen. In Ebersbach wurden abends die Häuser illuminiert, was unser Vater dadurch bewerkstelligte, dass in jedes Fenster des Oberstocks auf der nach der Straße zu gelegenen Front vier Weinflaschen mit Lichtern gestellt, außerdem aber auf dem der Straße nahe gelegenen Grasplatz zwei Pechpfannen auf Pfuhle [Wasserbehälter?] befestigt und angezündet wurden. Uns Kindern machte es besonderen Spaß, dass etliche Äpfel von dem auf diesem Platze stehenden Apfelbaum dadurch gebraten waren.

Am nächsten Tage nahm mich der Vater mit nach Zittau, wo aus dem gleichen Anlasse ein großes Kinderfest stattfand. Ich hatte wohl unter der Kinderschar meine ursprüngliche Schüchternheit verloren und beteiligte mich an ihren Spielen. Deshalb bot Frau Lehrer Wünsche meinem Vater, als er wieder abreisen musste, an, mich über Nacht zu behalten. Als aber der Vater fortging, fing ich bitterlich zu weinen an, so dass es Frau Wünsche für besser hielt, mich dem Vater nachzuschicken. Sie zeigte ihn mir auch noch in der Ferne und ermahnte mich, ihm nachzulaufen. Ich verlor ihn aber aus den Augen und ging heulend meines Weges. Da fragte mich ein altes Mütterchen, weshalb ich so flennte [weinte] und brachte mich zum Bahnhof, den ich zum Glück noch erreichte, ehe mein lieber Vater eingestiegen war. Das war mein wenig Gutes verheißendes erstes Debüt im Alleinreisen, nach welchem man nicht darauf hätte schließen können, dass ich so weit in der Welt herumkommen würde.

Nicht viel besser benahm ich mich bei einer anderen Reise, bei der ich wirklich die erste Nacht außer dem Elternhaus zubrachte. Der Vater hatte mit uns drei ältesten Kindern – Fritz, Elise und mir – eine Fußwanderung nach Valtenberge bei Neukirch gemacht. Wir genossen die Wanderung und die Aussicht von dem kürzlich erbauten Aussichtsturme des an der Grenze zwischen dem Lausitzer Gebirge und der Sächsischen Schweiz gelegenen Berges [598 m] sehr. Letztere um so mehr, als Vaters neues Fernrohr dabei ausprobiert wurde und sich so bewährte, dass wir u.a. das Zifferblatt der Turmuhr eines mehrere Stunden entfernten Dorfes, irre ich nicht, so war es Oppach, erkennen konnten. Aber auf dem Rückwege wurden unsere, besonders wohl meine kleinen Beine müde. Deshalb entschloss sich der Vater, der noch denselben Tag zurück musste und dazu die Post, die von Bautzen nach Ebersbach fuhr, benutzen konnte, uns in dem befreundeten

Pfarrhaus Sohland a.d. Spree (Pastor **Herz**[19]) zu lassen. Ich erlebte da zum ersten Male eine Bibelstunde, die der gläubige und eifrige Pfarrer Herz, dessen Nachkommen leider andere Wege gehen, in seiner Studierstube hielt, wobei die Leute z.T. auf der Treppe saßen. Aber das Schlafen im fremden Hause gefiel mir, obwohl ich ja meine Geschwister bei mir hatte und [obwohl] Herzens sehr lieb zu mir waren, so wenig, dass ich mich in den Schlaf weinte. Am anderen Morgen wanderten wir drei Geschwister wohlgemut der lieben Heimat zu und ich suchte, dort angekommen, alle meine Lieblingsplätze auf, um mich zu überzeugen, dass alles in Ordnung sei, worüber ich von den Geschwistern tüchtig ausgelacht wurde.

An **Kinderkrankheiten** habe ich meiner Erinnerung nach wenig gelitten. Nur einmal haben wir alle fast zur gleichen Zeit die Masern gehabt, doch trat diese Krankheit bei etlichen von uns so leicht auf, dass wir in der uns aufgezwungenen Klausur [= Abgeschlossenheit] viel Dummheiten machten und den Unwillen der etwas strengen Tante Marie erregten. Dagegen lag unsere liebe Mutter lange Zeit schwer krank, irre ich nicht an Pocken. Das ging mir so zu Herzen, dass ich, als ich einmal in der Apotheke Neugersdorf Medizin für sie holen musste und dort befragt wurde, ob das für meine Mutter sei, bitterlich zu weinen anfing. Der Apothekengeruch ist mir dann noch Jahre hindurch, sooft ich in eine Apotheke kam, auf die Nerven gefallen.

Vor einem **Unglück** blieb ich bewahrt, als ich einmal, als ich den Korb mit Messern, Gabeln und Löffeln trug, die Treppe hinunter fiel, ohne Schaden zu nehmen. Ich hatte die Stiefel unseres verstorbenen Bruders Paul an, die mir zu groß waren, und stolperte auf einer der obersten Stufen, so dass ich zu Fall kam, die Treppe herunterkollerte, wobei ich ja leicht durch Messer hätte verletzt werden können.

Eines schweren **Gewitters** erinnere ich mich, das nachts die ganze Familie stundenlang in der sogenannten Mittelstube versammelt hielt. Der Vater hatte die Kirchenbücher und die Mutter die Silbersachen in Wäschekörbe gepackt, denn wir mussten darauf gefasst sein, dass einer der unaufhörlich zuckenden Blitze das hohe Strohdach, auf dem keine Blitzableiter waren, träfen. Doch wirkten wohl die vier hohen Pappeln, die in unserem Garten standen, als Blitzableiter. Jedenfalls sahen wir am nächsten Tage, dass von einer derselben ein langer Streifen Rinde abgeschält war, was einem Blitz zugeschrieben wurde, der in sie gefahren sei. In dieser Nacht ist auch sonst wohl keine Feuersbrunst entstanden, weil es sehr stark regnete.

---

[19] Friedrich Wilhelm Herz (1820-1892), 1852-1861 Pf. in Sohland/Spree, 1861-1891 in Seelitz (bei Rochlitz).

Feuersbrünste kamen in dem großen Dorf wohl öfters vor. Meist ging dann auch der Vater hin, zumal ja jedes Haus verpflichtet war, einen Eimer zu bringen, um die Kette zwischen dem Bach oder Teich und dem Spritzer zu bilden. Einmal, als nachts die Schlossschenke im Oberdorf abbrannte, bin ich mitgelaufen und habe noch eine Erinnerung daran, wie der Hausrat unter den Bäumen stand und bewacht werden musste. Sonst war für uns Kinder die Spritzprobe, die meist in unserer Nähe am Richterteich abgehalten wurde, ein Hauptvergnügen, bei dem wir riefen „Spritzenmester mir a Negel" und dann davon liefen, wenn der Strahl auf uns gerichtet wurde.

Wir waren sicherlich keine Musterkinder und haben allerlei Unarten an uns gehabt. Besonders ich war empfindlich, galt als Klatschpeter und bin wohl manchmal ein Spielverderber gewesen. Meine älteste Schwester Elise sah es nicht gern, wenn ich sie zu ihrer Freundin Klara Flössel begleitete, und der Diakonus **Flössel**[20] machte es mir wohl auf seiner Violine vor, wie es klänge, wenn ich meiner Unzufriedenheit durch Knurren und Natschen Ausdruck gab.

Aber im Allgemeinen haben wir Geschwister uns gut vertragen und auch gelernt, den Eltern aufs Wort zu folgen. Die Rute ist selten in Anwendung gekommen. Aber ein Fall direkten Ungehorsams, dessen sich mein Bruder und ich schuldig machten, ist mir tief im Gedächtnis und im Gewissen geblieben. Unser Onkel Heinrich Hünigen, der jüngste Bruder der Mutter, der damals Bürgerschullehrer in Zittau war und seine Ferien gern im Ebersbacher Pfarrhaus verlebte, hatte uns Weihnachten eine Festung geschenkt, die der Festung Königstein einschließlich des Ziehbrunnens nachgebildet war. Der Unterbau bestand aus einem Sechseck von Holzbrettern, die mit Felsen und Waldbäumen bemalt waren; die eigentliche Festung aus Kartons, die Schießscharten, Kasematten usw. aufwiesen. Am meisten interessierte uns natürlich der Ziehbrunnen, und um denselben richtig in Tätigkeit zu setzen, stellten wir ein Glas mit Wasser darunter. Nun hatten wir aber zugleich, von wem weiß ich nicht mehr, zwei kleine Messingkanonen bekommen, welche mit Pulver und Schrot richtig abgefeuert werden konnten. Wir bekamen aber natürlich die strenge Weisung, dieses etwas gefährliche Spiel nur in Gegenwart und unter Aufsicht Erwachsener zu betreiben. Doch ging es auch hier, wie es Römer 7,8 geschrieben steht: „Die Sünde nahm Anlass am Gebot und erregte allerlei Lust." Als daher – ich glaube es war am 2. Weihnachtsfeiertag – alle anderen in der Kirche und wir Brüder allein zu

[20] Immanuel Ernst August Flössel (1800-1876), 1838-1856 Diakonus in Ebersbach, 1856-1872 Pf. in Hirschfelde (bei Zittau).

Hause waren, meinten wir, einen Schuss auf die Festung wagen zu können, deren Holzbretter ja einen guten Kugelfang boten. Gedacht – getan! Aber, o Schreck! – Wir hatten nicht an das Glas für den Ziehbrunnen gedacht, welches noch dazu das Mundglas der Mutter mit dem Bilde irgendeines Badeortes war. Als daher kurz nach dem Abfeuern des Schusses, als sich der Pulverdampf schon verzog, unter den Brettern ein Bächlein hervorfloss, merkten wir, dass unser Ungehorsam ans Licht kommen müsse. Denn das Glas war entzwei. Mich befiel eine solche Angst, dass ich in den Alkoven lief und niederkniete. Ob ich gebetet habe oder was ich etwa gebetet habe, weiß ich nicht mehr; aber die Empfindung, dass hier etwas geschehen war, was nicht wieder gutzumachen ist, zittert noch heute, wenn ich an den Vorfall denke, in mir nach. Es war sicherlich mehr eine Traurigkeit zum Tode, die Angst vor der unvermeidlichen Entdeckung und Strafe. Doch mag auch das Schuldbewusstsein und die Reue darüber, dass wir die lieben Eltern betrübt haben, mitgewirkt haben. Die Eltern waren natürlich sehr böse. Ob Fritz, der ja der Verführer war, Schläge bekommen hat, weiß ich nicht. Meine Strafe war, Festung und Kanone wurden weggeschlossen und erst zu Ostern zum Spielen frei gegeben. Das war für mich ja empfindlicher als für **Fritz**, der schon auf dem Gymnasium war und erst kurz vor Ostern wieder heim kam. So traurig dieses **Weihnachtsfest** für uns Buben endete, so lieblich ist sonst seine Erinnerung an die Feier desselben.

Am Heiligen Abend war um 6 Uhr die Christnacht in der erleuchteten Kirche, in die wir Kinder sehr gern gingen, weil da außer den beiden großen gläsernen Kronleuchtern im Schiff und den Messingleuchtern über dem Orgelchor auch die Emporen erleuchtet wurden, letztere freilich durch mitgebrachte Kerzen oder Wachsstöcke der Kirchgänger und darum sehr ungleichmäßig. Auf der 3. Empore glänzten ganze Lichterreihen, welche die Chorknaben dort auf die Brüstung klebten; denn bei diesem Gottesdienst waren die Sänger in vier Teile verteilt, einen Teil bei der Orgel, einen zweiten über dem Altar auf der obersten Empore, die über den ganzen Altarraum lief, der dritte und vierte Teil auf der obersten Nord- und Südempore. Diese Verteilung hatte den Zweck, das Lied „Quem pastores lauda vere" [sog. Quempas] in seinen vier Zeilen von den verschiedenen Stellen zu Gehör zu bringen. Das ging, wenn ich mich recht erinnere so zu, dass die bei der Orgel Plazierten die erste Zeile sangen: „Den die Hirten lobeten sehre", dann klang von der Höhe über dem Altar wie Engelgesang „und die Engel noch viel mehre", worauf dann der dritte Chorteil auf der Nordempore sang „fürcht euch fürbaß nimmermehre" und der vierte Teil (wobei wohl

Orgel und Gemeinde einstimmten) „euch ist geboren der König der Ehr'n". Das Lied stand mit dem lateinischen Texte des Petrus Dresdensis und dem deutschen von Nikolaus Herman in dem alten Zittauer Gesangbuch. Ob alle vier Verse gesungen wurden, weiß ich nicht mehr. Mir ist nur der Wechsel der vier Chöre in Erinnerung geblieben.

Nach der Christnacht, von der wohl unsere liebe Mutter meist fern blieb, da sie in der Weihnachtsstube zu tun hatte, eilten wir heim in die Kochstube, auf die wir schon den ganzen Tag beschränkt geblieben waren, und lauschten auf des Vaters Schritte, wie er vor der Haustür den Schnee von den Füßen stampfte, dann die Treppe hinauf ging, um den Chorrock [Talar] auszuziehen. Es verging dann immer noch eine geraume Zeit, bis er wieder die Treppe herunter kam, und in die Wohnstube ging und endlich, endlich erklang die Klingel und wir durften herüber kommen und den strahlenden Christbaum sehen samt den darunter ausgebreiteten Gaben, welche die Liebe unserer Eltern uns bereitet hatte. Es waren meist nötige Dinge, aber auch etliche bescheidene Spielsachen und wir waren sehr fröhlich. Ich kann mich auch nicht besinnen, dass wir unzufrieden oder neidisch gewesen wären. Davon, ob bei der Bescherung die Weihnachtsgeschichte verlesen und ein Weihnachtslied gesungen worden ist, habe ich keine Erinnerung. Ich vermute, dass das unterblieb, weil wir ja gerade vorher in der Christnacht gewesen waren. Jedenfalls gab es damals weder Adventsstern noch Adventsbäumchen, auch von Weihnachtstransparent und Aufbau einer Krippe weiß ich aus meiner Kindheit nichts.

Dagegen gab es manche mit dem Feste verbundene Volkssitten, so das Posaunenblasen in der Neujahrsnacht, das Begrüßen am Morgen des Gründonnerstag [mit] „Gut'n Mor'n zum Gründünsertig", worauf den Kindern etwas Essbares geschenkt wurde.

Wir müssen in meinen Kinderjahren ziemlich strenge und schneereiche Winter gehabt haben. Denn ich erinnere mich, dass wir viel auf unserem kleinen Schlitten Rodelsport getrieben, auch Schneeschanzen gebaut und [uns] Schneeballgefechte geliefert haben. Schlittschuhlaufen aber habe ich nicht gelernt, auch nicht während meiner Gymnasialzeit, ich war wohl zu ungeschickt und mutlos dazu.

Kapitel 4: Schulzeit

Ostern 1854 trat ich in die unterste Klasse der Knabenschule in Ebersbach ein und lernte unter dem damaligen Lehrer **Michael** (einem Großonkel unseres jetzigen Pastors Michael[21]) die Anfangsgründe alles Wissens. Das Lernen fiel mir sehr leicht und der Schulweg war, da das Schulhaus dem Pfarrhaus gerade gegenüber lag, nur durch die Dorfstraße und eine Wiese vom Pfarrgrundstück getrennt, sehr kurz. So habe ich von dem vierjährigen Besuch der Volksschule fast nur angenehme Erinnerungen.

Zweimal freilich bin ich bestraft worden: Einmal erhielt ich eine Ohrfeige, weil ich durch Herabziehen meiner blauen gestrickten Mütze über das Gesicht die vor dem Schulzimmer wartende Schar meiner Mitschüler zu lautem Gelächter veranlasst hatte, welches den Ernst des noch andauernden Unterrichts der anderen Klasse störte; die herabgezogene Mütze, die ja mich als den Missetäter gleich kenntlich machte, linderte aber den Schlag. Ein ander[es] Mal konnte ich während der Bibellesestunde der Versuchung nicht widerstehen, von der gerösteten Butterschnitte, die ich zum Frühstück mitbekommen hatte, einen Bissen abzubrechen und in den Mund zu stecken. Dafür musste ich vortreten und die ganze übrige Zeit die ziemlich schwere Bibel aufgeschlagen in meinen noch schwachen Händen halten. Durch dieses Erlebnis ist es mir bewusst geblieben, dass wir auch in den Unterklassen – ich muss damals 8-9 Jahre alt gewesen sein – schon die ganze Bibel in die Hand bekamen, und ich habe nicht bemerkt, dass mir das irgendwie geschadet hätte.

Überhaupt war in jener Zeit – Mitte des vorigen [19.] Jahrhunderts – die Verbindung von Kirche und Schule sehr eng, was freilich an manchen Orten und bei manchen Persönlichkeiten gerade der Anlass gewesen sein mag zu allerlei Differenzen zwischen Pastoren und Lehrern und zu steigender Abneigung der Letzeren gegen die Kirche, der sie – bei ihrer meist rationalistischen Anschauung – innerlich fernstanden und doch äußerlich dienen mussten. So waren die beiden ersten Lehrer der Schule in Ebersbach eben Kirchschullehrer, und als solche verpflichtet, der Kirche zu dienen, der eine als Organist, der andere als Kantor. Der letztere musste jeden Sonntag vor dem Hauptgottesdienst auf die Pfarre kommen, das Liederbuch in Empfang nehmen und den Pfarrer in die Kirche begleiten, dort das Anstecken der Lieder überwachen und dann die Gesänge anstimmen. (Für das Läuten der Kirchenglocken, welches in kleinen Orten auch zu den Obliegenheiten

[21] Johannes <u>Moritz</u> Michael (1874-1935), seit 1896 Pastor der Ev.-Luth. Freikirche in Hamburg, ab 1900 in Dänemark, seit 1925 in Dresden.

des Lehrers gehörte, war in Ebersbach ein Glöckner angestellt, der zugleich Friedhofswärter war und auf dem zu meines Vaters Zeiten und nach seinen Plänen bedeutend erweiterten Friedhof wohnte.)

Die Kirchschullehrer mussten auch die Schüler der Oberklassen in die Freitag früh 8 Uhr in der Kirche abgehaltene Betstunde begleiten und derselben beiwohnen, sowie die Leichenkondukte [= Leichenzüge] mit dem Knabensingchor begleiten und bei den in der Kirche stattfindenden Trauergottesdiensten die Orgel spielen; ersteres betraf den Kantor, letzteres den Organisten. Auch hatten beide die Verpflichtung, abwechselnd den Pfarrer bei den Gängen zu Krankenkommunionen („Berichte" genannt) zu begleiten und die Kommunionsgeräte zu tragen. Diese Gänge aber übertrugen sie Schulknaben, die „Berichtjungen" hießen und dafür jedes mal einen Neugroschen oder (von dem alten Organisten **Seibt**) einen Sechser, eine Bemme [= Brotscheibe] und ein Gläschen Schnaps(!) bekamen. Ich habe wohl in meinem letzten Schuljahr, also im Alter von 9-10 Jahren als Berichtjunge meinen lieben Vater öfters begleitet und dabei einmal ein Extrageschenk von einem Gemeindeglied erhalten, weil die Frau des Kranken den Eindruck hatte, dass ich sehr gerührt und voll Mitleid sei. Das kam aber daher, dass ich in der sehr heißen Stube, auf der Ofenbank sitzend, meiner angeborenen Neigung zum Gähnen nicht widerstehen konnte und mir dabei die Tränen über die Backen liefen.

Neben dem Schulunterricht empfingen wir drei älteren Geschwister noch Unterricht vom Vater, der **Fritz** soweit vorbereitete, dass er Ostern 1857 in die Quarta des Zittauer Gymnasiums eintreten konnte. Elise und ich nahmen wohl nur am Geographieunterricht teil, in dem wir unser engeres Vaterland, die Lausitz und Sachsen kennenlernten. Wir kamen aber damit nur bis Zwickau, weil der Vater, als Diakonus [= 2. Pfarrer] **Flössel**[22] einen Ruf zum Pfarrer von Hirschfelde annahm, mit Amtsarbeit überlastet war, so dass er den Unterricht aufgeben musste. Als der Diakonus **Venus**[23] kam, war es für mich Zeit zum Eintritt in die Sexta des Gymnasiums in Zittau. Derselbe erfolgte Ostern 1858.

Ich kam zunächst in das Pensionat des Bürgerschullehrers **Wünsche**, in welchem mein Bruder Fritz schon ein Jahr gewesen war, und fühlte mich daselbst trotz der Freundlichkeit der Pensionsmutter höchst unglücklich, weil ich den Eindruck hatte, dass aller Augen auf mich, den schüchternen und unbeholfenen Ankömmling, gerichtet seien. Wir waren – ob mit

---

[22] Zu Flössel siehe Anm. 20!

[23] Julius August Venus (1818-1895), 1857-1863 Diakonus in Ebersbach/Oberlausitz, 1863-1887 Pfarrer.

Landkarte Oberlausitz

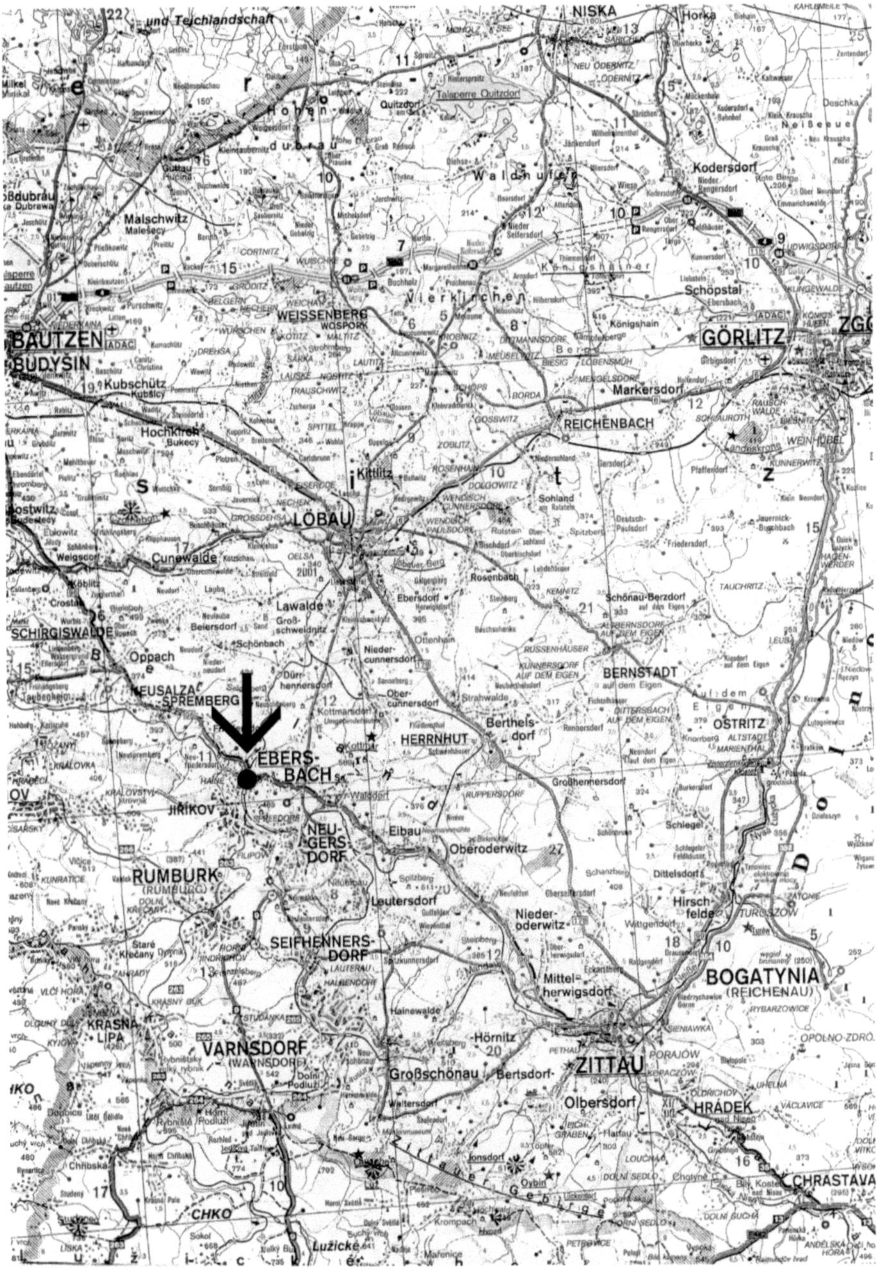

oder ohne die Pensionseltern, weiß ich nicht mehr – zwölf [Personen] am Tische, von Primanern an bis zu mir, dem jungen Sextaner. Das war ich nicht gewohnt und wurde dadurch sehr verschüchtert. An einem der ersten Sonntage wurde ein gemeinsamer Spaziergang in die „Weinau", einem Erholungspark bei Zittau, gemacht und da hatte ich das Unglück, beim Überspringen eines Baches auszugleiten und ins Wasser zu fallen, so dass ich in ein nahe gelegenes Bauernhaus gehen und dort meine Kleider trocknen lassen musste. Dieser Unfall, sowie der Umstand, dass ich in der Turnstunde wegen meiner Kinderkutte, die ich anstatt einer Turnjacke auf Rat der Frau Wünsche angezogen hatte, ausgelacht wurde, trugen nicht dazu bei, meinen Lebensmut zu erhöhen. So ist's auch nicht verwunderlich, dass ich die ersten Ferientage – es gab schon nach 4 Wochen 2 Tage Jahrmarktsferien! – freudig begrüßte, aber dann freilich mit um so schwererem Herzen vom Elternhause schied. Auf dem einsamen Weg von Ebersbach[24] nach Oberoderwitz habe ich bittere Tränen geweint. Doch ist dies, soweit ich mich erinnere, das einzige Mal gewesen, wo ich unter Heimweh gelitten habe. Dass ich mich bald zurecht fand, kam wohl daher, dass ich in der Schule sehr gut fortkam und Freude am Lernen hatte; auch [weil] mein Klassenlehrer Dr. **Vogel** (der später von den Abiturienten sehr gefürchtete Geheimschulrat, der als solcher die Maturitätsprüfungen überwachte) mich nebst zwei Schülern (Gröllisch und Berger) bevorzugte.

Doch war es mir immerhin eine Erleichterung dass wir, **Fritz** und ich, zu Michaelis 1858 das Wünschesche Pensionat verlassen konnten und in eine der im alten Gymnasialgebäude befindlichen Freistuben ziehen durften, in der wir unter einer sehr mild geführten Aufsicht des Rektors, unseres Onkels und meines Paten **Kämmel**[25], ein ziemlich ungeniertes Garconleben [Junggesellenleben] führten. Unserer „Kultur" wäre wohl eine Fortdauer des Pensionslebens förderlicher gewesen. Doch halfen diesem Mangel die Freitische etwas ab, die wir bei den Verwandten hatten und bei denen wir uns benehmen lernen mussten. Für unseren lieben Vater war die Gewährung einer Freistube eine große Wohltat, denn es fiel ihm bei seinem geringen Gehalt nicht leicht, die verhältnismäßig hohen Pensionskosten zu zahlen. Tante Emilie Kämmel übernahm unsere Beköstigung (Mittagessen an den 4 Tagen, an denen wir keine Freitische hatten, sowie Frühkaffee und Abendessen) für eine sehr geringe Entschädigung; Brot und Butter hielten wir selbst und unsere Wäsche schickten wir mit dem Botenfuhrmann nach

[24] Zwischen Ebersbach und Zittau lagen 20 km Fußweg.
[25] Zu H. Kämmel siehe Anm. 18!

Hause. Für die Reinhaltung unserer Stube kam eine Aufwartefrau, die für alle 5 Freistuben angestellt war und jedenfalls gemeinsam bezahlt wurde.

Der Unterricht begann im Sommer schon 6 Uhr morgens; im Winter um 7 Uhr. So wurden wir ans Frühaufstehen gewöhnt, doch eilten wir manchmal ohne unseren Kaffee in die Stunde, dann holten wir das in der Pause nach, die nach der 2. Stunde eintrat, was ja, da die Unterrichtszimmer im selben Gebäude waren, leicht geschehen konnte. Infolge des zeitigen Schulanfangs hatten wir am Tage viel Zeit, die wir zu Spaziergängen in Zittaus schöne Umgebung, besonders an den freien Nachmittagen Mittwoch und Sonnabend nach den Bergen (Töpfer[26], Oybin usw.) benutzten, leider auch oft zum Sitzen in Gasthäusern, wo auch viel Karten gespielt wurde. In Zittau selbst war den Schülern der oberen Klassen der Besuch nur etlicher Gaststuben erlaubt, denen der unteren Klassen überhaupt verboten. Doch war die Kontrolle darüber sehr gering und das Leben der Schüler ziemlich leichtfertig.

Es gab zwei Verbindungen, von denen die eine, die unter dem Namen „Liter via" ihr weder wissenschaftliches noch ernst sittliches Treiben versteckte, vom Lehrerkollegium genehmigt war, aber fast gar nicht kontrolliert wurde, während die andere, die „Luxatia", nicht erlaubt war, aber ungestört ihre Kneipenabende halten konnte. Zwischen beiden wurden auch schon Mensuren[27] ausgefochten. Letzteres steckte auch die jüngeren Schüler an und [ich] habe auch selbst eine Zeitlang mit dem Schläger geübt, um als Quartaner einen Streit mit einem Mitschüler auszutragen, den wir aber dann doch auf den Rat meines Bruders so beilegten, dass wir gemeinsam Brühwürstel aßen, die vom Bademeister verkauft wurden und damit Frieden schlossen.

Im Sommer gingen wir fleißig zum Baden in der Neiße, auch ruderten wir gerne auf der Mandau[28]. Doch war das alles freiwillig und wurde nicht, wie jetzt sportmäßig betrieben. Auch gab es damals noch keine Klassenausflüge oder Schülerreisen.

Da mir das Lernen sehr leicht fiel, rückte ich schnell auf und konnte den auf 9 Jahre berechneten Kursus in 7 Jahren durchlaufen, indem ich zu Michaelis 1861 (zugleich mit dem späteren Pfarrer von Lückendorf **Sauppe**[29]) aus Untertertia nach Obertertia und Michaelis 1863 aus Obersekunda nach Unterprima versetzt wurde. So ehrenvoll das für mich war,

---

[26] 582 m

[27] Studentische Zweikämpfe, von mensura = das Maß, für die abgemessene Entfernung zwischen den Kontrahenten.

[28] Ein kleiner Fluss der kurz hinter Zittau in die Neiße mündet.

[29] Moritz Oskar Sauppe (1844-1928), 1872-1910 Pf. in Lückendorf/Oberlausitz.

so hat es doch meiner wissenschaftlichen Ausbildung Schaden gebracht: ich bin im Griechischen nie recht fest geworden, da mir in der Tertia die Zeit fehlte, die unregelmäßigen Verben gründlich zu lernen (zumal ich im Winter 1861/62 noch Konfirmandenunterricht hatte) und beim Übergang von Obersekunda nach Unterprima die Übung in der griechischen Syntax wegfiel. Auch hätte ich beim ordnungsmäßigen Verweilen in den beiden Oberklassen mehr von der schönen Literatur gelesen und kennengelernt, wäre auch wohl philosophisch besser geschult und überhaupt reifer zur Universität gekommen, die ich ja schon im Alter von 17 Jahren und 5 Monaten bezog. Doch war es für meinen lieben Vater ja eine große Erleichterung und in den anderen Fächern hat es mir nichts geschadet; ich konnte mit der Note 1b vom Gymnasium abgehen.

Über meine **religiöse Stellung** während dieser 7 Jahre muss ich mit Beschämung bekennen, dass ich da trotz des regelmäßigen Kirchengehens, zu dem die Schüler jeden 3. Sonntag regelmäßig verpflichtet waren, sehr gleichgültig gewesen bin. Auch der Konfirmandenunterricht, den der liebe freundliche und aufrichtig fromme Subrektor **Michael** (der jüngere Bruder meines ersten Lehrers in Ebersbach) mit großem Ernst erteilte, hat keinen nachhaltigen Eindruck bei mir hinterlassen und die Konfirmation, die Dienstag nach Palmsonntag durch Archidiakonus **Pescheck**[30] in der Paulskirche vollzogen wurde, ist, obwohl ich als erster das Glaubensbekenntnis sprechen musste, fast spurlos an mir vorübergegangen, ebenso der erste Beicht- und Abendmahlsgang an den beiden folgenden Tagen (der Beichtgottesdienst, bei dem wir nach Anhören der Beichtrede und dem vom Pfarrer für uns alle gesprochenen Beichtgebet einzeln in dem in der Sakristei befindlichen Beichtstuhl mit Handauflegung absolviert wurden, fand stets am Tage vor dem Abendmahlsgang statt). Doch ist es mir später als ein fast prophetischer Fingerzeig erschienen, dass mir als Konfirmationsspruch das Wort Hebr 13,9[31] gegeben wurde. Zwar habe ich an den Glaubenswahrheiten und der Bibel überhaupt nie ernstlich gezweifelt. Auch die „Gartenlaube"[32], die damals gerade sehr oft Angriffe auf die Bibel brachte, hat meinen vom Elternhause überkommenen Glauben nicht erschüttert, aber das war wohl nur eine Folge der großen Gleichgültigkeit, in der wir Schüler dahinlebten. In der Taufgnade habe ich damals jedenfalls nicht gestanden.

Die moralische Atmosphäre der Schüler war keine gute. Es wurden in

[30] Vermutlich: Ottokar Edmund Pescheck (1815-1881), seit 1852 Substitut, seit 1860 Archidiakonus (2. Pfarrer) in Zittau.

[31] Es ist ein köstlich Ding, dass das Herz fest werde, welches geschieht durch Gnade.

[32] Eine damals sehr bekannte liberale Zeitung.

den Oberklassen viel unzüchtige Reden geführt, ohne dass die, welche sich von groben Sünden gegen das 6. Gebot fernhielten, sich darüber entsetzt hätten. Auch ich bin sehr früh durch einen Mitschüler über geschlechtliche Dinge „aufgeklärt" worden und kann es nur der besonderen, bewahrenden Gnade Gottes zuschreiben, dass ich nicht gerade infolge dieses unausrottbaren Giftes in grobe Unzucht geraten bin. Der barmherzige Heiland ist mir nachgegangen, ehe ich ihn kannte und hat mich vor dem Schlimmsten bewahrt. Doch muss ich gerade in diesem Stücke noch in meinem Alter beten: „Gedenke nicht der Sünden meiner Jugend, noch meiner Übertretung" [Ps 25,7].

Nachdem mein Bruder vom Gymnasium abgegangen war, wohnte ich mit dem Sohn einer Pfarrerswitwe, **Johannes Böhme**[33], zusammen, mit dem ich mich sehr gut verstand und vertrug. Doch hat diese Jugendfreundschaft keinen Bestand gehabt, das Leben hat uns bald auseinander geführt. Eben dasselbe gilt von zwei anderen Jugendfreunden. **Johannes Krüger**, mit dem ich, nachdem er auf das Bautzener Gymnasium gegangen war, noch Briefe wechselte, und **Richard Eschke**, in dessen Elternhaus ich viel verkehrte. Sein Vater[34] war der 2. Diakonus in Zittau. Es kam das wohl daher, dass ich durch mein schnelles Aufrücken eher die Universität bezog und in Leipzig in den „Wingolf"[35] eintrat und dadurch den Zittauer Mitschülern, die entweder in das Corps Luxatia oder in die Lausitzer Predigergesellschaft gingen, fern trat. Mein langjähriger Stubengenosse **Johannes Böhme** studierte zwar wie ich Theologie in Leipzig, aber ich kann mich nicht besinnen, mit ihm während meiner Studienjahre zusammengetroffen zu sein. Aber ein eigenartiges Zusammentreffen (wenn ich's so nennen darf) war es, dass er später als landeskirchlicher Pfarrer in Reichenau die Austrittserklärung von Frl. **Helene Henke**[36] entgegennehmen und protokollieren musste, als dieselbe 1879 zur Freikirche übertrat. Ein anderer Schulfreund gleichen Namens, **Adolf Böhme**, ist später nach Amerika gegangen und Pastor in der Ohiosynode[37] geworden. Während der Inflationszeit ließ er mir einmal durch Vermittlung der „Abendschule"[38] 5 Dollar zukommen, da er sich meines Namens

[33] Martin Johannes Böhme (1845-1915), 1874-1902 Pf. in Reichenau, 1902-1912 in Olbernhau.

[34] Carl Eduard Eschke (1805-1891), 1854-1875 Diakonus in Zittau.

[35] Wingolf = eine nichtschlagende, christliche Studentenverbindung, etwa Mitte des 19. Jh. an deutschen Universitäten entstanden (z.B. in Erlangen 1859, in Leipzig 1865 unter Mitwirkung G. Stöckhardts).

[36] Helene Henke (1851-1936) wurde 1907 Otto Willkomms zweite Ehefrau.

[37] Die Ohiosynode gehörte ursprünglich zur Ev.-Luth. Synodalkonferenz in Nordamerika. Sie trennte sich aber 1881 in Folge des Gnadenwahlstreites von der Missourisynode. Sie ist 1930 in der American Lutheran Church aufgegangen, die schließlich 1987 in die Evangelical Lutheran Church of America (ELCA) mündete.

[38] Eine missourische Zeitschrift.

erinnerte, und hat mir dann auf einen an ihn geschriebenen Dankbrief geantwortet. Er gehörte zu den friedliebenden Pastoren der Ohiosynode, der er viele Jahre lang als Sekretär gedient hat.

Neben den Jugendfreunden will ich auch der jüngeren Mädchen gedenken, für die ich in der Gymnasiastenzeit geschwärmt habe, ohne jedoch damit weder bei ihnen noch bei mir Herzbrechen anzurichten: Es war eine sehr kindische Schwärmerei, die sich auch in durchaus platonischen Grenzen hielt. Zuerst gefiel mir ein Mädchen, die mit unserer Cousine aus Bautzen, Irene Stephan, zur Kirmes nach Ebersbach kam. Sie war die Tochter eines wendischen Pastors und hieß Minka. Diesen Namen schnitt ich denn auch in die Tischplatte unseres Arbeitstisches in Zittau ein; sonst hat er aber keinen Schaden angerichtet, zumal wir nie wieder zusammengekommen sind. Meine Schwestern neckten mich höchstens manchmal, indem sie mir vorsangen: „Schöne Minka, ich muss scheiden".

Etwas tiefer ging wohl ein während meiner Tanzstunden, die ich auf Veranlassung meiner Tante Emilie nehmen musste, um mich benehmen zu lernen und meine Schüchternheit zu überwinden, entstehende Schwärmerei für Marie Kiesling. Da ging es mir nach Schillers Worten: „Errötend folgt er ihren Spuren und ist von ihrem Gruß beglückt." Doch dieses Glück wurde mir selten zuteil, da sie ziemlich deutlich merken ließ, dass sie einen anderen bevorzugte. Das verursachte bei mir zwar eine etwas weltschmerzliche Stimmung, aber unter der strammen Arbeit, zu welcher mich die vorzeitige Versetzung nach der Prima nötigte, habe ich das bald überwunden.

Die Tanzkunst habe ich übrigens wenig geübt. Außer dem von unserem Tanzlehrer veranstalteten „The [Le?] dansants" und dem Auslernball habe ich nur ein oder zwei Schülerbälle, die regelmäßig am 12. Dezember, dem Geburtstag des damaligen Königs von Sachsen, Johann[39], stattfanden, und in Leipzig nur an einem Universitätsball, zu dem mich mein Großonkel **Fritz Kretschmann**[40] einlud, teilgenommen. Bei diesen Gelegenheiten ging es sehr anständig zu, wie denn auch stets, selbst bei den „The Dansants" die Mütter der Tänzerinnen zugegen waren. An öffentlichen Tanzvergnügen, von denen ältere Schüler mitunter in hässlicher Weise berichteten, habe ich nie teilgenommen.

Auch das Theater, dass ich das gleich hier erwähne, hat mich im ganzen wenig gereizt. Als Gymnasiast habe ich mit meinem Bruder, der sehr musikliebend war, wie er denn auch im Schülerchor mitsang, etliche

[39] Johann der Wahrhaftige (1801-1873), 1854-1873 sächsischer König.

[40] Vgl. im folgenden Kap. 5: ein Bruder von O. Willkomms Großmutter Hünigen; als Rechtsanwalt in Leipzig tätig. Namensschreibung unsicher, an anderer Stelle auch: Kretzschmann.

Opern (Freischütz, Undine) gesehen, im Leipziger Stadttheater „Minna von Barnhelm". Bei einer Schüleraufführung beim Geburtstage des Königs, wo „Wallensteins Lager" aufgeführt wurde und mein Bruder die Rolle des Kapuziners vortrefflich spielte, wirkte ich als Statist (Jäger) mit.

Die Abgangsprüfung bestand ich wider Erwarten gut und erhielt *in literis*[41] die Note 1b. Da ich infolge der raschen Versetzungen im Griechischen etwas zurückgeblieben war, hatte mein Onkel, Rektor Kämmel, Sorge, ich könnte mir durch eine minderwertige Examensarbeit meine Zensur verderben. Aber ich hatte da besser abgeschnitten als bei allen vorigen Arbeiten im Laufe des Jahres, und eine 1b auch darin erlangt. Die feierliche Entlassung fand, da das alte Gymnasialgebäude keine geräumige und würdige Aula besaß, in dem schönen Rathaussaal statt. Ich bekam folgenden vom Rektor selbst gedichteten Vers zum Geleit:

Frisch hinauf zu dem, was bleibt,
was der treuen Liebe wert!
Strebst du so in Demut aufwärts,
fühlst du kaum, was dich beschwert;
und wenn auch die Schulter wund,
fröhlich soll der Blick sich heben
und das Herz in sich gesund,
in sich einig aufwärts streben,
gürte dich zu solchem Lauf – Frisch hinauf!

Kapitel 5: Universitätsjahre

Obgleich mit dem Reifezeugnis versehen, bezog ich doch noch recht unreif die Universität. Ich war erst 17 Jahre und 5 Monate alt und hatte noch keinen rechten Begriff von dem, was freies Studium erfordert. Obwohl ich von Kind an gewünscht hatte, Pastor zu werden, so fehlte mir doch ein tieferes Verständnis von dem, was dazu nötig ist. Mein lieber Vater hätte es, glaube ich, nicht ungern gesehen, wenn ich nebenbei Philologie studiert hätte und ich hatte große Lust und wirkliches Interesse an der Weltge-

[41] D.h. im Schriftlichen (?).
[42] D.h. Einführung.
[43] D.h. Vorlesungen.
[44] Vermutlich: Moritz Wilhelm Drobisch (1802-1896), Prof. für Mathematik und Philosophie in Leipzig.

schichte, in der uns Rektor **Kämmel** ein begeisterter und uns (wenigstens mich) begeisternder Lehrer gewesen war, während die „Philosophische Propädeutik[42]", die Konrektor Lachmann uns vortrug, von der Philosophie abgeschreckt hatte, was auch durch die beiden philosophischen Kollegien[43], die ich in Leipzig bei dem sehr alten Prof. **Drobisch**[44] (meist mittags von 12-13 Uhr) hörte, nicht gebessert wurde. Es fehlte mir auch an jeder Anleitung darüber, wie ich mein Studium einrichten sollte. Zwar hatte ich mir den Vorlesungskatalog kommen lassen und mit meinem Vater und dem Onkel **Kämmel** die Vorlesungen ausgesucht, die ich zunächst hören sollte. Aber das war auch alles. Und drei Empfehlungsbriefe an alte Kommilitonen des Vaters, der sie besser in Erinnerung behalten hatte, als sie ihn, nützten mir gar nichts, denn der eine, der Archidiakonus zu St. Nikolai war[45], wurde gerade, als ich nach Leipzig kam [Anfang Mai 1865], wegen sittlicher Verfehlungen seines Amtes entsetzt, der Zweite, ein Oberbibliothekar, nahm Vaters Brief und meinen Besuch so kühl auf, dass ich kein Verlangen trug, meinen Besuch zu wiederholen. Und der Dritte war Pfarrer in einem vier Stunden Wegs von Leipzig gelegenen Dorf und konnte mir, obwohl er mich, als ich ihn eines Sonntags aufsuchte, freundlich aufnahm und zum Mittagessen behielt, nicht viel nutzen. Um so mehr muss ich Gottes Weisheit und Güte rühmen, die sich gerade in meiner Bewahrung und Führung auf der Universität offenbart hat.

Ich will aber zunächst die äußeren Umstände berichten. Am dritten Osterfeiertag 1865 [= 18. April], einem schönen warmen Apriltage, wanderte ich wohlgemut von Altgersdorf über Kottmarsdorf, wo ich noch einen Abschiedsbesuch bei dem alten Pastor **Janicaud**[46] machte, nach der nächsten Bahnstation Neucunnersdorf (im Volksmund „die Finke" genannt) und fuhr von da mit der Bahn nach Löbau, wohin meine Eltern mit dem Wagen gefahren waren, da sie zur Taufe des ältesten Sohns von Onkel **Heinrich Hünigen**[47] in Hermsdorf bei Frauenstein reisen wollten. So konnte ich in ihrer Begleitung bis Dresden fahren und brauchte mich erst dort von ihnen zu verabschieden.

In Leipzig konnte ich stolz an den mich als jungen Studenten erkennenden und mir ihre Wohnungen anbietenden Philösen[?][48] vorübergehen, da mir der Neffe von Rektor **Kämmel**, Ernst **Fabian**, der schon ein Jahr in Leipzig

---

45 Laut R. Grünberg (aaO., vgl. unsere Anmerkung 4) müsste es sich um Gottlieb Tempel handeln, geb. 1808 in Eibau

46 Friedrich Adolph Janicaud (1789-1869), 1819-1867 Pf. in Kottmarsdorf.

47 Zu Heinrich Hünigen: siehe Anm 10!

48 Evtl. Philiströse (Philister) für: ehemalige Studenten, alte Herren.

Philologie studierte, eine Wohnung gemietet hatte. Dieselbe befand sich in der Moritzstraße, hinter der katholischen Kirche[49]. Es war eine vier Treppen hoch gelegene Giebelstube, von deren Fenster ich eine schöne Aussicht auf den damals neu angelegten Johannapark und die damals noch dahinter sichtbaren Wiesen und Wälder nach Schleußig zu hatte. Mein Wirt war ein Schneider, dessen Name mir entfallen ist. Die Leute waren freundlich und ordentlich, haben mich auch wohl nicht ausgenutzt, doch bin ich nur ein Semester in dieser Wohnung geblieben. Im Wintersemester 1865/66 wohnte ich in der Reichsstraße 2; um Ostern 1866 konnte ich endlich mit Freund **Klocke**[50] die Wohnung bei Markthelfer **Glorius**, Querstraße 34[51] beziehen, in der ich auch als Lehrer noch gewohnt habe, bis ich Ostern 1870 ins Missionshaus[52] zog. Unsere sehr freundliche Wirtin hieß bei uns Studenten die Gloria, und mancher, der die vier Treppen erklommen hatte, sagte, ich wohne ja bei der Gloria „in excelsis"[53]!

Mein erster Gang war natürlich zur Universität, wo ich dann nach Vorlegung meiner Zeugnisse von dem damaligen Rektor Prof. D. theol. **Kahnis**[54] als *civis academicus*[55] aufgenommen wurde und auch durch Handschlag verpflichtet, die Universitätsgesetze zu beachten.

Dann machte ich Besuche bei den in Leipzig wohnenden Verwandten meiner Mutter. Diese waren ein Bruder ihrer Mutter, der Rechtsanwalt und Notar Friedrich **Kretschmann** (in der Familie Onkel Fritz genannt) sowie ein Sohn von ihm, Robert Kretschmann, der ebenfalls Rechtsanwalt war, und eine an einen Buchhändler **Mayer** verheiratete Tochter Ottilie. Diese Verwandten, die mich auch dann und wann – selten zu Tisch – einluden, standen dem Christentum fern. Dasselbe galt von den väterlichen Verwandten, dem Rechtsanwalt **Mättig**, mit dem ich noch weniger Verkehr hatte. Am meisten kümmerte sich Onkel Fritz um mich und ihm habe ich es nächst Gott zu verdanken, dass ich christliche Freunde und Führer fand. Er lud mich nämlich bald nach meinem ersten Besuche bei ihm ein, ihn an einem Sonntag Abend in eine Gesellschaft zu begleiten, die auf dem

[49] Gemeint ist die alte Röm.-kath. Kirche, die im 2. Weltkrieg zerstört wurde. Sie lag im Viertel zwischen K.-Tauchnitz-Straße und Otto-Schill-Straße. Die Moritzstraße existiert heute nicht mehr als solche.

[50] Vgl. im folgenden Kap. 5: Eugen Klocke, später Schulrektor in Bad Sachsa/Südharz, dann Pfarrer in Reinsdorf/Unstrut.

[51] Gelegen zwischen Wintergartenstraße und Johannisplatz.

[52] Das Gebäude der Leipziger Ev.-Luth. Mission in der Paul-List-Str. 17-19 (unweit des Bayerischen Bahnhofes).

[53] D.h. in der Höhe; nach dem „Gloria in excelsis" (Allein Gott in der Höh sei Ehr) aus dem lutherischen Gottesdienst.

[54] Karl Friedrich August Kahnis (1814-1888), 1844-1850 Theologieprofessor in Breslau, 1848 Übertritt zur Altlutherischen Kirche, 1850-1885 Prof. in Leipzig.

[55] D.h. als akademischer Bürger.

damaligen Thüringer Bahnhof [nordwestlich des heutigen Hauptbahnhofs] ihre wöchentliche Zusammenkunft hielt. Sie hieß „Herperia" und bestand aus lauter studierten, meist alten Herren, unter denen der Laryngologe[56] Prof. **Merker** und der Theologe Prof. **Hölemann**[57] mir noch erinnerlich sind, weil sie sich meiner besonders annahmen. Der Erstgenannte warnte mich vor dem Besuch schlechter Häuser; und Letzterer lud mich ein, seiner exagogischen [= exegetischen] Gesellschaft, die von dem bekannten [Prof.] **Winer**[58] gegründet und nach ihm benannt wurde, beizutreten, was ich auch tat. Unter diesen gelehrten alten Herren befand sich aber auch ein wohl in der Mitte der Dreißiger stehender Kandidat, der ohne promoviert zu haben, Herr Dr. genannt wurde, Heinrich **Gerhardts**[59]. Dieser keilte [d.h. gewann] mich an diesem Abend für den „Wingolf"[60]. Es bestand damals nur ein Verein alter von anderen Universitäten gekommenen Wingolfiten und etlicher älterer Leipziger Studenten, der im Mai 1864 gegründet, die Absicht hatte, als farbentragende Verbindung aufzutreten, und schon in den vergangenen beiden Semestern etliche Füxe[61] gewonnen hatte. Dr. Gerhardts fragte mich, da wir beim Nachhausegehen eine Strecke denselben Weg hatten, ob ich Lust hätte, etliche christliche Studenten kennenzulernen, und lud mich, da ich bejahte, für Dienstag Abend zu deren Vereinsabenden ein. Ich musste ihn in seiner Wohnung (am Kockshof[62] am Markt) abholen und er führte mich in der Vereinskneipe auf der Johannisstraße[63] ein. Ich bin da wohl mit meiner ungehobelten Art etwas aufgefallen (z.B. antwortete ich nach der in Zittauer Schülerkreisen gewohnten Weise, wenn mir jemand etwas vortrank, mit dem „Sauf's!"); aber ich fühlte mich da recht wohl. Und als man auseinanderging, stellte es sich heraus, dass zwei der älteren Studenten in demselben Hause mit mir wohnten, nur eine Treppe tiefer. Das waren **Georg Stöckhardt**[64] und **Theodor Steglich**[65], die in Erlangen dem Wingolf

---

[56] D.h. ein Kehlkopfspezialist (also wohl Mediziner).

[57] Hermann Gustav Hölemann (1809 - nach 1891), 1835-1845 Gymnasiallehrer in Zwickau, seit 1845 Privatdozent, später Theologieprofessor in Leipzig.

[58] Georg Benedikt Winer (1789-1858), 1823-1832 Prof. in Halle/S., seit 1832 in Leipzig; Gründer der berühmten (Winersche) „Exegetischen Gesellschaft", die später zeitweise durch Tischendorf und von Zezschwitz geleitet wurde.

[59] Heinrich Gerhardts (gest. 1893) war seit 1868 Schriftleiter der Allgemeinen Ev.-Luth. Kirchenzeitung in Leipzig.

[60] Siehe dazu Anm. 35!

[61] So nannte man in Studentenverbindungen die Anfänger.

[62] Fraglich, evtl. aber Speck's Hof gemeint (heute eine bekannte Leipziger Passage).

[63] Eine Johannisstraße gibt es heute nicht mehr. Es könnte sich evtl. um die Johannisgasse handeln.

[64] Zu Stöckhardt siehe Anm. 8!

[65] August Theodor Steglich (1843-1907), 1868 mit Stöckhardt als Lehrer am Luisenstift in Tharandt, seit 1874 Pf. in Kirchberg, 1880-1901 Archidiakonus in Hainichen.

angehört hatten und als geborene Sachsen die letzten Semester in Leipzig studieren mussten. Diese beiden erklärten mir, was es um den Wingolf sei und gaben mir auch das Buch „Aus dem Wingolf" zu lesen. Das alles gefiel mir sehr, zumal ich gerade in der Woche vorher nach einem Bummel mit einem Zittauer Kommilitonen, wobei wir uns in Stötteritz festgekneipt hatten, eine Art moralischen Katzenjammer gehabt und mich sehr einsam und verlassen gefühlt hatte.

Nun hatte ich aber meinem lieben Vater versprechen müssen, das ich in keine Verbindung eintreten würde; er hatte natürlich an schlagende Verbindungen gedacht. Ich schrieb ihm daher, was ich vom Wingolf erfahren hätte und erlangte daraufhin seine Erlaubnis, mich zum Eintritt in den Wingolfverein zu melden. Außer mir meldeten sich noch drei „krasse Füxe", darunter zwei meiner Zittauer Mitabiturienten (Bauce und Köhler), so dass unsere Zahl auf zwölf stieg. Und so wagten wir es denn, uns als farbentragende Verbindung aufzutun, am 29. Juni 1865. Vorher in den Pfingstferien besuchte ich meinen Patenonkel **Otto Hünigen**[66], der in Hohenstein-Ernstthal eine Sortimentsbuchhandlung betrieb. Er war Junggeselle, hatte auch keinen Gehilfen im Geschäft, so dass ich während der Geschäftszeit mir selbst die Zeit vertreiben musste. Ich fuhr deshalb einen Nachmittag nach Chemnitz, wo gerade Jahrmarkt war, habe aber nicht viel Erinnerung davon.

Stöckhardt nahm sich der Füxe treulich an, beriet uns Theologen auch im Studium. Ich wählte ihn mir zum Leibburschen und habe an ihm einen treuen Freund und Berater gefunden, dem ich sowohl für mein theologisches Studium, als auch für mein inneres Leben viel verdanke. Er veranlasste uns, bevor wir zur Gründung schritten, gemeinsam zum heiligen Abendmahl zu gehen und meldete uns dafür bei Pastor **Ahlfeld**[67] an. Dadurch bin ich auch diesem bedeutenden Mann nähergetreten, von dessen Predigten und seelsorgerlichen Beratungen ich viel Segen gehabt habe. Er hat auch in mein Leben dadurch eingegriffen, dass er mich zum Amt des Kollaborators[68] im Missionshaus vorschlug.

Dem Verbindungsleben gab ich mich mit großer Begeisterung hin und es hat mich, besonders später, als ich Ämter in der Verbindung bekam, etwas vom Studium abgehalten. Doch wurden wir in jüngeren Semestern Stehenden angehalten, die Collegia [= Vorlesungen] regelmäßig zu besuchen. An paar Abenden in der Woche mussten wir auf der Kneipe sein. Am Sonnabend war Exbummel nach Leutzsch, Sonntagvormittag gingen wir zur

[66] Zu Hünigen siehe Anm. 17!

[67] Johann Friedrich Ahlfeld (1810-1884), 1851-1881 Pf. an St. Nikolai in Leipzig. Predigten Alhlfelds sind in den letzten Jahren in Andachtsform bei Heinrich Harms in Groß Oesingen wieder aufgelegt worden.

Kirche, meist zu Ahlfeld, wenn er predigte; sonst in die Universitätskirche[69], wo wir **Brückner**[70], **Luthardt**[71] und **Kahnis** hörten, später auch zu Pastor **Schneider**[72] in der Georgenkirche am Brühl (das war eine Vorsorge- und Besserungsanstalt für Entgleiste aller Art, die später ins ehemalige Jakobskrankenhaus am Rosental verlegt wurde. An seiner Stelle wurde das große Bankhaus der Allgemeinen Deutschen Kreditanstalt errichtet).

Pastor **Schneider**, ein geborener Zittauer, der erst in späteren Jahren studiert hatte, war ein sehr ernster Prediger, um den sich ein Kreis ernster Christen, die von den oft hochfliegenden Predigten der Universitätsprofessoren nicht befriedigt waren, sammelte, darunter die Familien **Bredt**, **Pöschel**, **Trepte**, **Hilbert**, **Backofen**, **Karl Müller**, **Ewald**[73], die sich als kirchlich verbunden wussten, weil sie sich regelmäßig in Ahlfelds oder Schneiders Gottesdiensten trafen. Schneider war konfessionell korrekter als der aus der Union stammende **Ahlfeld**, bei welchem die aus der Breslauer Freikirche stammenden Missionszöglinge eben deshalb das heilige Abendmahl nicht nehmen durften. Das Missionshaus ging deshalb bei Pastor **Schneider** zum heiligen Abendmahl, obwohl das Jahresmissionsfest am Mittwoch in der Pfingstwoche stets in Ahlfelds Kirche, der Nikolaikirche, gefeiert wurde.

Die Verwirrung und Verwahrlosung der Landeskirche trat schon dadurch zu Tage, dass es unter jenen christlichen Familien, und auch unter uns ernster gerichteten Studenten damals hieß: Es predigt „niemand", wenn weder Ahlfeld, noch Luthardt, noch Kahnis predigte. Dann ging man eben zu Schneider! Aber es kam uns damals noch nicht zu Bewusstsein, dass das wider Gottes Wort ist. Gerade auch im Wingolf wurde der Synkretismus[74] gepflegt, obwohl zwischen uns lutherischen Sachsen und etlichen unierten Preußen, z.B. einem Sohn des bekannten Dr. **Stier**, oft heftige Debatten stattfanden, zumal als auch etliche Glieder der altlutherischen (Breslauer) Freikirche in die Verbindung kamen (**Wedemann**[75], **Rübenstrunk**[76], **Arndt**).

---

[68] D.h. Mitarbeiter, gemeint ist: Hilfslehrer.

[69] Die Universitätskirche (Paulinerkirche) wurde am 30.5.1968 durch Sprengung zerstört.

[70] Benno Bruno Brückner (1824-1905), seit 1853 liberaler Theologieprofessor in Leipzig, seit 1855 Universitätsprediger, ab 1869 Propst, später Generalsuperintendent in Berlin.

[71] Christoph Ernst Luthardt (1823-1902), seit 1856 Theologieprofessor in Leipzig, 1857-1897 Vizepräsident der Leipziger Mission.

[72] Johann Gottfried Schneider (1808-1873), seit 1838 in versch. Ämtern in Leipzig, seit 1862 Pf. an St. Georgen in Leipzig.

[73] D.h. die späteren Schwiegereltern von O. Willkomm.

[74] D.h. eigentlich: Religionsvermischung; hier im Sinne von: kirchlicher Unionismus.

[75] Richard Heinrich Theodor Wedemann (1846-1925), 1875-1910 Diakonus an der Frauenkirche in Dresden, stammte aus der Altlutherischen Kirche.

[76] Gustav Adolf Rübenstrunk (1846-1920), ab 1873 altluth. Pastor in Gemünden, später Radevormwald, dann Frankfurt/M.

Am Sonntagnachmittag machten wir meist einen Spaziergang in der Umgegend und am Abend fanden wir uns in kleinen Lesekränzchen zusammen, wo man sich persönlich noch näher trat. Ich habe außer mit meinem Leibburschen **Georg Stöckhardt** und mit meinen zwei Leibfüxen, dem Schweizer Philologen **Daniel Huber**, dem Sachsen **Georg Schneider**[77] und dem Rheinländer **Adolf Rübenstrunk** mich besonders angefreundet mit meinem Konfux **Fr. Baltzer**[78], einem strammen Preußen, der aus einer kinderreichen brandenburgischen Pfarrersfamilie stammte, mit meinem Stubengenossen **Eugen Klocke**[79], ebenfalls einem Preußen, dem Juristen **Richard Götz**, der seiner Sentimentalität wegen (er hatte sich schon als Primaner verlobt) den Kneipnamen „Lilly" erhielt, und mit **Erwin von Bernemann**.

Letzterer wollte ursprünglich Jura studieren und hatte sich, der Tradition des sächsischen Adels folgend, bei Korps „Misuda" zur Aufnahme gemeldet, erkannte aber bald, dass das Korpsleben mit dem ernsten Christentum, zu dem er erzogen war, unvereinbar war, zog darum seine Meldung zurück, ging zum Studium der Theologie über und trat in den Wingolf ein. Er war in Gottes Hand das Werkzeug, mich zum lebendigen Glauben zu bringen. Er äußerte einmal mir gegenüber, dass wir doch wohl alle ernste Christen seien. Diese Äußerung, die wohl ohne besondere Absicht getan worden war, brachte mich zum Nachdenken über mich selbst und ich geriet in peinigende Zweifel, ob ich überhaupt ein Christ sei. Dies trieb mich dazu, Pastor **Ahlfeld** aufzusuchen, und dieser erfahrene Seelsorger und Menschenkenner beriet mich aufs Beste, empfahl mir aber dabei „Starcks Gebetbuch"[80], welches wegen des mit unterlaufenden Pietismus nicht ganz geeignet ist, die Gewissheit des Gnadenstandes zu festigen. Doch wurde ich mir von da an (es war, glaube ich, im Sommer 1866) klar, was es um das persönliche Christentum sei, führte ein bewusstes Gebetsleben und suchte auch andere, z.B. meine Eltern und Geschwister, zu beeinflussen, was mich mit meiner lieben Mutter, die mehr rationalistisch erzogen war, manchmal in Konflikt brachte.

Von sonstigen Verbindungsbrüdern, denen ich nähertrat, erwähne ich den Hamburger **Karl Rieke** und **Adolf Wagner**, die ich Ostern 1866 besuchte,

---

[77] Georg Christoph Schneider (1847-1934), 1875-1885 Pf. in Höckendorf, 1885-1893 in Burkhardtsdorf, 1893-1914 Jahnsdorf b. Stollberg.

[78] Friedrich Baltzer (später Pf. in Brandenburg?), stammte aus Seelow/Brandenburg, wo sein Vater Pfarrer war (vgl. Kap. 7).

[79] Zu Klocke vgl. Anm. 50!

[80] Gemeint ist „Johann Friedrich Starcks Tägliches Handbuch in guten und bösen Tagen" von 1727. Es gibt übrigens eine von Franz Pieper durchgesehene Ausgabe, in der die bestehenden (pietistischen) Mängel beseitigt sind (St. Louis 1910).

die Mecklenburger **Jahn**, Karl und Wilhelm **Hübener**[81] und **A. Kliefoth**[82], den Sohn des bekannten Büchsel[83], **Johannes Büchsel**, sowie die beiden Söhne des badischen freikirchlichen Pfarrers **Carl Eichhorn**[84], Karl und Wilhelm, die später in der bayrischen Landeskirche Ämter annahmen, und die Brüder Konrad[85] und Heinrich **Brachmann**[86] aus Breslau. Die Verbindung mit den meisten von ihnen ist durch meine Reise nach Indien und dann durch meinen Austritt aus der Landeskirche unterbrochen worden. Doch habe ich mit [Daniel] Huber, den ich 1909 in der Schweiz besuchte und mit [Eugen] Klocke später wieder einen Briefwechsel angeknüpft, so dass wir uns wenigstens zu den Geburtstagen schrieben. Am innigsten und beständigsten blieb die Freundschaft mit **Stöckhardt**, der Ostern 1866 Leipzig verließ, aber stets mit mir in Briefwechsel blieb, wie ich ihn auch oft längere Zeit in Tharandt besuchte.

Unter dem Verbindungsleben, dem ich mich mit großem Eifer hingab, hat zweifellos meine wissenschaftliche Ausbildung gelitten. Es fehlte mir ein konsequentes und zielbewusstes Arbeiten. Ich erinnere mich, dass der älteste Sohn des 1867 von Erlangen nach Leipzig gekommenen Professors Franz **Delitzsch**[87], Johannes, der auch im Wingolf und ein sehr fleißiger Student war, einmal äußerte, ob ich wohl die Prüfung würde bestehen können. Nun, ich habe sie mit Gottes Hilfe im August 1868, also am Schluss meines 7. Semesters, bestanden, freilich nur mit der Zensur 3a, was für meine Zukunft insofern von Bedeutung wurde, als das Ministerium, bei dem ich mich um Anstellung an einem Gymnasium bewarb, mir diese zunächst nicht gewährte, sondern mich an Direktor **Teichmann**, Leipzig, empfahl, und zwar, wie ich von anderer Seite hörte, deshalb, weil das Ministerium nur solche Kandidaten sofort anstellte, die wenigstens die Zensur zwei hatten. Jene Äußerung von Johannes Delitzsch hat wohl mit dazu beigetragen, dass ich das letzte Semester viel arbeitete und repetierte [= wiederholte], auch die Dogmatik des Rostocker Professors Philippi gründlich durcharbeitete, was mir besonders förderlich war. Am meisten Einfluss hatten auf mich Luthardt,

[81] Wilhelm Hübener (1848-1931), 1874-78 Schulrektor in Dargun/Mecklenburg, ab 1878 Pastor der Ev.-Luth. Freikirche in Dresden, Hannover und Kolberg.

[82] Sohn des Schweriner Oberkirchenrates Theodor Kliefoth (1810-1895).

[83] Karl Büchsel (1803 - 1889), seit 1829 Pf. in Schönefeld, 1846-1853 Pf. an der Berliner Matthäuskirche, 1853-1884 Generalsuperintendent für die Neumark und die Niederlausitz (mit Wohnung in Berlin).

[84] Karl Eichhorn (1819-1889), seit 1850 altlutherischer Pastor in Baden.

[85] Konrad Brachmann (1849-1892), altlutherischer Pastor in Sangerhausen und Heldrungen.

[86] Heinrich Brachmann (1851-1915), seit 1876 altlutherischer Pastor, später Sup. in Berlin.

[87] Franz Delitzsch (1813-1890), seit 1844 Prof. für AT in Rostock (seit 1846), Erlangen (seit 1850) und Leipzig (seit 1867).

Kahnis, Brückner und Delitzsch, Hölemann, also die für positiv geltenden Professoren. Bei **Luthardt** hörte ich Exegese (Römerbrief), Dogmatik und biblische Theologie, sowie Ethik. Letztere Disziplin ist mir besonders förderlich gewesen für mein persönliches Christentum. Bei **Kahnis** hörte ich nur Kirchengeschichte, wobei er zwar durch seinen lebendigen Vortrag die Zuhörer zu fesseln verstand, aber leider nie fertig wurde, sodass man die bleibenden Lücken anderweitig ausfüllen musste, was ich durch **Guericke**[88] tat, nicht durch den allgemein beliebten **Kurtz**[89]. Exegese hörte ich außer bei Luthardt anfangs noch bei Brückner, bei Hölemann, in dessen Seminar wir auch noch lateinisch sprechen und schreiben mussten, und schließlich bei Delitzsch, der beim 50-jährigen [Jubiläum] der Winerschen Gesellschaft eine hebräische Rede hielt, die er aber zum Glück auch für uns junge Theologen und des mit anwesenden Kreishauptmanns v. Burgsdorf willen gleich selbst ins Deutsche übersetzte.

Im Kolleg über Homiletik ermahnte uns **Brückner**[90] in seinem breiten sächsischen Dialekt, wir sollten uns in der Predigt ja nicht gehen lassen, und Dialekt reden, sondern uns eines guten Deutsch und korrekter Aussprache befleißigen. Auch warnte er vor eintönigen und langatmigen Erörterungen einmal mit den Worten: „Es muss e'mal e Wasserfall kommen!" Sehr merkwürdig ist mir, dass ich mich nicht erinnern kann, je etwas über rechte Unterscheidung von Gesetz und Evangelium gehört zu haben. Es könnte ja sein, dass ich die Vorlesung, in der davon die Rede gewesen ist, geschwänzt habe (was leider öfter geschah), aber da ich doch die wichtigeren versäumten Stunden „nachgeritten" habe, kann mir's nicht ganz entgangen sein. Auch müsste bei den Predigtkritiken im Homiletischen Seminar diese Sache doch zur Sprache gekommen sein. Ebensowenig ist mir erinnerlich, dass wir auf eine ernstliche Beschäftigung mit den Bekenntnisschriften unserer Kirche hingewiesen wurden und dazu angehalten worden wären. **Fricke**[91] und die weiter links stehenden Professoren (von denen ich nur den rationalistischen Alttestamentler **Anger**[92] in Erinnerung habe) habe ich nicht gehört.

[88] Heinrich Ernst Ferdinand Guericke (1802-1878), seit 1829 Prof. in Halle/Saale; 1834 sagte er sich von der preußischen Union los und verlor sein Amt als Professor. J. G. Scheibel ordinierte ihn als Pastor der altlutherischen Gemeinde in Halle; seit 1840 war er wieder Professor in Halle; 1849 trennte er sich endgültig von den Altlutheranern. Bei dem von O. Willkomm angeführten Buch handelte es sich wohl um das „Handbuch der Kirchengeschichte" von 1833.

[89] Johann Heinrich Kurtz (1809-1890), seit 1849 Prof. für Kirchengeschichte in Dorpat. Gemeint ist sein häufig aufgelegtes „Lehrbuch der Kirchengeschichte".

[90] Zu Brückner siehe Anm. 70!

[91] Gustav Adolf Fricke (1822-1908), seit 1865 Prof. und Pfarrer in Leipzig.

[92] Rudolph Anger (gest. 1866), einer der letzten Rationalisten in Leipzig.

Doch wurde ich gerade in alttestamentlicher Exegese examiniert und musste im schriftlichen Examen über den 110. Psalm schreiben und dessen Messianität bekennen, die der Examinator Prof. Fricke leugnete. Im Mündlichen nahm er Sacharja 9 dran und ich muss gestehen, zu meiner Schande, dass auf seine erste Frage, wo die Weissagung vom Kommen des Königs als Messias stehe, auch ich nicht antworten konnte. So wenig war ich damals in der Schrift bewandert. Als ich Fricke meinen Abschiedsbesuch machte, meinte er, es sei gewiss gut, wenn ich meinen Gesichtskreis noch erweiterte!

Von besonderem Einfluss auf meine theologische Entwicklung sind neben dem persönlichen und fortgesetzten brieflichen Verkehr mit meinem Leibburschen Stöckhardt zwei damals erschienene Schriften [gewesen], nämlich **Scheele**[93] „Die trunkene Wissenschaft" und **Vilmar**[94] „Die Theologie der Tatsachen gegen die Theologie der Rethorik". Und in kirchlicher bzw. kirchenpolitischer Hinsicht erweckte ein Vortrag, den der damals in Erlangen wirkende Professor Gerhard **von Zezschwitz**[95] 1867 in Leipzig hielt, in uns konfessionell gerichteten Studenten die Hoffnung, dass von seiten der lutherischen Landeskirche irgendwie Front gemacht würde und Maßregeln ergriffen würden gegen das Eindringen der Union, welches durch die politischen Ereignisse von 1866 (Gründung des neuen Deutschen Bundes und Freizügigkeitsgesetz) in die Nähe gerückt war. Wir hatten aber noch keine Einsicht in die schon damals durch das Vordringen des Liberalismus geschaffene Lage, auch keinerlei Beziehungen zu den „Lutheranervereinen", aus denen später die Freikirche entstand. Unsere Hoffnungen wurden aber durch die Gründung der *Allgemeinen evangelisch-lutherischen Konferenz*[96] (1868) nicht erfüllt, sondern enttäuscht.

Meinem lieben **Vater** fiel es nicht leicht, die Kosten meines Studiums zu bestreiten. Zwar war sein Einkommen seit seiner im Sommer 1863 erfolgten Versetzung nach Alt- und Neugersdorf höher als in Ebersbach. Aber dort hatte er in den schweren Jahren, wo er neben uns Kindern zum Teil noch die unselbständigen Geschwister unserer lieben Mutter mit durchschleppen musste, Schulden machen müssen. Und die erhofften Gewinne von einem Kux (Aktie) eines Silberbergwerkes bei Freiberg blieben aus, ja das Kuxmännel (der Bote dieser Aktiengesellschaft) holte jedes Vierteljahr die fällige Zubuße ab und war dadurch der Schrecken meiner lieben Mutter.

[93] Karl Scheele (1810-1871), Pf. in Elberfeld und Halle/S., später Magdeburg.

[94] August Friedrich Christian Vilmar (1800-1868), seit 1833 Gymnasiallehrer, seit 1855 Theologieprofessor in Marburg.

[95] Zu Zezschwitz siehe Anm. 7!

[96] Die Gründungsversammlung fand in Leipzig statt. Die Konferenz führte alles zusammen, was unter konservativen Lutheranern Rang und Namen hatte.

Später zog die Gesellschaft die Beiträge durch Nachnahme ein! Gewinn ist nie herausgekommen, und als ich nach Vaters Tode die Kux-Papiere meiner Bank vorlegte, erhielt ich die Auskunft, dass das eine hoffnungslose Sache sei. Außerdem verlobte sich damals meine Schwester **Elise** mit dem völlig mittellosen Privatschullehrer **Bernhard Sorg**, und der Vater musste daran denken, ihre Ausstattung zu beschaffen. Dazu kam noch, dass mein Bruder **Fritz**[97] Ostern 1868 in Erfurt, wo er als Gehilfe der Buchhandlung von Thomas arbeitete, am Wechselfieber erkrankte und infolgedessen ½ Jahr zu Hause war.

So war es geboten, dass ich mein Studium beendete, um so mehr, als ich ein Stipendium, welches ich aus der Freieslebenschen Stiftung drei Jahre lang erhielt, nicht länger bekommen konnte. Es waren jährlich 70 Taler, also 210 Mark. Ich bekam es, weil unter den Vorfahren meiner Großmutter der Hofprediger **Freiesleben**[98] war, von dem diese Stiftung meines Wissens herrührt (siehe Stammbaumtafel). Dies Stipendium, weil es nur Studenten auf der Landesuniversität gegeben wurde, nötigte mich auch, nur in Leipzig zu studieren. So machte ich denn mein 1. Examen, wie schon gesagt, im Sommer 1868, die mündliche Prüfung war am 11. August [1868].

Bald darauf reiste ich ab, von meinen Verbindungsbrüdern am Dresdner Bahnhof[99] in Leipzig mit dem Gesang: „Nun zu guter Letzt bringen wir jetzt auf die Wanderung das Geleite" – ein Brauch, der damals noch allgemein üblich war und nicht als verkehrsstörend empfunden wurde. Eine kleine Enttäuschung erlebte ich bei der Fahrt. Mir gegenüber saß mein früherer Klassenlehrer (in Sexta und Quinta), zu dessen Lieblingsschülern ich gehört hatte. Ich begrüßte ihn sehr freudig, er aber schien sich meiner kaum zu erinnern und behandelte mich sehr kühl. Es war der später als Inspizient der Gymnasien von vielen Abiturienten sehr gefürchtete Dr. **Vogel**.

Durch die Finanzlage war ich auch genötigt, den mir durch Stöckhardts Beispiel nahegelegten Gedanken, nach dem Examen noch eine andere Universität zu beziehen, aufzugeben. Ich korrespondierte wegen verschiedener Hauslehrerstellen, deren eine in Mecklenburg mir in Aussicht gestellt war und eine andere in Hessen, wo ich bei dem bekannten Pfarrer **Lucius**[100] Schüler für die oberen Klassen vorbereiten sollte. Warum daraus nichts wurde, weiß ich nicht mehr. Ich erwartete die Entscheidung im Elternhause, stellte mich aber auf Zureden meines Vaters auch den Dezernenten in

[97] Zu Friedrich Willkomm siehe im folgenden: Anm. 112!

[98] Johann Bartholomäus Freiesleben (1654-1706), ab 1690 dritter, dann zweiter Hofprediger in Dresden.

[99] Der Dresdner Bahnhof u.a. lag auf dem Gelände des 1913 erbauten Hauptbahnhofes.

[100] Vermutlich: Richard Lucius, um 1875 renitenter Pfarrer in Usenborn/Hessen.

Gymnasialsachen, dem Geheimen Ministerialrat **Gilbert**, den der Vater persönlich kannte, vor und wurde durch ihn an Direktor **Teichmann** in Leipzig empfohlen, der mich telegraphisch aufforderte, sofort zu kommen. Das Telegramm, damals noch eine große Seltenheit, wurde mir nachts überbracht, während ich bei meinem Freunde **Stöckhardt**, der damals Lehrer am Luisenstift in Tharandt war bzw. bei dessen Eltern zu Besuch weilte, und entschied über meine nächste Zukunft.

Mein Studium hat, wenn ich mich recht erinnere, pro Jahr etwa 300 Taler gekostet, also im Ganzen 1050 Taler, wovon ich 50 Taler, die ich, ich weiß nicht mehr von wem, geborgt hatte, nachher von meinem Lehrergehalt abzahlte. Da ich an Stipendien 3x70 = 210 Taler erhielt, hat mein lieber Vater ungefähr 800 Taler für mich ausgeben müssen, was ihm schwer genug gefallen sein mag. Sein Einkommen vom Pfarramt in Alt- und Neugersdorf sollte sich matrikelmäßig [d.h. laut Vorschrift] auf 1500 Taler belaufen, bestand aber nur zum geringsten Teil aus festen Bezügen, das meiste musste er sich mit dem Munde verdienen, da es Accidenzien [Nebeneinkünfte] für die in dem großen Dorf sehr zahlreichen Amtshandlungen waren. Außerdem gab es drei „Umgänge" im Jahr, nämlich Kollekten an den 2. Feiertagen der drei hohen Feste. Da sollte nach der Predigt die ganze Versammlung um den Altar gehen und dabei ein freiwilliges Opfer für den Pfarrer auf den Altar niederlegen, dessen Höhe vom Vorgänger auf, wenn ich nicht irre, 100-150 Taler geschätzt worden war. Bei der zunehmenden Gleichgültigkeit, ja Kirchenfeindschaft, die sich wiederholt äußerte, fiel das Opfer aber sehr gering aus. Das Pfarrfeld war meist an kleine Leute verpachtet, die mit der Zahlung des Pachtzinses nicht sehr pünktlich waren. Und ich hatte manchmal die peinliche Aufgabe, gegen Ende der Ferien mit dem Pachtbüchsel zu solchen säumigen Pächtern zu gehen und den Pachtzins einzutreiben, damit der Vater mir Geld mitgeben konnte. Meine liebe Mutter hat da manches mal gewünscht, dass es doch bald mal „eine große Leiche" geben möchte, damit Geld einkäme. Ich muss aber leider bekennen, dass ich, obgleich ich kein Verschwender war, dieser Notlage nicht immer Rechnung getragen habe, sondern veranlasst durch die Verbindung und meine Verbindungsbrüder, manche Ausgabe gemacht habe, die ich hätte unterlassen können.

Kapitel 6: Kriegserlebnisse

Die Überschrift ist irreführend, denn ich bin nie im Krieg gewesen, weder als Soldat, noch als Felddiakon, wie mein Freund und Stubengenosse Eugen **Klocke**[101], der 1866 als solcher auf die böhmischen Schlachtfelder ging, noch als Lazarettprediger, wie mein Leibbursche Georg **Stöckhardt**[102], der, als er am 4. September 1870 aus Paris, wo er an der lutherischen Viletta-Kirche als Hilfsprediger tätig und bis nach der Schlacht von Sedan geduldet worden war, ausgewiesen wurde, von Belgien aus nach Sedan ging und dort 3 Monate lang Tausenden von deutschen und französischen Verwundeten mit Wort und Sakrament dienen konnte. (Stöckhardt hat darüber sowohl 1871 in den „Bausteinen" als auch später in der „Abendschule" sehr interessante Berichte veröffentlicht.) Was ich mit der Überschrift sagen will, ist dies, dass in meine Jugendzeit eine Anzahl Kriege gefallen sind und ich dieselben mit einer gewissen, bald schwächeren, bald stärkeren inneren Anteilnahme miterlebt habe. Und da der furchtbare Weltkrieg, der in mein Greisenalter fiel, das Andenken an die früheren Kriege verblassen lässt, will ich dasselbe hier ein wenig aufzufrischen suchen.

Von dem in meine Kinderjahre fallenden **Krimkriege**, in welchem **1853/54** England und Frankreich als Verbündete der Türkei Russland besiegten und ihm das Schwarze Meer zu einem „mare clausus" [geschlossenes Meer] machten, indem sie die Ausfahrt von Kriegsschiffen durch Bosporus und Dardanellen verboten, hat mich innerlich gar nichts interessiert, obwohl in meinem Gedächtnis die Namen Sewastopol und Malakoff sich fest eingeprägt haben. Aber er hat mir meine ersten Bleisoldaten (ein türkisches Lager mit Zelten, auf denen der Halbmond war, und Rossschweifen, eine französische Reiterei, engl. Infanterie in rotem Frack und weißer Hose und ein russisches Infanterie-Regiment) eingebracht und wohl gerade dadurch sich tief in meine Erinnerung eingeprägt.

Der **Oberitalienische Krieg [1859]**, durch den Österreich die Lombardei verlor, hat mich schon mehr bewegt. Wir Gymnasiasten (mein Bruder Fritz war Untertertianer und ich Quartaner!) waren sehr ungehalten darüber, dass Preußen nicht Österreich zu Hilfe kam. Unser Hass aber wandte sich gegen Napoleon [III.], und der meine äußerte sich einmal darin, dass ich ihn in Brot ausschnitt und verspeiste! Woher wir übrigens unsere politische Weisheit bezogen, kann ich nicht sagen. Ich erinnere mich nicht, dass wir

---

[101] Zu Klocke siehe Anm. 50!

[102] Zu Stöckhardt siehe Anm. 8!

eine Zeitung gelesen hätten. Doch werden wir ja durch die Gespräche der Erwachsenen, bei denen wir Freitisch hatten, und älterer Mitschüler genug erfahren haben.

Dann kam der **Schleswig-Holsteinsche Krieg (1864)** gegen Dänemark. Dabei ärgerte es uns zunächst, dass die vom Bundestag angeordnete Besetzung der Elbherzogtümer durch hannoversche und sächsische Truppen von den Großmächten Österreich und Preußen beseitigt und durch das bekannte Kondominium [d.h. Doppelherrschaft] dieser beiden Staaten ersetzt wurde. Doch hinderte uns das nicht, das Lied: „Schleswig-Holstein meerumschlungen" zu singen und für die Eroberung der Düppeler Schanzen und der Insel Alsen uns zu begeistern, was freilich in der Meinung geschah, dass nun der Augustenburger „Herzog von Schleswig-Holstein" werden würde. Als dann Preußen Österreich hinausdrängte und mit Beiseiteschiebung des „angestammten" Herzogs die Herzogtümer samt Lauenburg sich einverleibte, kühlte sich unsere Begeisterung sehr ab und schlug in eine starke Antipathie gegen Preußen um, die wohl noch durch die „Gartenlaube", die wir lasen, bestärkt wurde. Denn dieses Blatt stand damals – es waren ja die Konfliktjahre in Preußen – scharf gegen König Wilhelm und Bismarck.

So kam es von selbst, dass der **Deutsche Krieg**, der **1866** ausbrach, mich auf Seiten Österreichs fand. Wie scharf sich damals die Gegensätze zuspitzten, erfuhr ich schon im Frühjahr 1866 bei einem Besuch in Hamburg. Ich wohnte da in der Familie meines Wingolfbruders **Wagner**, einer Hamburger Patrizierfamilie, die sehr antipreußisch gesinnt war, aber einen scharf für Preußen eintretenden Schwiegersohn hatte. Infolgedessen kam es da oft zu Auseinandersetzungen. An solchen fehlte es dann auch während des Sommersemesters in Leipzig nicht, da in der Verbindung neben Sachsen und Preußen auch Bayern und Kurhessen waren. Einer der Letzteren, der Jurist **Martin**, wohnte mit dem strammen Preußen Wilhelm **Baltzer** zusammen. Ihr Weg zur Universität ging durch die Pleißenburg. Aber als dort preußisches Militär lag, machte Martin stets einen Umweg, während Baltzer mit besonderem Stolz bei den preußischen Schildwachen vorbeiging. Auch ich hatte damals den Preußen Eugen **Klocke**[103] zum Stubengenossen, doch hat der politische Zwiespalt unsere Freundschaft nicht wesentlich gestört. Als die ersten preußischen Truppen in Leipzig einmarschierten, wurde Luthardts Kolleg fast leer, denn anstatt in den Hörsaal zu gehen, gingen wir hinaus an das Grimmaische Tor, und dort beim Frisius-Denkmal hörte ich zum ersten Mal der preußischen „Trommeln und Pfeifen kriegerischen Klang",

[103] Zu Klocke siehe Anm. 50!

das geschah freilich mit sehr gemischten Gefühlen. Wir Sachsen ärgerten uns mächtig, dass preußische Offiziere gleich den Bayerischen Bahnhof besetzten und von dessen Türmen Ausschau hielten, ob nicht die Bayern im Anzug wären. Darauf hatten ja auch wir gehofft. Wir ahnten ja nicht, wie weise unser König Johann gehandelt hatte, als er die sächsische Armee nach Böhmen führte und so vermied, unser Sachsenland zum Schlachtfeld zu machen. Freilich gingen nun allerlei Gerüchte um, denen wir Sachsen natürlich lieber glaubten, als den von der preußischen Kommandantur veröffentlichten Siegesnachrichten. So wurde ich sehr beunruhigt durch einen Brief meines, vor dem Ausbruch des Krieges aus Berlin nach Tharandt zurückgekehrten Leibburschen **Stöckhardt**, in welchem er meldete, bei Rumburg (also ganz in der Nähe des Wohnortes meiner Eltern) habe ein sächsisches Reiterregiment ein Bataillon preußischen Fußvolks niedergeritten, die Österreicher seien schon bis Görlitz vorgedrungen, welches in Flammen stehe! Davon war natürlich kein Wort wahr. Eine unangenehme Folge dieser allgemeinen Beunruhigung der Gemüter aber bekam ich dadurch zu spüren, dass mein Vater es nicht wagte, mir durch die Post Geld zu schicken. So gingen meine Mittel zu Ende und nachdem ich 10 Taler, die mein Onkel Robert **Kretschmann**[104] mir lieh, ziemlich aufgezehrt hatte, musste ich mich entschließen heimzureisen. Mein Stubengenosse Klocke war als Felddiakon auf die Schlachtfelder von Böhmen gegangen und viele Studenten abgereist, so dass auch die Vorlesungen geschlossen wurden.

Mein Geld reichte gerade noch zu einer Eisenbahnfahrt 3. Klasse nach Löbau. Als ich aber im Laufe des Vormittags in Dresden ankam, erfuhr ich, dass der nächste Zug nach Löbau erst abends um 7 Uhr abgehe. Ich suchte deshalb meinen Vetter **Richard Willkomm**[105] auf, der eine Suppe für mich bezahlte; kaufte mir eine Dreiersemmel und zog mich mit derselben in den Großen Garten zurück, wo ich die Schanzen sah, welche die Preußen gegen Pirna zu aufgeworfen hatten. Die Fahrt nach Löbau dauerte von ½ 8 bis ½ 12 und mein Magen wurde recht lang. Ich fand aber eine Frau aus Neugersdorf, die dann im Gasthof ein Abendessen für mich bezahlte und sich erbot, meinen Ranzen mitzubringen, wenn sie am anderen Morgen mit der Post heimführe. So konnte ich mich um Mitternacht neu gestärkt auf den Weg machen. Und für Begleitung war auch gesorgt, denn ein junger Mann aus Kottmarsdorf fragte mich, als wir den Bahnhof verließen, ob er sich mir anschließen dürfe. Er hatte aus dem Gespräch mit der Frau erfahren, dass ich nach Gersdorf gehen wolle und Vertrauen zu mir gewonnen, weil ich

[104] Vgl. oben: Kap. 5!
[105] Richard Camillo Wilhelm Willkomm (1841-1918), Musikpädagoge, seit 1863 in Dresden.

mit einem Soldaten von Gottes Wort gesprochen und etlichen Spöttern, die sich darein gemischt hatten, ordentlich Bescheid gesagt hatte. Nachts gegen 3 Uhr klopfte ich die alte Dore heraus, die mit dem Ruf: „Ach, der Utto!" das Fenster schloss und eilig herunterkam, die Haustür zu öffnen. Das war mein ganzes Kriegserlebnis 1866, denn unsere Heimat blieb hinfort ganz von Kriegswirren, selbst von Einquartierung verschont, was die Phillipsdorfer[106] Wundergläubigen ganz dem Umstande zuschrieben, dass durch die angeblich wunderbar geheilte **Magdalene Kade** ein Gnadenort dort entstanden war.

Der **Deutsch-Französische Krieg 1870/71** würde mich mehr betroffen haben, wenn ich nicht als Theologe vom Militärdienst freigekommen wäre, denn durch die Verfassung des Norddeutschen Bundes, dem Sachsen beitreten musste, wurde auch in Sachsen die allgemeine Wehrpflicht eingeführt und ich war, als ich mich 1867 stellte, für tüchtig zum Dienst mit der Waffe befunden worden, zum Schrecken meiner Mutter, an die ich aber schrieb, sie solle sich doch freuen, einen so gesunden Sohn zu haben. Aber es galt damals eben auch in Sachsen die später abgeschaffte Ordnung, dass Theologen, die vor ihrem 23. Jahre die erste theologische Prüfung machen, vom Militärdienst freikamen. Als ich darum im Sommer 1868 mein Examen gemacht hatte und Anfang 1869 wegen der Luxemburger Frage Krieg mit Frankreich drohte, reichte ich meine Papiere bei der Ersatzkommission ein und erhielt meinen Freischein. So konnte ich 1870 in meiner Stellung im Missionshaus bleiben und erlebte da nur die – bei uns zwar etwas gedämpfte – Begeisterung über den Siegeszug unserer Heere und die Errichtung des Kaisertums. Die Dämpfung kam bei uns daher, weil uns der Siegesübermut und die Menschenvergötterung, die mit unterlief, nicht gefiel, wie uns denn auch **Ahlfelds**[107] Predigten, der damals stark politisierte, je länger, je mehr abstießen, so dass wir uns fast ausschließlich zu Mag. **Schneider**[108] hielten, der gerade in dieser Zeit sehr ernste Bußpredigten hielt.

Dass wir nach diesen Kriegserlebnissen, die eigentlich keine waren, noch den furchtbaren Weltkrieg erleben würden, ahnten wir freilich damals nicht, obwohl uns die zunehmende Gottlosigkeit und Leichtfertigkeit befürchten ließ, dass ein Gericht über unser Volk und Land kommen müsse. Von wirklicher Kriegsnot hatte ja das Volk im Ganzen wenig gespürt, so sehr auch einige Familien durch den Tod oder das Vermisstwerden ihrer in den Krieg gezogenen Söhne betroffen waren. Unser Sieg war zu rasch errungen und steigerte den Übermut.

---

[106] Phillipsdorf = Nachbarort von Neugersdorf, heute Filipov/Tschechien; seit den 20er Jahren des 20. Jahrhunderts ein bekannter Marienwallfahrtsort.

[107] Zu Ahlfeld siehe Anm. 67!

[108] Zu Schneider siehe Anm. 72!

Kapitel 7: Reisen

Unser lieber Vater hat mit uns Kindern mancherlei kurze Wanderungen gemacht, besonders in die Wälder und Berge des nördlichen Böhmerlandes, den Wolfsberg bei Zeidler, die Burgruine Tollenstein und den Tannenberg, die Kreibitzer und Dittersbacher Felsen samt dem Wachsberg bei Saupsdorf mit dem schönen Überblick über die Sächsische Schweiz. Eine etwas weitere Tour wurde mit der nordböhmischen Bahn, als dieselbe eröffnet war, nach Niemans [?] gemacht, wo das alte Schloss mit der 7 Fuß dicken Mauer besichtigt wurde; den Kottmar, Löbauer Berg, Landeskrone und Zschorneberg haben wir als Gymnasiasten alleine bestiegen, ebenso die Zittauer Berge von Lückendorf bis zur Lausche. Und der Hutberg bei Herrnhut wurde gern besucht, wenn wir dorthin kamen, wegen der schönen Aussicht der Zittauer Berge. Vom Kottmar, den wir oft allein erstiegen, freuten wir uns, obwohl es damals dort noch keinen Aussichtsturm gab, des herrlichen Gebirgskranzes vom Milleschauer im Südwesten bis zu den Herms[?] Gebirgshöhen, wie denn unsere Liebe den Bergen galt.

Die erste größere Reise, die unser lieber Vater mit uns drei älteren Geschwistern Fritz, Elise und Otto machte – sie blieb auch die einzige dieser Art – ging nach Tharandt zu Onkel **Moritz**[109]. Dort verlebten wir eine sehr abwechslungsreiche Woche, in der freilich – es war im Sommer 1861 – ein arges Regenwetter uns mehrere Tage im Zimmer hielt und die Bäche und Flüsse so füllte, dass wir, als wir durchs Tal der Roten Weißeritz, den Rabenauer Grund, nach einem Aussichtspunkt der goldenen Höhe bis Dresden gingen, zum Teil über Notstege schreiten mussten, weil das Wasser die Wege zerrissen hatte. Auf der Rückreise wanderten wir durch den Plauenschen Grund nach Dresden, wo wir im Trompeterschlösschen Nachtquartier suchten. Da wir zu Fuß mit unseren Reisewäglein und sehr verstaubt ankamen, wies man uns ein Zimmer im Nebengebäude an. Als aber der Wirt unseres Vaters Eintragung im Fremdenbuch gelesen und daraus ersehen hatte, dass er es mit einem Herrn Pastor zu tun hatte, wurde uns mitgeteilt, dass oben ein Zimmer im Hauptgebäude frei geworden sei, in welches wir dann mit sehr erhobenem Mut einzogen. Dieses Erlebnis hat sich mir sehr eingeprägt.

In Dresden sahen wir von der Brühlschen Terrasse, die erst wenige Jahre zuvor erbauten „Albrechtsschlösser", sind auch wohl im Großen Garten gewesen. Ob wir die Bildergalerie oder sonstige Museen besucht haben,

---

[109] Heinrich Moritz Willkomm (1821-1895), Dr. phil., Botaniker, seit 1855 Prof. an der Forstakademie in Tharandt bei Dresden, seit 1868 Prof. in Dorpat, dann 1874-1893 in Prag. Vgl. O. Willkomm, Vorfahren und Nachkommen, S. 31f.

weiß ich nicht. Wir fuhren mit der Bahn nach Königstein, wo wir alle übernachteten und am anderen Tag die Festung besuchten, für die der Vater besonderes Interesse hatte und bei uns voraussetzte. Weiter sind wir damals in die Sächsische Schweiz nicht gekommen. Mein Vater reiste im Herbst dieses Jahres noch nach Hamburg, um meine Schwester Elise zu Onkel **Ernst Willkomm**[110] zu bringen, in dessen Hause sie zwei Jahre lebte und besonders unter der Leitung der fein gebildeten und wirtschaftlich tüchtigen Tante **Marie**[111] sich sowohl in allgemeiner Bildung als auch in der Hauswirtschaft vervollkommnete. Von Hamburg aus hat der Vater auch einen Abstecher nach dem damals noch unter englischer Herrschaft stehenden Helgoland gemacht. Mir ist davon nur dies in Erinnerung geblieben, dass sein Überzieher, der bei der Überfahrt tüchtig Seewasser abbekommen hatte, tagelang ausgelüftet und ausgeklopft wurde. (Mein Vater klopfte und bürstete seine Kleidungsstücke stets selbst aus; das tat er meist am Morgen, nachdem er sich mit kaltem Wasser den ganzen Körper gewaschen hatte, um wieder warm zu werden. Die alte Dore weckte uns Buben, wenn wir zu lange schliefen, oft mit den Worten: „Der Vater pucht schon!" Dann war es höchste Zeit für uns aufzustehen.)

Nach der Rückkehr aus Hamburg machte der Vater mit uns beiden noch eine Wandertour von Zittau über Burkersdorf und Seifersdorf bis auf die Sternschanze bei Herwigsdorf, die von der Infanterie im Sturm genommen wurde. Wir gingen dann, obwohl wir seit früh auf den Beinen waren, noch bis Ebersbach, ein Beweis, dass wir im Wandern geübt und gut zu Fuß waren. Es wurde damals noch kein Sport getrieben, gab weder Schulreisen noch „Wandervögel" [naturverbundene Jugendbewegung ab 1901], aber es war zumal in der schönen Zittauer Gegend selbstverständlich, dass wir viel wanderten.

Während mein Bruder **Fritz**[112] in der Buchhandlung von Mosche in Meißen den Buchhandel erlernte, habe ich ihn einmal dort besucht und dabei auch den Spaarberg und den Park vom Schloss Siebeneichen aufgesucht. Ich weiß aber nicht mehr, ob das in meine Schülerzeit oder in den Anfang der Studentenzeit fiel, glaube ja doch ersteres.

Als Student habe ich zunächst im Juli 1865 einen Fuxbummel durchs Muldental von Grimma über Nimbschen, Colditz, den Rochlitzer Berg bis nach Penig gemacht, von wo aus, da es noch keine Bahnverbindung

---

[110] Ernst Adolph Willkomm (1810-1886), Literaturwissenschaftler; vgl. Fritz Hinnah: Ernst Willkomm, Ein Beitrag zur Geschichte des „Jungen Deutschland", (Diss.) Bocholt 1915.

[111] Anna Marie Christine geb. Rosendahl (1826-1879).

[112] Karl Friedrich Gotthard Willkomm (1844-1879), Buchhändler, in Meißen und Erfurt, später in Breslau.

gab, die staubige Straße bis Altenburg uns recht ermüdete, zumal wir die Nacht vorher auf Streu geschlafen bzw. nicht viel Schlaf gefunden hatten. Im Verkehr mit der Bruderverbindung in Halle kam ich wiederholt nach Schkeuditz, aber auch nach Halle selbst, mit der Burg Giebichenstein. Im Frühjahr 1866 folgte ich, wie schon erwähnt, einer Einladung meines Verbindungsbruders **Wagner** nach Hamburg und verlebte dort angenehme Tage, besuchte Blankenese, die Außenalster (Uhlenhorst), Horn (das Rauhe Haus) und Bergedorf und verkehrte auch im Hause unseres Onkels **Ernst**[113], mit dessen Frau, der Tante Marie, die eine ernste Christin war, ich mich sehr gut verstand und etwa noch ein Jahrzehnt korrespondierte bis die Verheiratung ihrer jüngsten Tochter Emi mit dem katholischen **Miguel Rivas**[114], über die ich meine Missbilligung äußerte, sie erlahmen ließ. Die Tante verteidigte die Sache damit, dass Herr Rivas gerade dadurch Vertrauen zu Emi gewonnen habe, dass sie an Christus glaubt und dies bekannte, was er sonst bei Protestanten nicht gefunden habe. Sie ist ja, wie ich später aus ihrer Todesanzeige sah, zur katholischen Kirche übergetreten und zwei ihrer Töchter sind Nonnen geworden.

Auf der Rückreise von Hamburg besuchte ich Berlin, wo ich mit **Stöckhardt** zusammentraf, und dann meinen Konfux F. W. **Baltzer** in Gusow bei Seelow[115] in der Mark. Das war ein kinderreiches Pfarrhaus guter alter Art. Die ehrwürdigen Eltern meines Freundes haben noch ihre goldene Hochzeit gefeiert, bei welcher alle 12 Kinder zugegen waren, darunter 7 Pastoren, 4 Söhne und 3 Schwiegersöhne. Die Rückreise nach Berlin machten wir von Seelow aus in einem Omnibus, in dessen Vorderkuppe ich einen schmalen harten Sitz neben der schlecht schließenden Tür innehatte und, da gerade damals nach einem sehr schönen warmen Frühling der übliche Kälterückschlag eintrat, ziemlich fror. Am Torhäuschen vor dem Frankfurter Tor wurden die Reisenden nach Fleischwaren gefragt und mein Freund, der das nächste Semester in Berlin studieren wollte, musste aus seiner auf dem Verdeck des Wagens liegenden Reisetasche die Wurst hervorholen, die ihm seine Mutter für das Abendbrot mitgegeben hatte, um sie den Akzise-Beamten vorzuzeigen. Ob sie als Handelsware versteuert oder als „Reisebedarf" von der städtischen Fleischabgabe, die es damals eben noch gab, befreit wurde, weiß ich nicht mehr.

[113] Zu Ernst Willkomm siehe Anm. 110!

[114] Miguel Rivas (1843-1905), geb. in Venezuela, Exportkaufmann. Vgl. O.Willkomm, Vorfahren und Nachkommen, S. 19f.

[115] Nordwestlich von Frankfurt/Oder.

Des anderen Tages fuhr ich bei Schneeregen nach Leipzig an Wittenberg vorüber, das ich erst 1895 auf der Rückreise von der Synode in Hannover (mit Prof. **Fürbringer**[116]) besuchte.

Im Kriegssommer 1866 verbot sich das Reisen von selbst. Dagegen fuhr ich Anfang Dezember auf Einladung meines Leibburschen **Stöckhardt**, der damals in Erlangen auf den Lizenziaten losarbeitete, (und auf dessen Kosten) zum Stiftungsfest des dortigen Wingolfs nach Erlangen, von wo aus ich auch Nürnberg besuchte.

Die Osterferien 1867 verlebte ich bei Stöckhardt in Tharandt, wo derselbe am Luisenstift tätig war als Religionslehrer und arbeitete dort meine erste Predigt aus, die ich am Sonntag Judika in der Kirche meines Onkels **Heinrich Hünigen**[117] in Hermsdorf bei Frauenstein hielt. Dorthin gelangte ich durch eine Fußwanderung von der Bahnstation Klingenberg-Colmnitz bis nach Frauenstein [b. Freiberg], wo der Onkel mich mit seinem Wagen abholte.

Pfingsten 1867 fand das Wartburgfest des Wingolfbundes statt, auf dem der Leipziger Wingolf zum ersten Mal als Verbindung auftreten sollte. Es war daher mein dringender Wunsch, dahin mitzureisen. Aber das Geld dazu mangelte. Eine etwas dreiste Bitte an Onkel **Moritz**[118] in Tharandt wies dieser mir mit dem Hinweis darauf ab, dass sie sich als Studenten auch hätten einschränken müssen, und knüpfte daran eine ernste Ermahnung. Letztere hatte wohl nicht viel gefruchtet, denn ich habe die Reise doch gemacht. Woher ich das Geld dazu bekommen habe, weiß ich nicht mehr. Wir fuhren – es waren wohl 6 bis 8 Mann – zunächst mit der Bahn nach [Bad] Kösen, besuchten die Rudelsburg, fuhren dann weiter nach Weimar. Von dort ging es teils zu Fuß, teils mit Fuhrwerk nach Rudolstadt. Hier begann eigentlich erst die Fußwanderung, die über Bad Blankenburg durch das Schwarzatal nach Schwarzburg mit den Twistern [?], nach Paulinzella [b. Stadtilm] mit der schönen Kirchenruine und von da nach Ilmenau. Dort erstiegen wir den Kickelhahn[119] mit dem Goethehäuschen und fuhren dann, da arges Regenwetter einsetzte, mit einem Pferdewagen hinauf bis zur Schmücke [Rennsteig], von da ging's, da das Wetter sich aufhellte, zu Fuß über Oberhof durch den Dietharzer Grund nach Tambach. Eine sehr schöne Wanderung im leuchtenden Abendsonnenschein dann über Friedrichroda nach der Tanzbuche und dem [Großen] Inselsberg[120] bis Brotterode. Von dort nach

[116] Ludwig Ernst Fürbringer (1864 - nach 1947), Theologieprofessor in St. Louis/MO.
[117] Zu Hünigen siehe Anm. 10!
[118] Zu Moritz Willkomm siehe Anm. 109!
[119] 861 m hoch.
[120] 916 m hoch.

Ruhla, wo die Scharen von Süden, Westen und Norden zusammentrafen und (am Dienstag) schon eine „Vorkneipe" stattfand. Wir besichtigten in diesem zu zwei Ländern (Sachsen-Weimar und Sachsen-Gotha) gehörigen Orte, welcher darum auch zwei Kirchen hat, die eine, die zwei rechtwinklig aneinanderstoßende Schiffe hat, in denen getrennt Männer und Frauen sitzen, ohne einander sehen zu können, während der Altar und die darüber befindliche Kanzel beiden sichtbar ist. Von dort ging es wie in hellen Haufen über die Hohe Sonne durch das Amortal mit der Drachenschlucht nach Eisenach, wo das Wartburgfest mit dem feierlichen Zuge nach der Wartburg, der Feier im Burghofe und dem Kommers[121] am Abend begeistert gefeiert wurde. Auf der Rückfahrt, die mit der Eisenbahn erfolgte, habe ich Erfurt besucht und dabei am Trinitatisfest zum ersten Mal einem freikirchlich-lutherischen Gottesdienst, nämlich dem, des zur Breslauer [altlutherischen] Synode gehörenden Pastors **Wermelskirch**[122] beigewohnt, veranlasst durch meinen Leibfux **Ad. Rübenstrunk**[123], der dieser Kirche angehörte. Doch bin ich nicht ganz sicher, ob das nicht zwei Jahre später [1869] geschehen ist, wo ich wieder das Wartburgfest besuchte.

In dieses Jahr fallen auch kleine Touren, eine in die sogenannte Hohburger Schweiz bei Wurzen und eine in die Königshainer Berge bei Reichenbach/Oberlausitz, letztere in den großen Ferien aus Anlass eines Philistertages[124], zu dem Pfarrer **Meissner** in Mangelsheim einlud.

Vor Ostern 1868 musste ich meinen Bruder **Fritz**[125], der als Gehilfe in der Buchhandlung von Thomas in Erfurt arbeitete und dort am Wechselfieber erkrankt war, von dort abholen und nach Hause bringen, wo er sehr langsam genas und bis zum Herbst bleiben musste. Ich eilte wieder nach Leipzig, um mich aufs Examen vorzubereiten, und habe dann dieses Jahr meines Wissens weitere Reisen nicht gemacht. Doch bin ich während meiner Studentenzeit einmal mit Freund **Klocke**[126] in Eisleben gewesen und habe das Luthersterbehaus besucht. [Eugen] Klocke habe ich auch einmal in [Bad] Sachsa (im Südharz), wo er Rektor war, und später nach meiner Rückkehr aus Indien, in Reinsdorf an der Unstrut, wo er Pfarrer war, besucht.

---

[121] Kommers = burschenschaftliches Trinkgelage.

[122] Johann Georg Wermelskirch (1803-1872), 1834 Übertritt als Judenmissionar zur Altluth. Kirche, 1836-1842 erster inoffizieller Direktor der Dresdner (Leipziger) Mission, seit 1844 altluth. Pastor in Erfurt.

[123] Zu Rübenstrunk siehe Anm. 76!

[124] Philister = ehemalige Studenten, alte Herren.

[125] Zu Friedrich Willkomm siehe Anm. 112!

[126] Zu Klocke siehe Anm. 50!

Im Sommer 1869 machte ich, nachdem ich in den Pfingstferien, wie schon erwähnt, das Wartburgfest besucht hatte, zum ersten Mal eine größere Reise, veranlasst durch meinen Kollegen **Köhler**[127] am Teichmannschen Institut, mit welchem ich seit dem Examen, das wir im Sommer 1869 gleichzeitig bestanden hatten, befreundet war. Ein Bruder von ihm war als Bauunternehmer bei dem Bau einer Bahn durch das Kylltal in der Eifel (von Köln nach Trier) beschäftigt. Um den dort zu besuchen, schlug er eine Fußwanderung dorthin vor, die wir gemeinsam ausführten, jedoch nicht ohne streckenweise Post, Bahn und Schiff zu benutzen. Die Reise ging zunächst über Erfurt nach Arnstadt (bis dahin Bahn) dann zu Fuß über den Gehlberg nach dem Schneekopf[128] und [Großem] Beerberg[129], den beiden höchsten Bergen des Thüringer Waldes, von da im steilen Abstieg nach Suhl. Von hier über Themar nach Meiningen (Bahn). Hier verließ uns mein Bruder **Fritz**, der von Erfurt aus, wo er in Stellung war, uns begleitet hatte. Dann gings über Lichtenburg und Roth (vor der Rhön) in interessanter Fußwanderung durch die sogenannte Lange Rhön, wobei das Steinerne Meer, der Schwabenhimmel, die Fuldaquelle, die jetzt durch Flugübungen bekannte Wasserkuppe[130] und die Milseburg[131] berührt wurden und wir an dem einen Tag von früh 7 Uhr bis Nachmittags 4 Uhr keine menschliche Wohnung trafen, nach Fulda. Dort schied unser Kollege **Ludwig Abeé**[132], der bis dahin mit uns gewandert war, von uns, und wir wanderten nun selbander [zu zweit] hinauf nach dem Vogelsberg[133] mit dem Taufstein[134] bis Schotten und Grünberg [b. Gießen], auch hier wieder viele Stunden, ohne menschliche Wohnungen zu treffen. Von Grünberg benutzten wir bis Gießen die Post. Ich blieb einen Tag bei der Verbindung [Wingolf] in Gießen und besuchte auch Marburg, wo **Abeé** mit seinen Eltern wohnte, und Friedberg. Der Besuch in Friedberg fällt wahrscheinlich in das Jahr 1871 oder 1872 in Verbindung mit einer Reise nach Darmstadt, wo ich den Vater des Malers **Schäfer**[135] in seinem Blindenheim besuchte, von meinem Verbindungsbruder **Friedrich**

---

[127] Karl Gotthelf Konstantin Köhler (1839-1925), seit 1876 Diakonus in Mutzschen, 1877-1909 Pfarrer in Ragewitz/bei Grimma.

[128] 978 m hoch.

[129] 982 m hoch.

[130] 950 m hoch.

[131] 838 m hoch.

[132] Ludwig Abeé, cand. theol. aus Marburg; Kollege von O. Willkomm am Teichmannschen Institut in Leipzig.

[133] Heutiger Naturpark Hoher Vogelsberg (Hessen).

[134] 774 m hoch.

[135] Es könnte Rudolf Schäfer (1878-1961) gemeint sein. Der Vater, Theodor Schäfer (1846-1910?), war luth. Pfarrer in Friedberg/Hessen, dann 1872-1910 Anstaltsleiter in Hamburg. Vgl. dazu: Ev.-Luth. Volkskalender 1963, S. 37.

Otto Willkomm (um 1910)

Schäfer eingeladen. **Köhler** hatte inzwischen das untere Lahntal besucht und ich fuhr ihm mit der Bahn bis Koblenz nach. Von dort benutzten wir zunächst die Post bis Daun und wanderten von da nach Gerolstein, wo Köhlers Bruder angestellt war. Daselbst hielten wir uns etwa eine Woche auf und machten Partien in die interessante Umgebung bis hinein in die Hohe Eifel in der Nähe von Prüm. Das Interessanteste waren die auf dem Gipfel der vulkanischen Berge sich findenden kleinen Seen, „Maar" genannt.

Die Rückreise ging zu Fuß über Burg Manderscheidt und Bad Bertrich nach Cochem an der Mosel, von wo aus wir bis Koblenz das Dampfschiff benutzten. Und noch eine Dampferfahrt den Rhein hinab bis Köln mit einem Abstecher von Remagen nach der Abtei [Maria] Laach mit dem Laacher See, dem größten Maar der Eifel. Von der Abtei Laach ging damals durch die „Laacher Blätter" eine starke Propaganda der Jesuiten aus. In Köln besuchten wir natürlich den Dom, dessen Außenbau damals noch nicht beendet war, hielten uns aber nicht lange auf, da wir noch den oberen Teil des Rheintals von Koblenz bis Rüdesheim besuchen wollten. Letzteres taten wir teilweise, nämlich von Goarshausen bis Oberwesel, also der Loreley gegenüber zu Fuß, da früh das Dampfschiff infolge einer Trödelei des Gastwirts wegfuhr, und dann, nachdem wir bei der Pfalz vorbei nach Kaub übergefahren waren, am rechten Ufer bis Rüdesheim mit der Bahn. Ja, in Rüdesheim erstiegen wir den Niederwald, der damals noch kein Nationaldenkmal trug, aber durch die herrliche Aussicht auf das Rhein- und Nahetal zum Besuch lockte. Da mein Freund mir von der herrlich gelegenen Schaumburg im Lahntal vorschwärmte, die er auf dem Hinwege besucht hatte, fuhren wir wieder bis Oberlahnstein zurück, von wo aus wir noch die Maxburg und Bad Ems besuchten, und dann durchs Lahntal aufwärts, nach Besteigung der Schaumburg, über Wetzlar, Gießen, Guntershausen, Eisenach nach Leipzig. Ich wusste damals noch nichts von Pfarrer **Brunn**[136] in Steeden und ahnte nicht, dass ich noch so oft in diese Gegend kommen würde.

Über diese nun einzige größere Reise in unserem an Schönheiten so reichen Vaterlande bin ich später oft ausgelacht worden, weil sie mich nicht nach den berühmten Gebirgen wie Harz, Riesengebirge, Fichtelgebirge und dergleichen, sondern nach den wenig bekannten wie Rhön, Vogelsberg und Eifel(!) geführt hat. Aber ich habe das nie bereut, denn es hat gerade diese Reise meinen Blick geweitet und mir auch ein ziemlich klares Bild von der Struktur des Landes und der Eigenart des Volkes gegeben. Mein Reisegefährte **Köhler** wurde später Pfarrer in Ragewitz bei Mutzschen und ist erst

[136] Friedrich August Brunn (1819-1895), freikirchlicher luth. Pastor seit 1846 in Steeden bei Runkel/Hessen

vor wenigen Jahren [1925] im hohen Alter von, irre ich nicht, 86 Jahren in Grimma gestorben. In der bösen Inflationszeit sandte ich ihm einmal 100.- Mark aus den amerikanischen Hilfsgeldern, die er aber nur für noch Ärmere verwandte. Er war ein sehr demütiger, anspruchsloser Mann. Sein Töchterlein Margarethe ist mein Patenkind; sie ist an Medizinalrat Dr. **Largel** in der Heilanstalt Arnsdorf verheiratet. Die Familie **Beschuck**[137], der sie entstammt, gehört zu dem Hallischen Waisenhaus; es waren sehr fromme, ernste Leute.

In den Jahren 1871 und 1872 reiste ich zweimal nach Darmstadt, um meines Bruders Verhältnisse zu klären und zu ordnen. Er war dort in einer Sortimentshandlung, hatte wohl durch leichte Gesellschaft verleitet, Schulden gemacht und die Gläubiger wandten sich an unseren Vater. Wir waren froh, dass **Fritz**[138] bald danach von dort weg und eine Stellung in der christlichen Buchhandlung von **Carl Dülfer**[139] in Breslau bekam, dessen Schwiegersohn er ja wurde. Ich habe ihn 1873 vor der Abreise nach Indien und 1876 nach der Rückkehr von dort in Breslau besucht und bin im Oktober 1879 zu seinem Begräbnis dort gewesen. Desgleichen 1885 zur Beerdigung seiner Witwe in Quirl bei Schmiedeberg. Fritz war ein sehr tüchtiger Buchhändler, aber auch ein sehr guter Gesellschafter und liebenswürdiger Mensch von schwachem Charakter. Von Darmstadt aus machte ich mit ihm etliche Fußtouren im Odenwald (Melibocus, 517 m) und an der Bergstraße.

Als ich im Jahr 1872 meine Lehrtätigkeit im Missionshaus beendete und die letzten Zöglinge (**Kabis**[140] und **Gehring**[141]) das Maturitätsexamen bestanden hatten , hielt ich mich etliche Wochen im Vaterhause auf und reiste dann von Rumburg mit der Bahn nach Teplitz und von dort über den schönen Gebirgspass Eichwald-Niklasberg nach Hermsdorf zu Onkel **Heinrich Hünigen**[142], der mich in Teplitz abholte. Von da bin ich dann über Mulda und Langenau zu Fuß bis ins Zschopautal gewandert, um über Niederwiesa und Chemnitz nach Leipzig zurückzukehren, wo ich mich nun dem Studium der englischen und tamulischen[143] Sprache und überhaupt der Vorbereitung auf den Missionsdienst widmete.

---

[137] Zu Beschuck vgl. im Folgenden: Anm. 153!

[138] Zu Friedrich Willkomm siehe Anm. 112!

[139] Carl Dülfer gehörte zu den Mitbegründern des Evangelischen Schriftenvereins in Breslau 1885. Vgl. Der evangelische Buchhandel, Stuttgart 1961, S. 149.

[140] Johannes Kabis (geb. 1853), seit 1877 Leipziger Missionar in Indien, 1891-1893 kommissarisch Senior.

[141] Friedrich Karl Alwin Gehring (geb. 1852), 1877-1904 Leipziger Missionar in Indien, dann Missionsinspektor in Leipzig.

[142] Zu Heinrich Hünigen siehe Anm. 10.

[143] Die Leipziger Mission arbeitete in Indien unter dem Volksstamm der Tamulen [heute: Tamilen].

Das sind die hauptsächlichen Reisen, die ich in meiner Jugendzeit gemacht habe. Ich bin kein Berufsreisender gewesen, habe auch meine Reisen nicht zu Studienzwecken unternommen. Aber ich habe auf denselben viel gesehen und gelernt und bin Gott dankbar dafür, dass ich soweit herumkommen durfte in meinem Vaterland. Mein lieber Vater hat als Student nur eine Reise nach Thüringen unternommen, ist aber nur bis Weimar gekommen, weil ihm das Geld ausging, da ein entfernter Verwandter sich an ihn hing und mit aus seinem Beutel zehrte! Er war ein guter Fußgänger und wie überhaupt, so auch auf Reisen sehr anspruchslos. Mit seinem Bruder Ernst hat er einmal eine Tour ins Riesengebirge gemacht, wohin ich leider nie gekommen bin.

Meine Reise nach Ägypten, Palästina und Indien im Sommer 1873 habe ich in den von meinem Vater zusammengehefteten Briefen beschrieben. Auf unsere Rückreise im Jahre 1876 komme ich später zu sprechen.

Über meine im Jahr 1889 (August bis November) gemachte Reise nach den Vereinigten Staaten Nordamerikas habe ich im „Hausfreundkalender" von 1891, sowie in der „Evang.-Luth. Freikirche" von 1890 berichtet. Es gäbe freilich noch mancherlei mehr Persönliches davon zu erzählen, aber das würde zu weit führen. Eben dies gilt von meinen vielen amtlichen und verhältnismäßig wenigen Erholungsreisen. Die amtlichen führten mich wiederholt nach Dänemark, zweimal nach Ostpreußen, am häufigsten nach Hessen-Nassau und Hannover, etliche Male auch nach Schleswig-Holstein und Pommern, zweimal nach Bayern. Die hauptsächlichen Erholungsreisen gingen 1894 nach Saßnitz auf Rügen, 1895 nach dem Harz, 1896 nach Thüringen, 1905 nach dem Elsass und der Schweiz, 1908 nach Sellin auf Rügen, 1909 nach Badenweiler und der Schweiz, 1910 nach Hellebuck auf Seeland. 1911 holten wir **Naumanns**[144] in Marseille [Südfrankreich] ab. Dies war die letzte größere Reise, da ich Anfang 1912 krank wurde und von da an regelmäßig nach [Dresden-]Bühlau zur Erholung ging, dann aber auch der Weltkrieg das Reisen unmöglich machte. Die Reisen ins Erzgebirge (nach Wildenthal und Zimmersacher[?]) und gelegentliche Fußtouren dahin, sowie die kurzen 1911 in [Dresden-]Klotzsche, sowie 1916 in Langebrück zugebrachten Erholungszeiten, sowie einige kurze Reisen in die Lausitz seien hier nur genannt. So lange mein Vater lebte, kam ich fast jährlich nach Strahwalde, auch gelegentlich nach Zittau.

Auf all meinen Reisen hat Gottes Barmherzigkeit mich vor jeglichem Unfall bewahrt und die schwere Malariaerkrankung, die mich auf der Rückreise von

---

[144] Gemeint sind: Missionar Georg Naumann (1877-1949), der mit O. Willkomms Tochter Helene verheiratet war, und seine Familie.

Jerusalem in Jaffa überfiel, hat Gott auch zum Besten gewandt. Für diesen Schutz und so viel Herrliches, was ich auf meinen Reisen gesehen, danke ich Gott von Herzen. Auf meinen zahlreichen Wanderungen im Erzgebirge aber habe ich des alten Nikolaus Herman Reiselied recht verstehen gelernt, dessen 2. und 3. Strophe lauten:

Herr, Du wollst unser G'leitsmann sein
und mit uns gehen aus und ein
Und zeigen alle Steig und Steg,
wehren dem Unfall auf dem Weg. Kyrieleis.

So wird kein Berg noch tiefes Tal,
kein Wass'r uns irren überall,
Fröhlich kommen wir an unseren Ort,
wenn du uns gnädig hilfest fort. Kyrieleis.

Und so schließe ich mit diesem Reisekapitel mit dem mir in meinem 81. Jahre so naheliegenden Bekenntnis und Gebet:

Herr Christ, du bist der rechte Weg
Zum Himmel und der ein'ge Steg,
Hilf uns Pilgrim ins Vaterland
Weil Du Dein Blut hast dran gewandt. Kyrieleis!

Kapitel 8: Lehrtätigkeit

Infolge der in Kapitel 5 erwähnten telegraphischen Berufung an das Teichmannsche Institut reiste ich Mitte Oktober 1868 wieder nach Leipzig, suchte gleich meine alten Wirtsleute wieder und fand meine alte Bude zu meiner und der Frau Glorias Freude noch frei, so dass ich gleich wieder in meiner gewohnten Ordnung war. Auch in der Verbindung war man erfreut, dass ich nun als „Philister loci"[145] noch an ihrem Leben teilnahm; und ich habe gerade als solcher wertvolle Bekanntschaften gemacht, die zum Teil als Freundschaften fürs Leben sich gestalteten, so mit **Wilhelm Hübener**[146], dessen älterer Bruder **Karl** schon zuvor im Leipziger Wingolf war, der selbst

[145] Das heißt: am Ort wohnender „alter Herr".
[146] Zu Hübener siehe Anm. 81!

aber erst im Wintersemester 1869/70 von Rostock nach Leipzig kam, und mit **Friedrich Zucker**[147], der damals Kollaborator im Leipziger Missionshause war und durch ihn mit den Missionaren **Otto Kahl**[148], **Sandgren**[149] und **Wilkens** (der aber nicht nach Indien ging).

Mein erster Gang war natürlich zu Direktor **Teichmann**. Das war ein sehr interessanter Mann von hoher pädagogischer Begabung und ernst christlichem Sinn. Seine [Privat-]Schule stand in hohem Ansehen und wurde besonders von Kindern der besseren Stände Leipzigs besucht. Leider war Teichmann so schwerhörig, dass man sich auch durch lautes Schreien nicht mit ihm verständigen konnte. Er hatte aber große Fertigkeit im Ablesen vom Munde. Da ich ihm durch Geheimrat **Gilbert** vorgeschlagen worden war, glaubte er zunächst, dass ich, wie mein Vorgänger – der spätere Pfarrer **Winter**[150] in Bockwa – Brücknerianer[151] sei, d.h. Vermittlungstheologe, und war angenehm überrascht, als er merkte, dass ich weiter rechts stand. Denn er war ein ziemlich entschiedener Lutheraner. Infolgedessen unternahm er es auch, mich in seinem Sinne im Katechismusunterricht zu beeinflussen, wobei er freilich den Fehler beging, in die Worte „Ich bin der Herr dein Gott" fast die ganze christliche Lehre hineinzupacken, so dass ich in dem ersten Halbjahr nicht viel über das erste Gebot hinauskam. Es waren aber doch sehr interessante Stunden, die ich zur Vorbereitung auf meinen Unterricht bei ihm verlebte. Einen kleinen Schreck bekam ich, als er mir bei meiner Vorstellung sagte, ich solle am anderen Morgen mit Biblischer Geschichte in der Mädchenklasse 2b beginnen. Denn mit Mädchenunterricht hatte ich nicht gerechnet, und war ihnen gegenüber sehr befangen. Es waren Mädchen im Alter von 10 bis 12 Jahren und es ist mir, zumal ich ihnen nur den Unterricht in Biblischer Geschichte zu erteilen, also nur zwei Stunden in der Woche zu geben hatte, nie gelungen, sie recht zu leiten. Doch bewahrte mich Teichmann davor, mich von vornherein bei ihnen lächerlich zu machen, indem er mir beim Schluss meines Antrittsbesuches, den ich nach damaligem Gebrauch gewiss im Frack gemacht hatte, sagte: Aber kommen sie ja nicht im Frack! Die erste Lektion handelte – nach dem biblischen Geschichtsbuch von **Zahn** – von der Gesandschaft Davids an den König Nahas, den Ammoniter [2Sam 10]. Ich erwähne das, um zu

[147] Friedrich Zucker (1842-1927), 1870-1876 Leipziger Missionar in Indien, dann Pastor der Missourisynode in den USA, ab 1879 Collegeprofessor in Fort Wayne, IND., ab 1893 missourischer Missionsdirektor.

[148] Ludwig Otto Kahl (1843-1874), 1867-1874 Leipziger Missionar in Indien.

[149] J. Sandgren (geb. 1844 in Schweden), seit 1869 Leipziger Missionar in Indien.

[150] Friedrich Julius Winter (1844-1913), seit 1870 Pf. in Deutschenbora, dann Röhrsdorf b. Meißen, dann Meißen (St. Afra), 1897-1913 Pf. in Bockwa bei Zwickau.

[151] Siehe Anm. 70!

zeigen, wie ausführlich damals noch die biblische Geschichte auch des Alten Testaments gelehrt wurde.

Meine Haupttätigkeit war aber an der Knabenklasse, an der ich als Klassenlehrer die meisten Fächer, außer Mathematik, Zeichnen, Singen und Turnen, zu geben hatte. Es waren Knaben von 10 bis 11 Jahren, die ich dann auch zu Ostern 1869 weiter behielt und mit denen ich im Ganzen recht gut auskam, da die meisten wohlerzogene Kinder aus guten Familien waren. Ich kam auch mit manchen Eltern in Berührung, so mit dem Maler Prof. Gustav **Jäger**, einem Kaufmann **Camerez**, Dr. **Berger**, der Familie **Anger-Corth**, die mich dann und wann einluden und über die Fortschritte und Erziehung der Kinder mit mir sprachen. Die sehr begabten Kinder des berühmten Operateurs Dr. **Thiersch**, Amalie und Justus Thiersch, hingen sehr an mir und beschenkten mich, als ich Ostern 1870 abging, mit einer Briefmappe. Beim Unterricht musste ich leider entdecken, dass es mir oft an Geduld und Selbstbeherrschung fehlte, und ich habe mir oft wegen meiner Heftigkeit, besonders gegenüber schwächer begabten Schülern, Vorwürfe machen müssen, auch einmal darüber mit Dir. Teichmann geredet, der sich aber dabei als ein gütiger Vorgesetzter und freundlicher Berater erwies. In dieser Zeit hatte ich auch schwere Anfechtungen wegen meines Christenstandes, worüber ich mit meinem Freund **Stöckhardt** korrespondierte und von ihm getröstet wurde.

Im Lehrerkollegium fand ich zu meiner Freude meinen Examenskollegen Karl **Köhler**[152] wieder, mit dem mich bald innige Freundschaft verband, die sich auch auf seinen Schwager Alwin **Beschuck**[153] aus Halle, einem sehr ernsten, doch etwas gesetzlichen Christen ausdehnte. Außerdem schloss sich uns cand. Ludwig **Abeé**[154] aus Marburg an, der ebenfalls bei Teichmann angestellt war, ein sehr gemütvoller, aber etwas ängstlicher und unpraktischer Mensch. Wir drei Kollegen Köhler, Abeé und ich waren einig im Glauben an Gottes Wort und unseren Heiland und verstanden uns gut miteinander, traten auch, wenn ich nicht irre, alle dem Kandidatenverein bei Pastor **Ahlfeld**[155] bei, in welchem sich freilich auch weniger Entschiedene befanden. Das galt auch von unserem Kollegium in unserer Schule, wie ich bald merken musste. Als einmal im Lehrerzimmer bei der Frühstückspause das Gespräch auf die Glaubwürdigkeit der Bibel kam, bekannte ich mich unbedingt zu derselben. Kurz danach stand in der „Sächsischen Lehrerzeitung" eine Notiz, nach wel-

[152] Zu Köhler siehe Anm. 127!
[153] Alwin Beschucks Familie war im Hallischen Waisenhaus tätig (vgl. S. 59).
[154] Zu Abeé siehe Anm. 132!
[155] Zu Ahlfeld siehe Anm. 67!

cher an der Teichmannschen Privatschule ein Kandidat (es war wohl auch mein Name genannt) angestellt sei, welcher glaube, die Sonne laufe um die Erde. Davon war ja in jenem Gespräch gar nicht die Rede gewesen, aber es lag das damals infolge der Äußerungen des bekannten Pfarrers **Knak**[156] in Berlin sozusagen in der Luft. Teichmann war entrüstet über die Sache, die nur von einem Kollegen ausgegangen sein konnte, stimmte mir aber in der Stellung zur Schrift völlig bei und schätzte mich um so mehr.

Wir drei Freunde traten dem „Verein der Armenfreunde" bei und fanden so Gelegenheit, uns in dem zu betätigen, was man jetzt soziale Aufgabe der Kirche nennt. Wir hatten da die Aufgabe, eine Anzahl armer Familien zu besuchen, ihre materielle Not durch Unterstützungen, die der Verein bewilligte, zu lindern, sie bei der Kindererziehung zu beraten und auch seelsorgerlich zu beeinflussen. In diesem Verein lernte ich neben dem Juristen Prof. **Kunze** den Geographen [?] **Otto Delitsch**, einen Kandidaten **Caspar** und den Kaufmann **Gustav Ewald** kennen, sowie dessen älteste Tochter **Anna**, meine liebe selige Frau!

Da mir das Wirtshausessen nicht gefiel, suchte ich einen Privattisch und fand ihn bei einer sehr lieben Familie, die mir vom Kirchgang bei Mag. **Schneider**[157] bekannt war, nämlich bei dem aus Württemberg stammenden Steindrucker **Backofen**, dessen Frau gut kochte und bei denen ich gemütliche Stunden verlebte. Allerdings musste er in den Wintermonaten (von November – Januar) die Mittagszeit über arbeiten und so aßen wir erst um 6 Uhr zu Mittag. Aber das war mir auch ganz angenehm. Ich blieb mit meinem etwas reichlicheren Frühstück in der Schule, wobei mir meine Kollegen ihre „Drinbleiber" anbefahlen, und machte dann einen Spaziergang bis 2 Uhr, wo der Unterricht wieder begann. Frau Backhofer hat nach dem Tode ihres Mannes den Kaufmann Hilbert geheiratet und ist so die Stiefmutter des jetzigen Superintendenten von Leipzig D. **Hilbert**[158] geworden. Von Backhofers habe ich unser Sonntagstischgebet: „Nimm, o Gott, für deine Güte..."

In den letzten Monaten des Jahres 1868 wohnte mein lieber Bruder **Fritz**[159] mit mir zusammen, der sich von seiner Krankheit den Sommer über im Elternhaus erholt hatte und nun bei der Firma T. O. **Weigel** in Leipzig

[156] Gustav Friedrich Ludwig Knak (1806-1878), seit 1834 Pfarrer in Wusterwitz/Hinterpommern, seit 1850 Nachfolger Goßners an der Bethlehemskirche in Berlin; verteidigte 1865 im öffentlichen Streit mit dem liberalen Pf. Lisco besonders Josua 10,13 (Sonnenstillstand bei Gibeon) als „gottgewirkte Tatsache".

[157] Zu Schneider siehe Anm. 72!

[158] Heinrich Oskar Gerhard Hilbert (1868-1936), seit 1896 Pf. in Annaberg, Leipzig und Dresden, seit 1914 Prof. in Rostock, seit 1925 Sup. in Leipzig (St. Thomas). D.= theol. Ehrendoktor.

[159] Zu Friedrich Willkomm siehe Anm. 112!

ins Antiquariat einarbeiten wollte. Anfang 1869 ging er nach Halle zu einem Antiquar **Petersen** und dann wieder zu **Thomas** nach Erfurt. Ende November 1868 reisten wir Brüder zusammen nach Hause, um unserer Schwester Verlobung mitzufeiern (25. November) mit **Karl Schneider**[160]. Zu dieser Verlobung war es dadurch gekommen, dass mein Leibfux **Georg Schneider** mich mit seinem ältesten Bruder Karl, der schon Pastor substitutus[161] bei seinem Vater war, in Gersdorf besuchte und zwar an unserer Kirmes. Der schon im 30. Jahr stehende Karl verliebte sich auf den ersten Blick so in meine 12 Jahre jüngere Schwester [Ottilie] und ließ das so deutlich merken, dass ihre Jugendfreundin **Helene Henke**[162], die auch zur Kirmes gekommen war, zu ihr sagte: „Der ist aber verliebt in dich!" Auch unsere alte Dore meinte, das wäre ein Mann für unser Ottilchen. Und unser lieber Vater fand großes Wohlgefallen an diesem jungen Amtsbruder, mit dem er weit besser harmonierte als mit dem Bräutigam unserer Elise, dem Lehrer **Bernhard Sorg**[163]. So war es denn keine Überraschung, als bald nachher Karl um Ottilies Hand anhielt und er erhielt ein freudiges Jawort, und nachdem noch die Mutter mit Ottilie in Röhrsdorf gewesen war, auch die Zustimmung seines Vaters, der doch erst seine zukünftige Schwiegertochter kennenlernen wollte. Diese Reise der Mutter wurde ihr von ihren Verwandten etwas verargt, war ja aber, obwohl etwas ungewöhnlich, doch nötig, da Vater Schneider uns nicht besuchen konnte.

Die 1½ Jahre meiner Anstellung im Teichmannschen Institut waren eine recht angenehme Zeit für mich; meine Tätigkeit befriedigte mich und ich hatte sowohl mit meinen Kollegen **Köhler** und **Abeé** als auch mit der Verbindung und deren in Leipzig lebenden Philistern **Gerhardts**[164], **Otto Kahl**, **Fritz Zucker** u.a. anregenden Verkehr. Mein Gehalt (400 Taler im Jahr) reichte aus für meine Bedürfnisse und gestattete mir auch, einige Reisen zu machen (Pfingsten zum Wartburgfest nach Eisenach 1869 und Erfurt und im Sommer die Fußreise nach dem Rheinland).

Durch Otto Kahls Bruder **Adolf Kahl** war schon während meiner Studienzeit unser Blick auf die Mission gerichtet worden und das dafür geweckte Interesse betätigten wir dadurch, dass wir am schwarzen Brett zur Gründung eines studentischen Missionsvereins aufforderten. Dieser Aufruf war

---

[160] Karl Heinrich Schneider (1838-1894), 1867-1870 Substitut (Hilfsgeistlicher) seines Vaters in Röhrsdorf bei Meißen, 1870-1876 Pfarrer dort, seit 1876 freikirchlicher Pastor in Frankenberg.

[161] Hilfspastor, zur Unterstützung.

[162] Zu H. Henke siehe Anm. 36!

[163] Bernhard Sorg (1838-1902), Privatschullehrer in Dresden, verheiratet mit Elise geb. Willkomm (1846-1884).

[164] Zu Gerhardts siehe Anm. 59!

von 8 Studenten, nämlich 7 Theologen aus dem Wingolf, der Philadelphia 3 und dem ganz allein stehenden **Gottfried Jäger**, sowie einem Juristen, unserem Wingolfsbruder **Richard Götz** unterschrieben, was dem letzteren die mit Bleistift geschriebene Bemerkung einbrachte: „Ist Saul auch unter den Propheten?!" [1Sam 10,11]. Diese Berührung mit dem Missionshaus, zu der noch meine Zugehörigkeit zum Armenfreundverein und zu Pastor **Ahlfelds** Kandidatenverein kam, mag die Augen des Missionskollegiums – zu dem überdies auch der Vater meines Verbindungsbruders **Karl Keil**, der ehemalige Dorpater Prof. **Keil**[165], in dessen Haus ich viel verkehrt hatte, gehörte – auf mich gelenkt haben. Als daher **Zucker** sich entschlossen hatte, dem Ruf als Direktor der Zentralschule in Tranquebar zu folgen und sich ein Ersatz für ihn im Kollaboratorenamt nötig machte, stellte er auf Empfehlung Pastor **Ahlfelds** zunächst persönlich die Frage an mich, ob ich geneigt wäre, diesen Posten anzunehmen.

Das war am 30. Januar 1870 bei einem Spaziergang auf der Promenade Leipzigs. Ich weiß noch die Stelle, wo er diese für mein Leben so wichtige Frage tat. Ich antwortete zunächst, dass ich nicht glaube, dafür tüchtig zu sein. Er erwiderte darauf, das sei besser, als wenn ich mich für tüchtig halte. Und ohne dass weiter viel gesprochen wurde, sagte ich nach längerer Pause zu, dass ich – meiner Eltern Einverständnis vorausgesetzt – einen Ruf nicht ablehnen würde, wenn er wirklich an mich erginge. Meine Bedenken ruhten vornehmlich darauf, dass ich den Unterricht in den alten Sprachen und zwar für Leute in Secunda und Prima mit zu erteilen hatte, diese aber weder auf der Universität noch während der Lehrerzeit besonders betrieben hatte. Darüber beruhigte mich aber der Umstand, dass ein sehr tüchtiger Philologe, Dr. **Schuster**, auch ein Wingolfphilister, den Hauptunterricht in diesen Fächern zu erteilen hatte. Auch meine Eltern hatten Bedenken. Dem Vater war es nicht lieb, dass ich den gesicherten Kurs staatlicher Anstellung durch das Kultusministerium verließ. Die Mission galt damals noch sehr als Privatunternehmung auf unsicherer Grundlage, wie denn auch die Staatskirche sich noch sehr kühl ihr gegenüber verhielt. Und meine liebe Mutter hatte Angst, ich möchte etwa auch wie **Zucker** dann nach Indien gehen, daran dachte ich damals wirklich nicht und suchte sie daher zu beruhigen mit dem Hinweis, dass Zuckers Vorgänger **Bemmann**[166] ja auch nicht nach

[165] Johann Heinrich Keil (1807-1888), 1839-1858 Prof. für Exegese und semitische Sprachen in Dorpat, 1859 emeritiert; seither lebte er in der Nähe von Lichtenstein/Sachsen; Mitherausgeber der bekannten Keil/Delitzsch'schen AT-Kommentare.

[166] Franz Adolf Theodor Bemmann (1839-1911), 1862-1868 Kollaborator am Leipziger Missionshaus, seit 1869 Pf. in Hartmannsdorf (b. Zwickau), dann Königsbrück, Röhrsdorf (b. Chemnitz) und Kiebitz.

Indien gegangen sei, sondern ein Pfarramt in Sachsen bekommen habe. Dieser letztere Umstand beruhigte auch meinen Vater, und er konnte sich dem nicht verschließen, dass ich in diesem völlig ungesucht an mich gelangten Rufe Gottes Führung erkennen müsse. Das Ministerium freilich war nicht damit zufrieden, und als ich dem Geheimrat **Gilbert** Mitteilung von meinem Entschluss machte, sagte er ziemlich ungehalten, er habe gerade für Ostern 1870 eine Stelle für mich bereit gehabt. Auch Direktor **Teichmann** ließ mich ungern gehen und nahm später meine Hilfe noch etliche Male für Religionsstunden in Anspruch. Aber aus all diesen Hindernissen muss ich – besonders rückschauend – erkennen, dass mein treuer Gott es war, der mich gerade diesen Weg, an den ich selbst nie gedacht hätte, führte, und ich danke ihm heute noch für diese Führung.

So zog ich denn noch Ostern 1870 ins Missionshaus[167] und es begann ein ganz neues Leben für mich. Meine Aufgaben waren mannigfaltig. Als Stellvertreter des Direktors, des eigentlichen Hausvaters, hatte ich in Gemeinschaft mit der Haushälterin, der das Küchenpersonal unterstand, darauf zu sehen, dass die Hausordnung beobachtet wurde. Um 5 Uhr im Sommer (im Winter wohl ½ 6) musste einer der Missionszöglinge läuten, und wenn er es verschlief, musste ich ihn wecken oder selbst läuten. Dann musste ich die Morgenandacht halten und das Frühstück mit den Zöglingen und Studenten gemeinsam einnehmen. Beim Mittagessen war in der Regel zweimal in der Woche (sonntags und mittwochs) der Direktor mit seiner Familie anwesend. Die übrigen Tage und beim Abendessen hatte ich das Hausvateramt, ebenso bei der Abendandacht, die der Direktor nur ausnahmsweise hielt. Die Haushälterin, Frl. **Kelbel** aus Bayern, Schwester eines ehemaligen Missionars, der auf einer Heimaturlaubsreise mit dem untergegangenen Schiffe verschollen war, war ziemlich selbständig und hielt den Haushalt in guter Ordnung. Die Kost war nach meinem Urteil gut, während Norddeutsche manchmal nicht zufrieden waren. Die Missionskandidaten, etwaige Gäste und ich erhielten am Vormittag ein zweites Frühstück, das meist in meinem Zimmer serviert wurde. Nachmittagskaffee und Abendbrot wurden wieder gemeinsam von allen im Saal eingenommen.

Meine Hauptarbeit war ja der Unterricht der Zöglinge, in welche ich mich mit **Dr. Schuster**, einem Freund **Zuckers**[168] und Wingolfsphilister, teilte. Dieser hatte alte Sprachen und Mathematik zu unterrichten, ich Religion,

---

[167] Das Gebäude in der Leipziger Paul-List-Str. 17-19 ist bis heute vorhanden und kann besichtigt werden. Jahrzehntelang hingen an den Wänden des Speisesaals, die Bilder der ausgesandten Missionare, darunter auch das O. Willkomms.

[168] Zu Zucker siehe Anm. 147!

Deutsch, Geschichte und etliche Lektionen in der alten Sprache Griechisch (Thukydides und Horaz), welche mich sehr viel Vorbereitung kosteten, da durch mein rasches Vorrücken auf dem Gymnasium mir besonders im Griechischen Lücken geblieben waren; ich bin z.B. nie recht fest geworden in den unregelmäßigen griechischen Verben und in der Syntax.

Ich musste – da auch die Weltgeschichte, besonders als ich die spätere römische Kaiserzeit, die Völkerwanderung und das frühe Mittelalter zu behandeln hatte, viel Vorbereitung erforderte – nachts oft bis 12 Uhr aufbleiben und war dann, da ich früh auf sein musste, am Vormittag nach den Stunden oft sehr müde. Aber mit Gottes Hilfe gelang es doch, die Zöglinge im Sommer 1872 zur Maturität [Abitur] zu bringen, es waren nur noch drei, von denen einer ein Tscheche, das Missionshaus verließ; nur die späteren Missionare Johannes **Kabis**[169] und Alwin **Gehring**[170] blieben und bestanden an der Nikolaischule das Maturitätsexamen, das verdankten sie nächst Gott vornehmlich dem gründlichen Unterricht Dr. Schusters; ich hätte sie nicht so weit gebracht. Musste ich mich doch auch in die Pädagogik erst einarbeiten, wozu mir Raumers „Geschichte der Pädagogik" und Nägelsbachers „Gymnasialpädagogik", welche Bücher ich vom Direktor als Geschenke erhielt, gute Dienste leisteten.

Als ich Ostern 1870 ins Missionshaus eintrat, war dasselbe stark besetzt. Außer den 3 Missionaren Friedrich **Zucker**, **Grahl**[171] und **Beisenherz**[172], die ihrer Abordnung am Pfingsfest entgegensahen, den 3 meiner speziellen Aufsicht unterstellten Zöglingen Johannes **Kabis**, Alwin **Gehring** und Georg **Szmak** und den Studenten **Päsler**[173] und **Bergstädt**[174], waren die beiden vor ihrem theologischen Examen stehenden Alfred **Grubert**[175] und Carl **Manthey-Zorn**[176] im Hause; überdies noch ein älterer Zögling, dessen Name mir entfallen ist, da er nur kurze Zeit dablieb und im Kriege, den er als Felddiakon mitmachen wollte, an Typhus starb. Er war ein lieber ernster Mensch, dessen frühen Tod wir beklagten, zumal wir die Notwendigkeit, Felddiakon zu werden, nicht einsahen. Irre ich nicht, so war anfangs auch

[169] Zu Kabis siehe Anm. 140!

[170] Zu Gehring siehe Anm. 141!

[171] Ernst Grahl (1838-1879), 1870-1879 Leipziger Missionar in Indien.

[172] Heinrich Beisenherz (geb. 1844), seit 1870 Leipziger Missionar in Indien; er stammte aus der Altluth. Kirche.

[173] Traugott Päsler (1850-1898), seit 1875 Leipziger Missionar in Indien, 1893/94 Gründer des neuen Missionsfeldes in Ostafrika (Dschagga-Mission); er stammte aus der Altlutherischen Kirche.

[174] Bergstädt (gest. 1886), 1875-1886 Leipziger Missionar in Indien.

[175] Alfred Grubert (1848-1876), 1871-1876 Leipziger Missionar in Indien.

[176] Carl Manthey-Zorn (1846-1928), 1871-1876 Leipziger Missionar in Indien, 1876-1911 Pastor der Missourisynode in Sheboygan/WI. und Cleveland /OHIO. (künftig meist nur: Zorn)

ein Kandidat **Häßler** noch da, der, da er für die Arbeit in Ostindien als wenig geeignet galt, nach Amerika geschickt wurde und zwar in die Missourisynode. Direktor **Hardeland**[177] hatte seinetwegen mit Dr. **Walther**[178] korrespondiert und dieser hatte ihm in seiner demütigen Weise geschrieben, bei der herrschenden Predigernot wären sie bereit, auch weniger begabte Leute anzustellen (was später leider zur Herabsetzung des Lehrstandes der Missourisynode benutzt wurde). Auch kamen in dieser Zeit die auf Urlaub befindlichen Missionare **Mayer** und **Baierlein**[179] besuchsweise ins Haus und der Missionssenior **Cordes**[180] mit seiner Frau kam ganz zurück, wohnte aber nicht im Haus. Letzteres galt auch von dem damals berufenen Vizedirektor **Härting**[181]. Aber Verkehr hatten wir mit allen.

Da überdies die Familie des Direktors mich und die Missionskandidaten öfters einlud und wir dadurch auch mit den Familien des um das Missionshaus [sich] scharenden Kreises von Missionsfreunden in Berührung kamen, so hatte ich Gelegenheit, meine noch recht mangelhafte gesellschaftliche Bildung etwas zu verbessern und bin wohl ein wenig abgeschliffen worden. Ich nenne die Familien Moritz **Bredt** und Justus **Naumann**[182], welche neben den Professoren **Luthardt**[183] und **Keil**[184] zum Missionskollegium gehörten, sowie Pfarrer **Michaelis**[185], der, als Magister **Schneider**[186] krank wurde und dann in den Ruhestand trat, der Seelsorger des Missionshauses wurde. Er war an dem damals neu erbauten Krankenhause St. Jakob, das vom Rosental nach dem Universitätsviertel in der Nähe des Bayerischen Bahnhofs verlegt wurde, angestellt und wir hatten somit nur einen kurzen Kirchweg. Der Familie des Direktors [**Hardeland**] trat ich dadurch besonders nahe, dass ich im Spätsommer 1870 die schwere Zeit mit ihnen durchmachte, in welcher ihnen innerhalb von 14 Tagen drei ihrer blühenden vier Kinder durch Scharlach entrissen wurden und nur ein Sohn von etwa 9 Jahren

[177] Julius Hardeland (1828-1903), 1854-1860 Pf. in Lassahn (Lauenburg), 1860-1891 Direktor der Leipziger Mission, 1891-1894 Sup. in [Bad] Doberan.

[178] Zu Walther siehe Anm. 12!

[179] Eduard Raimund Baierlein (geb. 1819), 1847-1853 Indianermissionar im Dienst der Missourisynode, 1853-1886 Leipziger Missionar in Indien.

[180] Johann Heinrich Carl Cordes (1813-1892), seit 1840 erster Leipziger Missionar in Indien, 1858-1870 Missionssenior, seit 1870 Vizedirektor der Leipziger Mission.

[181] Rudolf Härting (1831-1883), 1863-1869 Pf. in Werdau und Zschopau, 1869-1872 am Missionshaus Leipzig, seit 1872 Pf. in Knauthain.

[182] Justus Naumann jr. (geb. 1831), seit 1862 Leiter der Leipziger Filiale der Naumannschen Buchhandlung.

[183] Zu Luthardt siehe Anm. 71!

[184] Zu Keil siehe Anm. 165!

[185] Ernst Edmund Michaelis (1819-1890), seit 1852 Pf. in Leipzig (Jakob).

[186] Zu Schneider siehe Anm. 72!

übrig blieb. Als nachher schon zwei gestorben waren, auch das dritte Kind von den Ärzten aufgegeben wurde, wandte man sich an einen Homöopathen, der versicherte, ihm sei noch keins gestorben. Diese vermessene Äußerung erweckte, als ich davon hörte, in mir sogleich das Empfinden, dass nun dieses Kind gewiss sterben würde, was auch geschah. Die Eltern trugen die schwere Heimsuchung mit christlicher Geduld, aber die feine zarte Frau Direktor hat den Schlag wohl nie ganz überwunden; sie starb im Herbst 1876.

Die wichtigste Bekanntschaft, die ich im Missionshause machte, war die mit den beiden Missionskandidaten **Grubert** und **Manthey-Zorn**, mit denen ich auch ziemlich gleichaltrig war. Dem letzeren trat ich näher durch einen Konflikt, den ich mit ihm hatte. Er sprach sich beim Mittagsmahl, also vor den Studenten und Zöglingen über die von den Universitätsprofessoren vorgetragenen Irrlehren aus und nannte dabei Luthardt einen Irrlehrer oder wohl gar Ketzer. Da nun **Luthardt** der Vizevorsitzende des Missionskollegiums und also mein Vorgesetzter und für die Kandidaten und Zöglinge eine Respektsperson war, hielt ich es für meine Pflicht, nach Tische Zorn in seiner Stube aufzusuchen, und ihn zu bitten, solche Äußerungen in Zukunft zu unterlassen vor den Ohren der Zöglinge; er fragte mich dagegen, ob denn nicht Luthardt ein Irrlehrer sei, und ich konnte das nicht leugnen, da ich sowohl seine Stellung zur Schrift (die Bibel *enthält* Gottes Wort, aber *ist* nicht Gottes Wort) also auch seinen Synergismus (die Tür muss der Mensch selbst auftun) sowie seine Kenose [Lehre von der Selbstentäußerung Christi] und seinen Chiliasmus [Lehre vom Tausendjährigen Reich] schon selbst als irrig erkannt hatte. Nur das war mir noch nicht zum Bewusstsein gekommen, dass wir Christen die Pflicht haben, auch andere vor solchen Irrlehrern zu warnen. An kirchliche Scheidung von ihnen dachte auch Zorn wohl damals noch nicht, und er [war dann] wohl auch wenigstens im Beisein der Zöglinge und Studenten etwas zurückhaltender in seinen Urteilen. Aber diese Unterredung offenbarte uns beiden unsere gleichmäßige Stellung zu Gottes Wort und verband unsere Herzen, so dass wir den Weg des Zeugnisses für die göttliche Wahrheit, den uns Gott ohne unsere Absicht oder bewusstes Zutun zu führen begonnen [hatte], in köstlicher Einmütigkeit bis ans Ende unseres Lebens gehen konnten.

Ehe ich weiter davon berichte, will ich etwas einschieben von unserer *Familie*. Seit **Karl Schneiders**[187] Verlobung mit meiner Schwester **Ottilie** waren zwei Bräute in unserem Elternhaus. Karl hätte gern sobald als

[187] Zu Schneider siehe Anm. 160!

möglich geheiratet, zumal sein Vater sich emeritieren [in den Ruhestand versetzen] ließ und er sein Nachfolger wurde. Aber Ottilie wollte nicht vor ihrer älteren Schwester heiraten, und deren Bräutigam, der Privatschullehrer **Bernhard Sorg**[188] hatte noch keine feste Anstellung, da die Privatschule in Neugersdorf, die er leitete, nur auf freiwilligen Beiträgen etlicher Fabrikanten beruhte, die nur so lange ein Interesse an der Erhaltung der Schule hatten, als ihre Kinder sie brauchten. Auch hatte unser Vater seine Einwilligung in die Verlobung an die Bedingung geknüpft, dass Berhard, der aus Sachsen-Meiningen stammte, das für Ausländer geforderte Anstellungsexamen vor der obersten Schulbehörde des Königreiches Sachsen machen und dadurch das Recht zur Anstellung an öffentlichen Schulen und dementsprechend auch Anspruch auf Pension, einschließlich der Witwen- und Waisenversorgung erwerben sollte, dazu konnte sich aber Sorg nicht entschließen, obwohl er bei seinen Kenntnissen und seiner guten pädagogischen Begabung die Prüfung sicher bestanden hätte. Was ihn abhielt, war törichter Stolz, der es ihm für eine unwürdige Demütigung erscheinen ließ, wenn er bei verschiedenen Ministerialräten Besuche machen und um Zulassung zu der Prüfung *bitten* musste. (Er hat mir später selbst einmal gesagt, vor Gott wolle er sich demütigen, aber nicht vor Menschen!) Durch diese Verzögerung geriet das Verhältnis zwischen Karl und Ottilie etwas in Unordnung und meine arme Schwester in eine Anfechtung darüber, ob sie Karl wirklich liebe und ihm das sein könne, was er beanspruchen müsse und erwarte. Das war im Frühjahr 1870 kurz nach meinem Eintritt ins Missionshaus. **Elise**, deren Bräutigam inzwischen eine etwas sichere[re] Stellung an einer Privatschule in Dresden angenommen hatte, schrieb mir darüber, und ich reiste, um klar zu sehen und womöglich helfen zu können, nach Hause; traf mich, da die Eltern nicht beunruhigt werden sollten, mit den Schwestern in Ebersbach (auf der Kluns [Kirmes?]), und ließ **Ottilie** sich aussprechen. Ich hatte zwar damals noch nicht die Erkenntnis, dass eine rechtmäßige Verlobung der Verbindlichkeit nach gleich der Eheschließung, und daher ihre Auflösung Ehebruch sei[189], aber das stand mir doch schon fest, und galt auch in allen unseren Kreisen, dass man nicht leichtfertig von einer Verlobung zurücktreten könne. Auch wusste ich, dass dies für Karl, der Ottilie wirklich liebte, ein furchtbarer Schlag sein würde. So wurden wir denn, auch mit unseren Eltern, zu de-

[188] Zu Sorg siehe Anm. 163!

[189] Dieses, in missourischen Kreisen damals übliche Verständnis der Verlobung hing mit der deutschen und amerikanischen Rechtslage im 19. Jahrhundert zusammen und wurde mit dem alttestamentlichen Verlobungsverständnis begründet. Die Verlobung war danach ein verbindlicher und einklagbarer Vertrag. Die Rechtslage änderte sich durch das neue Bürgerliche Gesetzbuch (1900) in Deutschland.

nen wir nachher gemeinsam gingen, darüber einig, dass nur der briefliche Verkehr zwischen Karl und Ottilie einige Zeit suspendiert werden sollte, damit Ottilie innerlich zur Ruhe kommen und über sich selbst klar werden möge. Ich übernahm die schwere Aufgabe, dies Karl, den ich nun nach Bahnhof Coswig bestellte, mitzuteilen, und hatte da freilich sehr schwere Stunden mit ihm. Doch fügte er sich und es erwies sich unser Ausweg als der richtige. Denn als am 4. Oktober 1870 die Hochzeit Elisens gefeiert werden konnte, war meines Wissens alles wieder in Ordnung, und am 25. Mai 1871 fand auch die Hochzeit von Karl und Ottilie statt.

Der Krieg zwischen Frankreich und Deutschland [1870/71] hatte auf unser Leben und unser Arbeiten im Missionshaus wenig Einfluss, da wir nicht unmittelbar davon betroffen wurden und unter unseren nächsten Verwandten und Bekannten nur wenige zu den Fahnen eingezogen waren. Wir wurden natürlich auch begeistert durch den raschen Siegeslauf unserer Heere, konnten aber die immer mehr ins Politische übergreifenden Predigten P. **Ahlfelds**[190] nicht vertragen und gingen daher fast ausschließlich zu Magister **Schneider**, dessen sehr auf den Bußton, der auch bei einem siegreichen Kriege am Platz ist und unserem Volk auch damals sehr nötig war, gestimmte Predigten uns mehr zusagten. Zur Kommunion hielt sich das Missionshaus überhaupt zu Magister **Schneider**, seit die Breslauer daran Anstoß genommen hatten, dass man von dem aus der preußischen Union stammenden Ahlfeld das Sakrament empfing.

Wie äußerlich und juristisch die Abendmahlsgemeinschaft aufgefasst wurde, zeigte sich auch, als mein Freund **Abeé**[191], der aus der niederhessischen reformierten[192] Kirche stammte, bei Mag. **Schneider** kommunizieren wollte. Er wies ihn nämlich ab, obwohl gerade diese Kirche strenger lutherisch war, als die meisten „lutherischen" Landeskirchen. Als Entschuldigung mag der Umstand gelten, dass gerade in Hessen die kirchlichen Verhältnisse nach der rechtlichen Seite hin sehr verworren waren.

Als Kuriosum erwähne ich, dass der alte Missionssenior **Cordes**, als er einmal für den erkrankten Mag. **Schneider** predigte, die Alba, welche die Stadtgeistlichen Leipzigs (auch bei der Predigt) über dem schwarzen Chorrock trugen, und die Halskrause nicht tragen, sondern so, wie wir Kandidaten auf die Kanzel gehen musste. Denn die Mission war damals noch nicht so von der Landeskirche anerkannt, wie das jetzt der Fall ist.

---

[190] Zu Ahlfeld siehe Anm. 67!

[191] Zu Abeé siehe Anm. 132!

[192] Gemeint ist wohl die niederhessische Kirche, aus der später u.a. die Renitente Kirche hervorging.

Im Winter 1870/71 sollten **Zorn** und **Grubert** sich auf die Missionsarbeit vorbereiten und hauptsächlich unter des Direktors Leitung die tamulische Sprache erlernen. Aus diesen tamulischen Abenden wurden aber sehr bald theologische, und ich durfte an denselben teilnehmen und empfing dadurch große Förderung. Wir kamen dabei sehr bald auf die Lehre von Kirche und Amt zu sprechen, die damals unter den positiven Lutheranern sehr umstritten war. Franz **Delitzsch**[193], **Löhe**[194], **Vilmar**[195], **Münchmeyer**[196], **Kliefoth**[197], **Huschke**[198] neigten alle – wie wohl unter sich uneinig – nach der römischen [katholischen] Seite, indem sie teils die Objektivität der Sakramente, teils die Verfassung, teils die göttliche Stiftung des Predigtamtes ungebührlich betonten, teils ein göttlich gestiftetes höheres Kirchenregiment lehrten, teils der Ordination und Handauflegung übertriebene Wertung beilegten, teils „Hirten nur von Hirten bestellt werden" lassen wollten. **Höfling**[199] dagegen lehrte, das Predigtamt sei nur menschlichen Rechts. In diesem Wirrwarr fanden wir uns nicht zurecht, zumal wir **Luthardt**[200], der in diesen Punkten richtig lehrte, wegen seiner sonstigen Abweichungen nicht recht trauten. So baten wir den Direktor [**Hardeland**] um Auskunft und fragten ihn, ob es denn kein Buch gäbe, in dem diese Lehren richtig nach Schrift und Bekenntnis dargelegt würden. Er antwortete: „Kaufen Sie bei Justus Naumann Walther, die Stimme unserer Kirche in der Frage von Kirche und Amt!" Wir fragten: „Wer ist **Walther**[201]?" Er antwortete: „Ein Professor in Amerika." Wir hatten bis dahin weder von ihm noch von der Missourisynode etwas gehört! Wir kauften das Buch, lasen es und staunten über die Klarheit und zwingende Folgerichtigkeit der Darstellung und Beweisführung, bekamen auch – für meine Person muss ich leider sagen – zum ersten Male einen Einblick in den Reichtum unserer Bekenntnisse und der Theologen des 17. Jahrhunderts. Über diese Frage kamen wir dadurch zur Klarheit, [bekamen] zugleich aber auch einen Geschmack an der, von der deutschen Universitätstheologie so verschiedenen „Missourischen" Theologie. Die theologischen Abende

---

193 Zu Delitzsch siehe Anm. 87!

194 Johannes Konrad Wilhelm Löhe (1808-1872), seit 1837 Pf. in Neuendettelsau/Franken.

195 Siehe Anm. 94!

196 August Friedrich Otto Münchmeyer (1807-1882), seit 1840 Pf. in Lamspringe, seit 1851 Sup. in Katlenburg, 1855-1881 Sup. in Buer.

197 Theodor Kliefoth (1810-1895), seit 1849 Oberkirchenrat in Schwerin. Vgl. Anmerkung 82 (seinen Sohn betr.)!

198 Georg Philipp Eduard Huschke (1801-1886), Jurist und Theologe, seit 1827 Jura-Prof. in Breslau, 1830ff Mitbegründer der Altlutherischen Kirche, 1841-1886 Direktor des Oberkirchenkollegiums.

199 Johann Wilhelm Friedrich Höfling (1802-1853), seit 1833 Theologieprofessor in Erlangen.

200 Zu Luthardt siehe Anm. 71!

201 Zu Walther siehe Anm. 12!

förderten uns weiter; sie wurden fortgesetzt, bis **Zorn** und **Grubert**, es war im Februar 1871, nach Bayern gingen, um in Erlangen von der dortigen Fakultät ordiniert zu werden. Daneben las ich mit **Grubert** die Bekenntnisschriften unserer Kirche, was mir sehr zum Segen und zur Befestigung in meiner Lehrstellung gereichte. **Zorn** blieb längere Zeit in Bayern, da er dort seinen kranken Schwager im Pfarramt vertreten musste.

Ich meldete mich zum zweiten Examen in Dresden und bestand dasselbe im April 1871. Von den wissenschaftlichen Klausuren, Arbeiten und den mündlichen Prüfungen habe ich keine Erinnerung mehr. Aber von der Predigt haftet einiges in meinem Gedächtnis. Als ich auf der Kanzel der Sophienkirche (jetzt Domkirche) stand und auf die leeren Bänke sah, in denen vor mir meine 4-5 Mitexaminanden und der Examinator Konsistorialrat **Kohlschütter**[202] (mit dem Manuskript in der Hand) saßen, entfiel mir der Mut und ich seufzte zu Gott, mir zu helfen. Da trat ein fremder Mann in die Kirche, und ich sagte mir: „Dem soll ich predigen!" So hielt ich denn meine Predigt, soweit sie verlangt wurde (nur Einleitung und erster Teil) mit gutem Mut und lauter Stimme. Bei der Kritik sagte mir Kohlschütter etwa folgendes: „Ich hätte ja mit fester Überzeugung vorgebracht, was ich glaubte. Aber auf diese Weise könne man niemand gewinnen." Er meinte wohl, man solle dem Zuhörer mehr entgegen kommen. Ich war davon etwas niedergeschlagen und las deshalb meine Predigt Dir. **Hardeland** vor, ihn um sein Urteil bittend. Er beruhigte mich. Es ist wohl immer meine Art gewesen, bestimmt und scharf auszusprechen, was ich glaube und was ich verwerfe. Einmal bekam ich nach einer, in meines Vaters Kirche gehaltenen Predigt über 1Petr 4,12-19 eine Schmähkarte mit dem Bilde eines Ochsen, worüber sich meine liebe Mutter mehr aufregte als ich. Noch eins muss ich von **Kohlschütter** nachholen. Mein Predigttext war 2Kor 4,5 und ich begann deshalb mit den Worten: „Jesajas spricht: Was soll ich predigen?" (Jes 40,6). Da fragte mich Kohlschütter beiläufig: „Halten sie den zweiten Teil des Buches Jesaja für echt?" Als ich das bejahte, sagte er: „Dann ist es gut, sonst hätten sie ja besser gesagt: Der Prophet spricht." Das war ein Unterricht darüber, wie man dem Zuhörer gegenüber seine abweichenden Ansichten verbergen soll, ein mir sehr lehrreiches Beispiel, dem ich nicht gefolgt bin, das mir aber half, die Verlogenheit des Landeskirchentums zu erkennen.

Am Mittwoch nach Pfingsten [1871] wurden **Zorn** und **Grubert** abgeordnet und reisten dann bald ab. Die Feier und der Abschied machten tiefen

---

[202] Ernst Volkmar Kohlschütter (gest. 1889), seit 1835 reformierter Pf. in Dresden, dann Pf. in Glauchau, seit 1855 Sup. in Dresden, seit 1873 Oberhofprediger (= Leiter der Sächsischen Landeskirche).

Eindruck auf mich und ich musste mir immer wieder die Frage vorlegen: „Warum gehst du nicht auch zu den Heiden, deren Not doch so groß ist?" Diese Stimmung wurde vertieft durch den Einblick in die kläglichen Zustände der Landeskirchen, und Direktor **Hardeland** benutzte das, indem er u.a. sagte: „Es wird dahin kommen, dass ernstere Kandidaten lieber in die Mission eintreten." Er hoffte das wirklich. Es stand damals zur Frage, ob die ziemlich langwierige Ausbildung der Missionszöglinge durch den im Missionshause erteilten Gymnasialunterricht mit folgendem Universitätsstudium beibehalten werden sollte. Er war für die Mission sehr kostspielig, zumal wenn Zöglinge, wie es damals mit einem der mir befohlenen geschah, sich als ungeeignet erwiesen und entlassen werden mussten. Aber an der von **Graul**[203] eingeführten Universitätsbildung wollte man festhalten. Da war dies die Hoffnung des Direktors, dass die Misere der Landeskirche der Mission gläubige Kandidaten zuführen werde. Doch diese Hoffnung hat sich nicht erfüllt und so hat man sich 1879 zur Einrichtung eines Missionsseminars entschließen müssen, durch welches in einem sechsjährigen Kursus Gymnasial- und Universitätsbildung zusammengefasst den Zöglingen vermittelt wurde. Über die Abweichung der modernen, auch positiven Theologen vom Bekenntnis machte **Hardeland** mir gegenüber keinen Hehl. So las er mir einmal die vom Lutheranerverein in Dresden herausgegebene Schrift vor: „Was lehren die neueren orthodox sein wollenden Theologen von der Inspiration?" und sagte, sie sei zwar sehr scharf, aber der Mann habe recht (sie stammte von dem dann zur römischen Kirche abgefallenen ehemaligen Berliner Gymnasiallehrer **Preuß**[204], wurde aber, weil in „Lehre und Wehre" erschienen, in jenem Dresdner Sonderdruck **Walther**[205] zugeschrieben). Aber von der Entstehung der freikirchlichen Gemeinden in Dresden und Planitz habe ich damals nichts erfahren, merkwürdigerweise auch nichts von Pastor Emil **Lenks**[206] in Siebenlehn Aufruf und Austritt.

Meine Schüler, es waren nach **Szmaks** Abgang nur noch zwei – Johannes **Kabis**[207] und Alwin **Gehring**[208] – sollten im Sommer 1872 ihr

[203] Karl Friedrich Leberecht Graul (1814-1864), 1844-1860 erster offizieller Direktor der Leipziger Mission; Studienfreund von Friedrich Brunn (vgl. Anm. 136).

[204] Eduard Preuß, bis 1868 Privatdozent in Berlin, 1869-1871 Prof. am Concordia-Seminar in St. Louis (USA), 1871 Konversion zur Röm.-kath. Kirche.

[205] Zu Walther siehe Anm. 12!

[206] Emil Otto Lenk (1839-1907), seit 1865 Pf. in Naunhof, Auerbach und Siebenlehn, seit 1873 freikirchlicher Pastor in Dresden, 1874-1889 P. der Missourisynode, dann wieder in Deutschland, seit 1891 P. in Lengenfeld/Vogtland; verheiratet mit der Kinderbuchautorin Margarethe Lenk (1841-1917).

[207] Zu Kabis siehe Anm. 140!

[208] Zu Gehring siehe Anm. 141!

Maturitätsexamen machen und dann hörte auch meine Hauptarbeit im Missionshause auf. So musste ich mich über meinen ferneren Lebensweg entscheiden. Und meine Neigung ging nun dahin, dass ich im Dienste der Mission bleiben und nach Indien gehen wollte, wenn es Gottes Wille wäre und meine Eltern zustimmten. Ich legte es ihnen dann in den Michaelisferien 1871 vor. Darüber waren beide, besonders meine liebe Mutter, sehr betreten und verlangten für sich und mich Bedenkzeit bis Ostern. Bis dahin, ja darüber hinaus bis nach Pfingsten 1872 war ich ja noch vollbeschäftigt, und es hatte Zeit, wenn ich mich nach Ostern um eine andere Stellung bemühte. Ich befahl Gott die Sache, ebenso meine Eltern, und Gott lenkte sie. Zunächst freilich anders, als ich dachte. Denn Ende Januar 1872 bekam ich vom Freiherrn **von Welck** auf Riesa die Aufforderung, am 18.2. eine Probepredigt zu tun für das erledigte Diakonat in Riesa, dessen Kollatorium[209]. Das Pfarramt verwaltete Pastor **Böttcher**[210], der als streng lutherisch bekannt, bei den Liberalen als „Teufelspfaff" berüchtigt war (weil er als Hilfsprediger in Reichenbach einen Taufpaten, der auf die Frage: „Entsagst du dem Teufel?" mit „Nein" antwortete, zurückgewiesen hatte). Dieser Aufforderung konnte ich mich um so weniger entziehen, als sie ganz ohne mein Zutun an mich erging (ich glaube, Pastor **Ahlfeld**[211] hatte mich empfohlen) und die Frist, die meine Eltern gestellt hatten, noch nicht abgelaufen war. Diese waren natürlich hocherfreut und wurden es noch mehr, als sie durch **Kämmels**[212] – die irgendwie Beziehung nach Riesa hatten – erfuhren, dass ich gute Aussicht hatte, gewählt zu werden. Meine laute Stimme und mein deutlicher Vortrag hatten, wie ich schon in Riesa erfuhr, dem etwas schwerhörigen Baron **von Welck** gefallen.

So schien es, als sollte ich in den Dienst der Sächsischen Landeskirche treten und doch kam es anders. In Riesa bestand eine starke Opposition gegen Pastor **Böttcher** und gegen den Christenglauben überhaupt. Schon bevor Pastor Böttcher dorthin berufen war, hatten die Führer dieser Opposition den freireligiösen Prediger **Uhlich** aus Magdeburg kommen und einen Vortrag halten lassen. Und drei von ihnen waren im Kirchenvorstand, wurden auch bei einer Ergänzungswahl wiedergewählt. Da weigerte sich Böttcher, der sie vorher nicht hatte entfernen können, sie einzuführen. Die Diözesenversammlung in Großenhain, bei der er gegen die Mitgliedschaft

---

[209] Kollatur nannte man die Übertragung einer Pfründe (Stelle) durch Patronatsrecht.

[210] Karl Julius Böttcher (1831-1898), seit 1858 Pf. in Reichenbach, Tannenberg und Riesa, 1872 Amtsniederlegung, dann Lehrer am Luisenstift in Tharandt, seit 1876 Pf. in Sachsenburg.

[211] Zu Ahlfeld siehe Anm. 67!

[212] Zu H. J. Kämmel siehe Anm. 18!

dieser offenbaren Ungläubigen protestierte, versagte, und das oberste Kirchenregiment in Dresden gab ihm zwar in der Sache recht, erklärte aber, es könne die Leute, die doch von der Gemeinde gewählt wären, nicht absetzen. Dazu fehle die gesetzliche Handhabe, es sei hier eine Lücke im Gesetz! So wusste sich Pastor **Böttcher** nicht anders zu helfen, als dass er sein Amt niederlegte. Für uns, die wir uns ums Diakonat beworben hatten – es waren vier Kandidaten dafür aufgestellt – entstand nun die Frage, ob wir uns von denselben Männern mitwählen lassen wollten, die Pastor Böttcher das Bleiben im Amt unmöglich machten. Ehe ich selbst darüber ernstlich nachgedacht hatte, erhielt ich einen Brief von einem der Mitbewerber, dem mir bekannten Kandidaten **Wagner**[213], der früher in der Nähe von Leipzig gewesen, jetzt aber in Ebersdorf bei Frankenberg war, in dem dieser mich aufforderte, die Berufung nach Riesa, wenn sie an mich erginge, abzulehnen, wie er auch tun wolle, wozu er auch die beiden anderen Bewerber aufgefordert habe. Und wirklich, so geschah es, alle vier zogen ihre Bewerbung zurück und das Kirchenregiment kam zunächst in große Verlegenheit, da es weder einen Pfarrer noch einen Diakonus für Riesa hatte. Doch fand sich ja dann ein „milderer" Mann.

Direktor **Hardeland**, der erst Wagners Vorgehen für etwas fanatisch hielt, stimmte ihm dann doch zu, zumal er mich dadurch für die Mission zu gewinnen hoffte. Aber auch mein lieber Vater, der ja mit weltlich gesinnten Kirchenvorstehern Not genug hatte, erkannte, dass ich mich von jenen offenbaren Christentumsfeinden nicht wählen lassen dürfe, und machte daraus auch den Schluss, dass Gott mich nach Indien weise, gab also seine Zustimmung dazu, dass ich Missionar wurde. So hat mich Gott in Gnaden davor bewahrt, in das Joch und den Wirrwarr der Landeskirche zu kommen, wofür ich ihm noch heute danke. Denn ich war damals noch nicht so weit in der Erkenntnis, dass ich mich aus dem „Babel" (der Landeskirche), wenn ich einmal durchs Amt daran gebunden gewesen wäre, wieder herausgefunden hätte. Gott führte mich zunächst nach Indien, dass ich dort klar und fest würde. Ihm sei Preis und Ehre!

---

[213] Vermutlich: Karl Friedrich Bruno Wagner (1846-1925), seit 1872 Vikar in Pegau und Spremberg, seit 1873 Pf. in Kühnhaide, dann Wehrsdorf.

Zwischenbemerkung:

Bis hierher habe ich diese Erinnerungen geschrieben und am 16.5.1929 beendet. Ob ich noch weiter schreibe, in einem anderen Buch, will ich heute noch nicht sagen. O.W. (Anmerkung von Anna Willkomm: Diese Aufzeichnungen von unserem Großvater stehen in einem alten Kontobuch seines Vaters aus dem Jahre 1836.)

Nach einer Pause von einem ¾ Jahr, in welcher Zeit ich mit anderen Arbeiten beschäftigt war, zum Teil aber auch zu schwach war, nehme ich, da mir Gott das Leben noch erhalten hat, heute am 7.3.1930 diese Arbeit wieder auf, in der Hoffnung, meinen lieben Kindern und Enkeln noch über diese so entscheidungsreiche Zeit meines Lebens bis zum Eintritt in die Freikirche, die auch kirchengeschichtliche Bedeutung hat, Bericht und Rechenschaft zu geben. Ich beginne anschließend an den in dem gebundenen Buch beendeten 8. Abschnitt über meine Lehrtätigkeit und in dem Missionshause mit dem 9. Abschnitt.

Kapitel 9: Verlobung und Ausreise nach Indien

Da mit der Entscheidung über die Riesaer Angelegenheit mein Entschluss, in den Missionsdienst einzutreten, feststand, und ich die Einwilligung meiner lieben Eltern dazu erlangt hatte, konnte ich auch daran denken, mir eine Lebensgefährtin zu suchen. Ich wollte mich dem Schicksal nicht aussetzen, das manche Missionare betroffen hat, dass andere Leute mir eine Braut aussuchen und eine mir persönlich Unbekannte ins fremde Land nachsenden mussten. Ich hatte das auch nicht nötig, da ich in meinem Herzen schon eine Wahl getroffen hatte, freilich ohne dass die Erwählte etwas davon wusste oder auch nur hätte merken können. Im Armenfreundverein hatte ich bei den Monatsversammlungen regelmäßig Frl. **Anna Ewald** von ihren Pflegebefohlenen berichten hören und Zuneigung zu ihr gefasst. Gelegentlich sah ich sie auch in der Kirche und bei den auf dem Rittergut von dem Besitzer desselben Herrn **Anger** veranstalteten Missionsfesten, zu welchen das Missionshaus und die um dasselbe sich scharenden Missionsfreunde eingeladen wurden. Aber sonst hatte ich mich ihr in keiner Weise nähern können, dies auch nicht gewagt, solange ich keine feste Stellung hatte und über meine Zukunft noch ganz in Ungewissheit war. Nun aber wollte ich es wagen, ohne freilich zu ahnen, was für ein Wagnis das war. Denn ich wusste weder, dass **Ewalds** als reiche Leute galten, die für mich armen Schlucker nach der Meinung der Welt, z.B. meiner Kollegen bei Teichmann, viel zu hoch standen, noch wie zart die Gesundheit meiner Geliebten und wie innig die Familienbande waren, beides Gründe, ihr den Beruf einer Missionarsfrau in Indien zu erschweren.

Davon bekam ich erst eine Ahnung, als ich Direktor **Hardeland**[214] ins Vertrauen zog, der zwar nicht nur die Familie Ewald, sondern besonders auch **Anna Ewald** wegen ihrer hervorragenden Begabung und ihrer Herzensfrömmigkeit sehr hoch schätzte, aber große Bedenken hatte, ob die Eltern sie nach Indien gehen lassen würden. Zuerst wollte ich natürlich meiner Eltern Segen zu meinem Vorhaben erbitten. Als ich damit umging, es war an einem warmen Maitage und ich saß nach Tisch im Garten, erhielt ich einen Brief meines Vaters, in dem er mir den am 27. Mai 1872 erfolgten Tod seiner Mutter, meiner im 94. Lebensjahr stehenden Großmutter, meldete und die bestimmte Erwartung aussprach, dass ich zu ihrer Beerdigung kommen würde. Als ich das überlegte, wurde mir klar, dass die Beerdigung eben zu der Stunde stattfand, wo ich den Brief las, derselbe war mir zwei Tage zu spät überbracht worden. Das hing damit zusammen, dass der Direktor verreist war und während seiner Abwesenheit die fürs Missionshaus bestimmte Post bei Prof. **Keil**[215] abgegeben wurde, der private Briefe für Insassen des Hauses nur aller zwei Tage durch den Schreiber des Hauses abliefern ließ. So konnte ich freilich, was mir sehr leid tat und meinem lieben Vater sehr schmerzlich war, nicht zur Beerdigung kommen. Ich konnte aber auch in dem Briefe, den ich nun an meinen Vater schreiben musste, nicht meine Heiratspläne ihm vorlegen, sondern musste damit einige Wochen warten, die ich benutzte, alles noch einmal reiflich zu überlegen und Gott im Gebet vorzutragen. In dieser Zeit habe ich wohl auch mit dem inzwischen zurückgekehrten Direktor [**Hardeland**] von meiner Absicht gesprochen, er stand mir ja als väterlicher Freund nahe und hat sich gerade in dieser Sache als solcher bewiesen. Gegen Ende Juni erhielt ich auch die Einwilligung und den Segen meiner lieben Eltern zu meinem Vorhaben. Zwar kannten sie meine Erwählte nicht, aber sie hatten das Zutrauen zu mir, dass ich keine Wahl treffen würde, die ihnen missfallen hätte, und freuten sich an der Aussicht, dass ich im fremden Lande nicht allein sein würde.

So schrieb ich denn einen Brief an die Eltern **Ewald**, in dem ich um die Hand ihrer Tochter bat, und legte einen Brief an Frl. Anna Ewald ein, in

[214] Zu Hardeland siehe Anm. 177!
[215] Zu Keil siehe Anm. 165!

welchem ich ihr meine Liebe gestand und sie bat, mir als Lebensgefährtin nach Indien zu folgen. Die Eltern aber bat ich, diesen Brief ihrer Tochter nur in dem Falle zu übergeben, wenn sie selbst bereit seien, ihre Tochter nach Indien ziehen zu lassen, denn im anderen Falle wolle ich dieselbe nicht beunruhigen. Wir hatten an dem Abend, nachdem ich diese Briefe geschrieben hatte, Bibelkränzchen bei der Familie des Buchhändlers Justus **Naumann**[216], an dem auch die Eltern Ewald teilnahmen. Ich gab aber den Brief nicht persönlich ab, sondern warf ihn, nachdem ich mich verabschiedet hatte, in den nächsten Briefkasten. Dem Postboten, der ihn am nächsten Morgen zu Ewalds brachte, nahm ihn Anna ab und gab ihn ihrem Vater mit der Bemerkung: Gewiss wieder ein Bettelbrief! Sie ahnte nicht, wie nahe diese „Bettelei" sie anging.

Die Antwort ließ nicht lange auf sich warten. Am 30. Juni kam Vater **Ewald** selbst zu mir und sagte mir, dass sie, so sehr sie mich und meinen Antrag zu schätzen wissen, sich doch nicht entschließen könnten, ihre Tochter, deren Gesundheit sehr zart sei, nach Indien ziehen zu lassen; sie hätten es aber doch für ihre Pflicht gehalten, ihrer Tochter meinen Brief zu geben, und diese habe mir selbst geantwortet. Damit übergab er mir ein liebes feines Briefchen und entfernte sich so rasch, dass er seinen Stock vergaß und noch einmal bei mir anklopfen musste. Er war verlegen und ich konnte ja nichts weiter sagen, sondern musste mein Urteil hinnehmen und mich unter Gottes Hand demütigen. Jetzt erst empfand ich, wie lieb ich Anna hatte, und wie schwer es mir fiel, auf sie zu verzichten. Das habe ich wohl, ohne irgendwie zu betteln oder zu drängeln in meinem Briefe, in dem ich ihren Absagebrief beantwortete, merken lassen; ich schloss denselben mit den Worten aus dem Liede: „Ach Gott, wie manches Herzeleid"; „Es kann kein Trauern sein so schwer, dein süßer Nam' erfreut vielmehr, kein Elend mag so bitter sein, dein süßer Nam' der linderts fein".

Dieser Antwortbrief hat es wohl doch mit bewirkt, dass auch Anna mich nicht vergessen konnte, und wir nach einer Wartezeit von fünf Monaten, die beiden Teilen nicht leicht wurde (zumal wir sie gar nicht als Wartezeit auffassen konnten, denn die Absage war ja dahinter!), doch noch ein sehr glückliches Brautpaar wurden. Für mich brachten ja die nächsten Monate Abwechslung genug und Arbeit. Zunächst gab es, da meine Lehrtätigkeit bis zur Maturitätsprüfung der beiden Zöglinge zu Ende war, einige Wochen Ferien; dieselben verlebte ich hauptsächlich bei meinen Eltern, welche in dieser Zeit auch Herrn Direktor **Hardeland** einen Besuch machten. Im

[216] Zu J. Naumann siehe Anm. 182!

August kehrte ich, nachdem ich noch den jüngsten Bruder meiner Mutter, den Pfarrer **Heinrich Hünigen**[217] in Hermsdorf bei Frauenstein besucht hatte, wo ich meine erste Predigt gehalten hatte, nach Leipzig zurück. Onkel Heinrich Hünigen hatte ja auch einmal Missionar werden wollen. Zu Karl **Grauls**[218] Zeiten hatte er eine kurze Zeit im Missionshause gelebt. Ich habe nie erfahren, weshalb er nicht hinausgegangen ist. Er hatte aber begreiflicherweise lebhaftes Interesse an meinem Vorhaben und schenkte mir seine tamulische Grammatik von Graul, die er noch besaß, und die nun mein tägliches Studium sein sollte.

Im Missionshaus war inzwischen Pastor Konrad **Ihlefeld**[219] aus Mecklenburg eingetroffen, der sich ebenfalls zum Missionsdienst gemeldet hatte und mit mir ausgesandt werden sollte. Er war etwa 10 Jahre älter als ich, schon mehrere Jahre Pfarrer in Eldena in Mecklenburg, auch verheiratet gewesen. Seine Frau und ein Kind waren gestorben, und da er von Kind auf den Wunsch gehabt hatte, Missionar zu werden, meldete er sich jetzt zum Missionsdienste. Er war ein ernster Christ und rechtgläubiger Theologe, soweit letzteres von einem den positivsten deutschen Theologen folgenden Manne gesagt werden kann, der die Abweichungen derselben vom Bekenntnis für unwichtig hielt. Mir war er ein treuer Freund, der damals besonders auch für mein Leid Verständnis zeigte. Er wandte das aber so, dass er mich auf Grund des Spruches: „Der Herr ist mein Teil, spricht meine Seele, darum will ich auf ihn hoffen" (Klgl 3,24) ermunterte, nun mit ganzer Kraft und ungeteiltem Herzen mich meiner nächsten Aufgabe zu widmen. Darin ging er, der ja auch Schweres erlitten hatte, und die Liebsten verloren hatte, mit großem Eifer voran, wobei allerdings sein etwas pedantisches oder philiströses[220] Wesen mich etwas bedrückte. Ich musste ja, um überhaupt mitzukommen, sehr angestrengt arbeiten. Denn wir konnten die tamulische Sprache nur mittels des Englischen erlernen, da sowohl Grauls tamulische Grammatik, als auch das große Winslowsche Wörterbuch Englisch geschrieben war. Da ich aber bisher kein Englisch getrieben hatte, so musste ich beide Sprachen zugleich lernen. Für das Tamulische hatten wir ja Anleitung durch Senior **Cordes**[221]. Ich erinnere mich nicht mehr, ob wir regelmäßige Unterrichtsstunden bei ihm hatten oder ihn nur um Rat gefragt

---

[217] Zu Hünigen siehe Anm. 10!

[218] Zu Graul siehe Anm. 203!

[219] Konrad Adolf Anton Ihlefeld (1837-1906), seit 1862 Pf. in Mecklenburg, 1873-1885 Leipziger Missionar in Indien, seit 1886 wieder Pf. in Mecklenburg. Aus dem gleichen mecklenburgischen Eldena (b. Ludwigslust) stammt Johannes Gillhoff, der Verfasser des „Jürnjakob Swehn".

[220] Philiströs = spießbürgerlich.

[221] Zu Cordes siehe Anm. 180!

haben, wenn wir nicht weiterkamen im Selbststudium. Jedenfalls war letzteres die Hauptsache. Für das Englische hatten wir, um die Aussprache zu lernen, Mrs. **Schulz**, mit der wir englische Bücher lasen und nur Englisch sprechen durften, auch beim Abendessen. Außerdem studierten wir noch Missionsgeschichte und indische Götterlehre und Philosophie, hauptsächlich an Hand der Germannschen[222] Bücher darüber.

Gelegentlich hatten wir, um der Missionsgemeinde bekannt zu werden, eine Missionsstunde zu halten, die damals in der Johanniskirche an Sonntagnachmittagen stattfanden. So war dafür gesorgt, dass mir zu trüben Gedanken nicht viel Zeit blieb. Ich verkehrte auch noch mit der Verbindung Wingolf, nahm an den Bibelkränzchen der sich um das Missionshaus scharenden christlichen Familien teil und tat meine Arbeit im Armenfreundverein. Damit ich aber im letzteren nicht in Verlegenheit käme oder Frl. **Ewald** in Verlegenheit brächte, wurde ich in die andere Abteilung versetzt, welcher sie nicht angehörte; und wenn ich direkt mit ihrem Vater zu verhandeln hatte, der die Kasse für beide Abteilungen führte, ging ich nicht wie sonst in seine Wohnung, sondern in sein Geschäft.

Aus dieser Vorsichtsmaßnahme ist ersichtlich, dass da auf beiden Seiten noch Unruhe herrschte. Bei mir kam zu meiner herzlichen Liebe, die ich für **Anna Ewald** trotz ihrer Absage empfand, noch die Sorge, dass ich nun ohne Aussicht auf eine Lebensgefährtin hinaus gehen müsse. Diese Sorge äußerte ich gelegentlich dem Direktor gegenüber, und das hat wohl auch meine liebe Mutter, die im Oktober einmal im Missionshaus zu Besuch war, ihm und seiner Frau gegenüber getan. Und diese wussten durch den Verkehr mit Ewalds Familie, dass Anna unter ihrer Absage noch mehr litt als ich. Die Eltern hatten sie für einige Wochen zu guten Freunden in München geschickt, damit sie auf andere Gedanken käme. Aber das hatte nichts geholfen und man fing an, um ihre Gesundheit besorgt zu werden.

Da entschloss sich Direktor **Hardeland**, Elieserdienste[223] für uns zu verrichten. Und als er mir an meinem Geburtstag gegen Abend noch einige Briefe brachte und ich ihm auf seine Frage nach dem Ergehen meiner Mutter geantwortet hatte, sie könne sich gar nicht damit zufrieden geben, dass ich einen Korb von Frl. Ewald (die sie bei ihrem Besuch auf dem Kirchweg gesehen hatte) erhalten habe, da sagte er: „Es kann sich ja noch etwas ändern!"

---

[222] Benannt nach: Wilhelm Germann, der aus Gardelegen stammte und 1865/66 als Leipziger Missionar in Indien war. Er legte 1866 wegen Differenzen in der Behandlung von Ehescheidungsfragen sein Amt nieder.

[223] Vgl. 1Mose 24 die Brautwerbung für Isaak, die Abrahams Verwalter (wahrscheinlich Elieser) durchführt.

Diese Äußerung war mir die größte Geburtstagsfreude, und in drei Tagen folgte das Geschenk nach. Denn am Montag, dem 2. Dezember, teilte mir der Direktor mit, dass Anna's Eltern ihren Widerstand aufgegeben hätten und mich bitten ließen, Dienstagmittag 12 Uhr zu ihnen zu kommen. Da sprachen sie mir dann ihr Vertrauen, das sie zu mir hätten, aus und führten mir dann ihre Tochter, meine liebe Anna, zu. Als wir allein in die gute Stube gegangen waren, beteten wir zusammen das Lied: „Jesu geh voran." Dann hießen mich die Schwestern **Helene** und **Emmy** als Schwager willkommen, trieben mich aber sehr bald fort, da an diesem Tage etliche Studenten Freitisch hatten und unsere Verlobung nicht vorzeitig bekannt werden sollte. Erst gegen Abend durfte ich wiederkommen.

Inzwischen hatte ich zwei sehr bescheidene Ringe gekauft und steckte den einen **Anna** an. Als ich dabei sagte, Gott habe mein Gebet, nämlich die 4. Bitte, erhört, sah sie mich sehr verwundert an, verstand mich aber, als ich auf Luthers Erklärung „fromm Gemahl" verwies. Und es war ganz merkwürdig, dass wir uns, obwohl wir vorher kaum jemals ein eingehendes Gespräch miteinander geführt hatten, alsbald in allem verstanden, als wären wir alte, gute Bekannte – ein Beweis, dass Gott uns füreinander bestimmt und zusammengeführt hatte. Ihm sei ewig Lob und Dank dafür.

Am 6. Dezember fand die Verlobungsfeier im Kreise der Verwandtschaft statt, an der leider von den Meinigen niemand teilnehmen konnte, da meine Mutter ja kurz zuvor in Leipzig gewesen war, der Vater im Amt sehr stark beschäftigt war und bei **Schneiders**[224] in Röhrsdorf vor kurzem ein Töchterlein (Elisabeth) angekommen war, auch **Sorgs**[225] in Dresden an eine Reise nicht denken konnten. So waren nur Annas Verwandte zugegen, die mich alle mit großer Freundlichkeit in ihren Kreis aufnahmen. Ich glaube es ihnen schuldig zu sein, sie hier namentlich zu erwähnen und kurz von ihnen zu berichten. Vater **Gustav Ewald** war ein sehr freundlicher Mann, der viel Gemüt und Sinn für Humor hatte, was seine älteste Tochter besonders von ihm geerbt hatte. Er stammte aus Osnabrück, was man seiner Sprache noch anmerkte, da er das „sch" auf westfälische Weise trennte (s-ch), und war von Haus aus, aber auch aus Überzeugung, treu der lutherischen Kirche zugetan und ein demütiger Christ. Mutter **Emma Ewald** (geb. Bredt) war eine sehr scharf denkende energische, aber auch sehr wohlwollende Frau, die ihre Kinder zum Gehorsam und feiner Sitte erzogen hatte und von ihnen sehr geliebt und geehrt wurde. Sie stammte aus Elberfeld und war

[224] Zu Schneider siehe Anm. 160!
[225] Zu Sorg siehe Anm. 163!

ursprünglich reformiert, war aber bei der Konfirmation ihrer ältesten Tochter von Pastor **Ahlfeld**[226] in die lutherische Kirche aufgenommen worden. Mit diesem Übertritt war sie ihrem ältesten Bruder **Moritz** [**Bredt**] gefolgt, der auch Glied des Missionsvorstandes gewesen, aber 1872 gestorben war. Ein Bruder des Vaters Ewald, Onkel **August Ewald**, lebte mit seiner Frau, der Tante Auguste, und einer Anzahl Töchter in Leipzig. Die älteste Tochter verheiratete sich mit einem Bremer Kaufmann **Kulenkampf**, dessen Sohn jetzt Chefarzt im Zwickauer Krankenstift ist. Am nächsten stand allen wohl die Witwe des ehemaligen Kompagnons[227] des Vaters Ewald, Tante **Emilie Bredt** (die Firma hieß ja Ewald & Bredt), eine geborene **Löschke** aus Dresden. Sie wohnte mit ihren 8 oder 9 verwaisten Kindern in dem Hause ihres wenige Tage vor oder nach ihres Mannes Tode gestorbenen Schwagers, des bekannten Malers **Gustav Jäger**, der ebenfalls eine Witwe mit 8-9 Kindern hinterließ. (Dies Haus kaufte Vater Ewald 1875 und es ist jetzt noch im Besitz der Brüder Jäger, die die Schwestern meiner lieben Anna geheiratet haben; Rosentalgasse 13). Dann war auch der jüngere Bruder der Mutter, der Buchhändler **Ernst Bredt** und seine erste Frau, die Tante Lydia, und deren Mutter, die Tante **Wetzucki**, da. Letztere war die größte Respektsperson in der Familie. Ernst Bredt war reformiert geblieben, was ihn aber nicht hinderte, mit dem Buchhändler **Volkening** in St. Louis/MO., den von Dr. **Walther**[228] mit einer neuen Vorrede begleiteten Neudruck der Weimarschen sogenannten Kurfürstenbibel zu verlegen, wovon er mir 1877 das Goldschnittexemplar schenkte, das unser Familienregister enthält. Dies waren, wenn ich mich recht erinnere, die Verwandten, die am 6. Dezember im Ewaldschen Hause zusammenkamen, um unsere Verlobung festlich zu begehen und mich sehr freundlich als ihren Neffen anzunehmen. Die zahlreichen Cousins und Cousinen meiner lieben Anna (denn auch Ernst Bredts hatten mehrere [Kinder], und die Jägerschen Kinder wurden auch mit zur Verwandtschaft gerechnet) waren an dem Abend nicht zugegen. Aber nun galt es auch überall Besuche zu machen und nach Weihnachten vielen Einladungen zu folgen, was bei meinem lieben **Ihlefeld**[229], der mich in meinem Leide so gut verstanden und getröstet hatte, aber mein Glück nicht so mitfühlen konnte, manches Stirnrunzeln verursachte. Doch hatte er nichts dagegen, dass Anna nun an den englischen Abenden bei Mrs. Schulz regelmäßig teilnahm.

[226] Zu Ahlfeld siehe Anm. 67!
[227] Kompagnon = Geschäftspartner, Teilhaber.
[228] Zu Walther siehe Anm. 12!
[229] Zu Ihlefeld siehe Anm. 219!

Das Weihnachsfest, weil es ja das letzte in der Heimat war, verlebte ich bei meinen Eltern. Aber nach Neujahr kam meine Braut mit ihrer Mutter nach Gersdorf und wir konnten meines lieben Vaters Geburtstag noch zusammen feiern. Dass meinen Eltern meine Braut sehr gefiel und sie sie sehr lieb gewannen, brauche ich wohl nicht zu sagen. Aber auch unsere alte Magd, die Dore, war mit meiner Wahl sehr zufrieden, zumal Anna eine besondere Art hatte, mit geringen Leuten zu verkehren, nicht in vornehmer Herablassung, sondern in natürlicher Freundlichkeit. Und meine Schwiegermutter verstand sich auch sehr gut mit meinen Eltern und schickte sich in den Ton und die Art des Landpfarrhauses.

Die nächsten Monate gingen unter fleißiger Arbeit und viel Geselligkeit rasch dahin. Am 25. März, dem Tag der Verkündigung Marias, wurde ich in der Thomaskirche zu Leipzig vom Stadtsuperintendenten Professor Dr. **Lechler**[230] ordiniert, wozu mein Vater nach Leipzig kam, um mir mit den Pastoren **Ahlfeld** und **Michaelis**[231] sowie Dir. **Hardeland** die Hand aufzulegen. Die Sprüche, die mir dabei gesagt wurden, hat mir Anna zum 25. Jubiläum der Ordination drucken lassen, leider ohne Angabe der Namen. Ich glaube aber auch nicht zu irren, wenn ich annehme, dass Ahlfeld den ersten (Ps 23,1), Hardeland den zweiten (2Kor 12,9f) und mein Vater den dritten (Jes 41,10) gesagt hat. Eine eigentümliche Überraschung wurde mir dadurch zuteil, dass mir unmittelbar nach der feierlichen Einsetzung ins Predigtamt der Ordinator in der Sakristei ein Schreiben des Konsistoriums übergab, in welchem mir die Ausübung des Amtes, speziell die Verwaltung des heiligen Abendmahles in der Heimat untersagt wurde. Meinem Vater tat das sehr weh, weil er sich gefreut hatte, dass ich in seiner Kirche das heilige Abendmahl verwalten und etwa auch ihm reichen würde. Und Pfarrer **Siedel**[232] in Tharandt, den ich bei meinem Abschiedsbesuch bei **Stöckhardt** auch besuchte, war ganz entrüstet darüber, ebenso der Theologe der Breslauer Freikirche, **Nagel**[233] u.a., mit denen ich, als ich meinen Bruder in Breslau besuchte, durch meinen Freund **Brachmann**[234] bekannt wurde. Sie sahen darin eine unberechtigte Einschränkung der Ordination, von der sie freilich wohl eine etwas nach Rom [d.h. zur römisch-katholischen Kirche] hinneigende Vorstellung hatten. Mir war die Sache weniger auffällig, weil ich mir

[230] Gotthardt Victor Lechler (1811-1883), seit 1841 Pf. in Württemberg, seit 1854 Superintendet und Professor in Leipzig.

[231] Zu Michaelis siehe Anm. 185!

[232] Ernst Karl Gottlob Siedel (1820-1908), 1851-1891 Pf. in Tharandt b. Dresden.

[233] Julius Nagel (1809-1884), seit 1852 altlutherischer Sup. und Kirchenrat in Breslau.

[234] Zu Brachmann siehe Anm. 85 und 86!

darüber klar war, dass die Ordination nur eine öffentliche Bestätigung des Berufes ist, und mein damaliger Beruf lautete ja nur auf den Missionsdienst in Ostindien, nicht auf den Dienst an irgendeiner Gemeinde der sächsischen Landeskirche. So erschien mir die Einschränkung dogmatisch ganz richtig, wenn sie auch – kirchenpolitisch angesehen – wie eine kleinliche Herabsetzung des Missionsdienstes aussah. Das bayrische Kirchenregiment hatte, als zwei Jahre zuvor meine Freunde **Zorn** und **Grubert** von der theologischen Fakultät in Erlangen ordiniert worden waren, nicht an so etwas gedacht, und Zorn konnte ohne weiteres seinen Schwager, der krank war, mehrere Wochen in dessen bayrischer Dorfparochie vertreten. Der Missionsdirektor **Graul**[235] hatte den richtigen Standpunkt vertreten, dass die Mission eigentlich Sache der Kirche sein solle, nicht Vereinssache, und deshalb darauf gedrungen, dass die Missionare von ihrer Landeskirche bzw. Freikirche ordiniert würden. Diesem Verlangen gab zwar das sächsische Konsistorium nach, aber doch galten selbst die in ihrem Auftrage ordinierten Missionare nicht für voll [-wertig]. Das ist im Laufe der Zeit anders geworden: die Leipziger Mission ist als kirchliche Arbeit voll anerkannt, und selbst die nur in dem später (1879) entstandenen Missionsseminar ausgebildeten Missionare sind, als sie infolge des Weltkrieges aus ihren Missionsgebieten in Ostindien und Ostafrika vertrieben worden waren, als Pfarrer der Landeskirche, freilich wohl nach Bestehen einer amtlichen Prüfung, angestellt worden. Ob freilich die Mission durch diese kirchliche Anerkennung an innerer Kraft und Festigkeit gewonnen hat, ist eine andere Frage, denn sie stützt sich nun eben auf die Landeskirche wie sie ist in all ihrer bunten Mannigfaltigkeit der Richtungen; und während früher in Parochien, wo man bewusst die Leipziger Mission unterstützte und Missionsfeste für sie abhielt, z.B. keine Gustav-Adolf-Vereinsfeste stattfanden, geht das jetzt alles durcheinander, und selbst ausgesprochen liberale Pfarrer sammeln für die Leipziger Mission und lassen auch Missionare derselben auf ihre Kanzeln. Das könnte man begrüßen, wenn es nicht eben nur dadurch möglich geworden wäre, dass die Mission tatsächlich ihr Bekenntnis zurückstellt.

Meine Vorbereitung zum Missionsdienst galt mit meiner Ordination als vorläufig abgeschlossen und ich konnte die nächsten Monate bis zu unserer Abordnung in der Pfingstwoche zu Abschiedsbesuchen verwenden. Ich verlebte diese Zeit hauptsächlich bei meinen Eltern, mit denen ich das Osterfest feierte. Dann traf ich in Dresden mit meiner Braut zusammen, wo wir etliche Freunde besuchten, so die Familie **Götz** und zwei Frl.

[235] Zu Graul siehe Anm. 203!

von Loeben, deren ältere Schwester Clara von Loeben eine Hofdame in Ballenstedt, eine Jugendfreundin unserer Schwiegermutter und als „Tante Clara" in der Familie Ewald sehr geliebt und geehrt wurde (wir haben von ihr außer einigen längst verbrauchten Servietten, die Handklingel geerbt, die auf unserem Nachttisch steht).

Es war ein schöner Frühling und die Obstbäume standen in dieser Zeit (18.-20. April) in voller Blüte. Wir machten deshalb einen Spaziergang nach der „Begerburg" am Eingang des Plauenschen Grundes, von der wir einen wundervollen Blick über die blühenden Hänge hatten. Auf dem Rückweg gerieten wir auf der engen Steinbrücke über die Weißeritz durch ein Lastfuhrwerk in Gefahr, an die Brüstung gequetscht zu werden, und Anna sagte mir, da hätte sie gesehen, wie sehr ich sie liebte, denn ich wäre vor Schreck ganz weiß im Gesicht geworden. Doch kamen wir mit dem bloßen Schrecken davon, Gott bewahrte uns vor Schaden. Eine andere Bewahrung erlebten wir dann in meinem Elternhaus. Da hatte ich mir aus der Pumpe einen Krug Wasser geholt und schwang denselben, als ich damit die Treppe hinaufstieg, wie grüßend gegen Anna, die gerade zur vorderen Haustür hereintrat. Dabei zerbrach der Henkel des tönernen Kruges und dieser flog in der Richtung auf meine Braut und zerschellte vor ihren Füßen. Wie leicht hätte er sie an den Kopf treffen können! Es graut mir heute noch, wenn ich an diese Möglichkeit denke.

Von Gersdorf aus, wohin uns Schwägerin **Helene** [**Ewald**] begleitete – wir trafen am 26.4. dort ein – machten wir Besuche bei den Verwandten in Zittau, **Kämmels**[236] und **Seidemanns**[237], bestiegen auch die Lausitzer Berge; wenigstens erinnere ich mich eines Besuchs des Nonnenklosters bei Johnsdorf, wo ich mit meiner Kletterei Anna ängstete. Vom 26. April bis 8. Mai war Schwägerin Helene mit in Gersdorf. Als sie wieder abreiste, begleiteten wir sie bis Herrnhut und fuhren dann von dort nach Bernstadt zu meiner Patentante **Amalie**[238], die damals noch dort in dem Hause wohnte, welches Großvater Willkomm für seine Frau als Witwensitz gekauft hatte und in dem diese im Jahr zuvor gestorben war. Tante Malchen ging später nach Zittau, musste aber schließlich, da sich die Spuren von Alterswahnsinn an ihr zeigten, nach der Heilanstalt Schloss Sonnenstein gebracht werden, wo sie gestorben ist. Von ihr stammt die Standuhr mit dem bronzierten Holzgehäuse, sowie die Bibel vom Jahre 1541 (1. Teil). Obwohl in unserer Familie sonst keine Spur von geistiger Störung vorgekommen ist, liegen

[236] Zu Kämmel siehe Anm. 18!
[237] Vgl. Kap. 1!
[238] Zu Amalie Willkomm siehe Kap. 1!

doch zwei meiner Onkel mütterlicherseits auf Anstaltsfriedhöfen begraben. Mein Patenonkel, der Buchhändler **Otto Hünigen**, der unverheiratet blieb, verlebte, da er sich ins Familienleben nicht schicken konnte, seine letzten Lebensjahre im Altersheim des Schlosses Hubertusburg und wurde dort 1872 begraben, wobei ich als einziger Verwandter ihm das letzte Geleit gab. Und sein jüngerer Bruder, der Gärtner **Robert Hünigen**, der ebenfalls unverheiratet nach seiner Rückkehr aus Amerika 1886 auf Betreiben Onkel **Seidemanns** und auf dessen und unsere Kosten gleichfalls in diesem Altersheim untergebracht und sogar als Lektor tätig war, ist in der Heilanstalt Colditz begraben. Dorthin musste er sehr gegen seinen Willen übersiedeln, da er, wenn er etwas getrunken hatte, sich ungebärdig benahm. Er war, wie ich bei meinen wiederholten Besuchen in Colditz feststellen konnte, ganz klar, renomierte[239] nur gern von seinen Erlebnissen in Amerika, wo er gegen 30 Jahre gelebt hatte, aber lange Zeit für die Familie verschollen gewesen war, bis er plötzlich, nicht als reicher Onkel, sondern gänzlich mittellos, auftauchte. Er war sehr zufrieden, als Pastor **Seidemann** ihn in eine höhere Pflegeklasse versetzen ließ. Mit letzterem gab ich ihm das letzte Geleit (weitere Nachrichten über die Familie meiner Mutter sind zu erlangen bei Prof. Ernst Hünigen, z.Z. Dresden, A., Christianstraße, dem Sohn des jüngsten Bruders meiner Mutter, des schon mehrfach erwähnten Pfarrers Dr. phil. **Heinrich Hünigen**[240]).

Am Montag nach Rogate, dem 19. Mai 1873, nahm ich Abschied von meiner Lausitzer Heimat, dem damaligen Wohnort meiner lieben Eltern, Alt- und Neugersdorf, und fuhr mit meiner Braut und ihrem Vater nach Dresden zu **Sorgs**[241], die Anna schon auf ihrer Hinreise besucht hatte. Dort feierten wir noch den Geburtstag meiner Schwester **Elise**, während Vater **Ewald** nach Leipzig zurückfuhr. Elises damals noch nicht 2 Jahre altes Töchterchen schloss Anna, die überhaupt sehr kinderlieb war, sehr ins Herz. Tags darauf fuhren wir zu **Schneiders**[242] nach Röhrsdorf, dort predigte ich am Himmelfahrtstage (22.5.1873) und wurde nach dem Gottesdienst der Patronin, der Prinzessin **Reuß auf Klipphausen**, vorgestellt, die eine eifrige Missionsfreundin und eine ernste Christin war. Sie war mit Schneiders sehr befreundet und blieb es auch nach Karls Austritt aus der Landeskirche. Am folgenden Sonntag Exaudi mussten wir gleich nach dem Gottesdienst aufbrechen, um in Coswig mit Vater **Ewald** zusammenzutreffen und mit ihm

[239] Renomieren = prahlen, angeben.
[240] Zu Hünigen siehe Anm. 10!
[241] Zu Sorg siehe Anm. 163!
[242] Zu Schneider siehe Anm. 160!

nach [Bad] Schandau zu fahren. Das hatte einige Schwierigkeiten, da mein lieber Schwager seine Predigt etwas lang angelegt hatte (irre ich nicht, so hatte sie 7 Teile oder 3 mit je 3 Unterteilen), aber es glückte noch, indem wir, Ottilie mit Anna und ich, gleich nach dem Amen die Kirche verließen; ja selbst Karl holte uns noch ein, ehe wir über die Elbe fuhren! Vater Ewald war begleitet von meiner jüngsten Schwägerin Emmi und ihrer Freundin **Lydia Rußwurm** aus Ratzeburg. (Im Haus des Propst Rußwurm war Anna ein Jahr lang gewesen, um den Haushalt zu lernen und dadurch hatten sich beide Familien sehr angefreundet.)

Wir verlebten in Schandau, von wo aus wir den „Kuhstall" [Elbsandsteingebirge] besuchten, eine sehr schöne Zeit und kehrten am Montagabend nach Leipzig zurück, nachdem wir noch die Bastei besucht hatten. Die folgenden Tage vergingen mit Vorbereitungen zur Abordnung, die am 4. Juni, Mittwoch in der Pfingstwoche, bei dem Jahresmissionsfest in der Nikolaikirche stattfand, nachdem ich am Pfingstmontag [2.6.1873] mit meinem Gefährten Konrad **Ihlefeld** kommuniziert[243] hatte. Am Dienstag [3.6.1873] kamen meine Eltern und Geschwister und wir feierten unseren halbjährigen Verlobungstag. Mit den Geschwistern, die zum Teil am Mittwochabend schon wieder abreisen mussten, ließ ich mich noch photographieren – es ist wohl das einzige Bild, auf dem wir alle vier zusammen sind, es gab damals noch keine Amateurphotographen.

Von der Abordnung [4.6.1873] selbst, die Prof. **Luthardt**[244] hielt, habe ich keine bestimmte Erinnerung mehr, was sich wohl daraus erklärt, dass doch der Abschied von Eltern und Geschwistern und besonders die Trennung von meiner lieben Braut Herz und Gemüt sehr einnahm, auch so viele Leute, bekannte und unbekannte mit mir sprachen. In der Abendversammlung, die im Schützenhause stattfand, sprach **Ihlefeld** in unser beider Namen das Abschiedswort. Am Donnerstag nahm ich Abschied von meinen lieben Eltern. Dabei gab es einen Zwischenfall, durch den ich um den letzten Abschiedskuss meines lieben Vaters kam. Dieser war mit meinem Bruder **Fritz** zum Bahnhof gegangen, während ich die Mutter bei Ewalds abholte. Mutter **Ewald**, die in ihrer nüchternen Weise rührenden Szenen abhold war, hatte die Droschke, die meine Mutter, Anna und mich zum Bahnhof bringen sollte, reichlich spät bestellt, um das letzte Abschiednehmen am Bahnhof abzukürzen, und so kam es, dass wir dort ankamen, als die Türe nach dem Perron [= Bahnsteig], an welchem der Zug zur Abfahrt bereitstand, schon geschlossen war. Das geschah damals nämlich schon 5 Minuten vor Abgang des Zuges. So hatte

[243] Kommuniziert = an der Kommunion (hl. Abendmahl) teilnehmen.

[244] Zu Luthardt siehe Anm. 71!

mein Vater einsteigen müssen und wir konnten uns nur noch durchs Fenster zuwinken. Wir saßen dann mit der Mutter und Fritz, der in der Halle auf die Mutter gewartet hatte im Bahnhofsrestaurant bis der nächste Zug (über Döbeln) ging. Der Vater hatte den Zug über Riesa benutzen müssen, da er sonst den Anschluss nach Löbau nicht erreicht hätte. So hat die gute Absicht der Mutter Ewald beinahe das Gegenteil erreicht, wenn nicht der gute Humor meiner lieben Mutter, der freilich sich mehr als Galgenhumor äußerte, uns über das nun um 1 ½ Stunden verlängerte Abschiednehmen hinweggeholfen hätte. Am bittersten war die Sache für den Vater, der Unpünktlichkeit nicht leiden konnte und nun noch die Fahrt allein machen musste.

Die nun noch verbleibenden 10 Tage bis zur Abreise gingen mit Packerei und Abschiedsbesuchen hin. Ich erhielt mancherlei Geschenke, so einen Feldstecher von Tante Emilie Bredt, den ich auf meinen Reisen viel gebraucht, schließlich aber unserem **Johannes Herrmann**[245] mitgegeben habe, als er 1914 in den Krieg musste. Die Schwägerinnen Helene und Emmi hatten mir eine Reisetasche mit meinen Initialen gestickt; sie ist noch vorhanden und abgesehen von etwas Mottenfraß in gutem Stande; aber sie ist altmodisch geworden, so dass wohl keines meiner Enkel mit ihr auf Reisen gehen wird. Meine Wäscheausstattung, die ich von der Mission erhielt, und meine Bücher kamen in eine große Holzkiste, welche *ein* Rollkutscher, nachdem er sie mit Hilfe eines Kollegen auf die Schulter genommen hatte, zwei Treppen hinunter trug, während in Tranquebar 8 indische Kulis [Diener] nötig waren, um sie auf ebenem Wege vom Standort bis zu **Zuckers**[246] Wohnung in die Zentralschule zu befördern, wobei sie sie auf ihren Achseln gleichsam tanzen ließen, damit der Druck verteilt wurde. Was ich auf der Reise brauchte, kam in einen Segeltuchkoffer und in die erwähnte Reisetasche, welche bei den Gepäckstücken in Palästina von Maultieren befördert wurden. Am 15. Juni, dem 1. Sonntag nach Trinitatis, hielten wir, meine Braut und ich, noch einen gemeinsamen Kirchgang (bei P. **Michaelis**[247]) und machten am Nachmittag einen Spaziergang im Rosental. Und Montag [16.6.1873] früh sieben Uhr nahmen wir im Bayerischen Bahnhof Abschied, der Anna, obwohl sie damals ja die Hoffnung hatte, dass ich sie in zwei Jahren nachholen würde, sehr schwerfiel. Auch mir fiel er nicht leicht, aber mir stand ja die abwechslungsvolle Reise bevor und die Arbeit im Heidenland, zu der ich mit großer Freudigkeit auszog. Dazu hatte ich ja meinen, jeder Sentimentalität abholden, ernsthaften Begleiter **Ihlefeld** bei mir, der unser hohes Ziel stets fest im Auge behielt. Bald nach

[246] Zu Zucker siehe Anm. 147!
[247] Zu Michaelis siehe Anm. 185!

der Abfahrt von Leipzig sahen wir im Westen nach einem kurzen Regen ein Stück Regenbogen. Das nahmen wir als eine Gnadenverheißung für unseren Weg mit. Und merkwürdig, am letzten Tage unserer Seefahrt, als wir uns ein Vierteljahr später dem Hafen von Bombay näherten, erschien nach einem kurzen Gewitter wieder dieses Gnadenzeichen vor unseren Augen, als wollte er uns für unseren Eingang ins Heidenland der Gnade unseres Gottes versichern. Wir fuhren zunächst nach Erlangen, wo wir mit den beiden Begleiterinnen zusammentrafen, die unseren Schutz, wenigstens bis nach Ägypten, genießen sollten, Frl. **Mathilde Zorn**, die Braut des Missionars **Otto Kahl**[248], und Frl. **Marie Kremmer**, die sich bald mit **Zucker** verlobte. In Erlangen traf ich meinen Freund **Georg Stöckhardt**, mit dem ich noch auf die Wingolfskneipe ging. Am Tage darauf nahmen wir an einem Missionsfest in Nürnberg teil, wobei in der, im Rathaussaale stattfindenden Nachversammlung, **Ihlefeld** Abschiedsworte an die Missionsfreunde richtete. Und nun ging es am 18. Juni über München, Bozen und Mailand nach Genua, wo wir am 21. Mai [1873] spät in der Nacht eintrafen und zu dem uns von einem Missionsfreunde empfohlenen Hotel geleitet wurden. In Mailand hatten wir das berühmte Gemälde „Das Abendmahl" von Leonardo da Vinci und den Dom besichtigt, von dessen Zinnen wir das letzte Mal die Schneehäupter der Alpen sahen.

Da ich über unsere Reise durch Ägypten und Palästina in einer Art Tagebuch berichtet habe, welches in 7 Heften, die mir Vater zusammengeheftet hatte, noch vorhanden ist[?], so will ich hier nur bemerken, dass mir diese Reise nur dadurch möglich war, dass Ihlefeld sie für mich bezahlte. Denn die Mission trug nur die Kosten der Ausstattung und die direkte Fahrt nach Indien, und ich selbst besaß nicht die Mittel zu diesem Umwege. Ich erkenne es mit großem Dank, sowohl gegen Ihlefeld, als auch gegen Gott, dass mir diese Reise gewährt worden ist, bedaure nur, dass ich vorher nicht gründliche Studien habe machen können. Denn dann hätte sie mir viel mehr genützt. Trotzdem ist es mir sehr viel wert gewesen an den Stätten geweilt zu haben, an denen unser Heiland in den Tagen seines Erdenwandels geweilt hat, und es hat mir dies auch zum Verständnis der Bibel viel genützt. Im „Hausfreundkalender" habe ich später einiges davon erzählt. Ihlefeld hat nach seiner um 1890 erfolgten Rückkehr aus Indien eine Anzahl Schilderungen aus seinem Tagebuch veröffentlicht, die bei meinem Tagebuch liegen. Mein Tagebuch endet mit unserer Ankunft in Tranquebar am 22. Oktober 1873. (Vgl. Anhänge 2-4!)[249]

[248] Zu Kahl siehe Anm. 148!
[249] Alle Reiseberichte sind im Anhang dieses Buches abgedruckt!

Kapitel 10: Mein kurzes Missionarsleben und meine Verheiratung

Nach unserer Ankunft in Tranquebar [Ostindien], die aber wohl eher als am 22. Oktober erfolgt sein muss, nahm ich zunächst Wohnung bei **Zucker**[250], der damals zwar schon mit unserer Mitreisenden Frl. Marie **Kremmer** verlobt, aber noch nicht verheiratet war, während **Ihlefeld** bei dem schwedischen Missionar **Blomstrand**[251] unterkam. Ich nahm mir einen Diener namens Jakobu, der in Gemeinschaft mit dem Koch, den **Zucker** hatte, uns versorgte und fing mit einem Sprachlehrer (Munschi) an, mich im Verstehen und Sprechen der tamulischen [tamilischen] Sprache zu üben, an deren Klänge ich mich auch durch Besuch der Andachten und Unterrichtsstunden in der von Zucker geleiteten Zentralschule und der Gottesdienste in der Jerusalemkirche gewöhnte.

Das Klima machte mir, der ich durch das Fieber, an dem ich in Jaffa erkrankt war, gleichsam akklimatisiert war, um so weniger zu schaffen, als die Jahreszeit günstig war. Die Seeluft milderte die Hitze, der [von] Nordost [kommende] warme Föhn, der dort im Oktober und November weht, brachte nicht allzu viel Regen und machte doch alles grün und blühend.

An den Abenden ging ich entweder an den Strand oder machte Besuche in den näher gelegenen Revieren; ... die unter der Leitung des Missionars R. **Handmann**[252], [des Direktors] des [indischen] Seminars, bestand, oder auch bei Missionar **Grahl**[253] in Oluhumongslan, auf dessen Hausdach ich einmal einen wundervollen Aufgang des Vollmondes sah, der wie ein großes rotes Rad aus dem Meer aufstieg. Die Missionarsfamilien, vor allem Senior **Schwarz**[254] und Frau, sowie der die Druckerei leitende Faktor **Hobusch** und Frau waren sehr freundlich zu mir und erleichterten dem Neuling das Einleben in dem fremden Lande. Wie viel leichter hatte ich es also, als so manche Missionare, die als Pionier zu einem fremden Volk gehen und wohl gar erst aus dem Munde der Eingeborenen die Sprache erforschen mussten, wie z.B. **Hardeland**[255] bei den Dapukken und der Norweger **Skreund** bei den Sartulen. Auch die eingeborenen Christen waren sehr freundlich zu mir

---

[250] Zu Zucker siehe Anm. 147!

[251] Anders Blomstrand (1822-1887), geb. in Schweden, 1857-1885 Leipziger Missionar in Indien.

[252] Richard Handmann (1840-1912), 1862-1887 Leipziger Missionar in Indien, zeitweise Leiter des indischen Missionsseminars, ab 1887 Missionssenior in Leipzig.

[253] Ernst Grahl (1839-1879), seit 1870 Leipziger Missionar in Indien.

[254] Johannes Michael Nikolaus Schwarz (1813-1887), seit 1843 Leipziger Missionar in Indien, 1870-1884 Senior in Indien.

[255] Es handelt sich nicht um den Leipziger Missionsdirektor, sondern um dessen Bruder.

und hatten Verständnis für die Schwierigkeiten, mit denen jeder Neuling zu kämpfen hat.

Doch war meines Bleibens in Tranquebar nicht lange. Denn der Kirchenrat[256], der über den Aufenthalt der Neulinge zu bestimmen hatte, fand es ratsam, dass ich nach Kudelur (Cuddalore) zu Missionar **Schäffer**[257] gehen solle. Das war sehr gut, denn diese Station war mehr als Tranquebar, wo ja eine alte Christengemeinde bestand, ein Missionsgebiet mit einer Anzahl Außenorten. Schäffer kam etwa Anfang November von den Bergen, wo er auf Urlaub gewesen war und wo seine Familie noch einige Wochen blieb, nach Tranquebar und so konnte ich mit ihm die Reise nach Kudelur machen. Natürlich im Ochsenwagen, denn damals war die Eisenbahn, die von Tranquebar nach Madras geht und auch Kudelur berührt, noch nicht gebaut und von Automobilen ahnte man noch nichts. Schäffer hatte seinen eigenen Wagen mit Fuhrmann und Ochsen von Kudelur kommen lassen und ich mietete einen Lohnfuhrmann mit seinem Gespann und Gefährt. Um rascher vorwärts zu kommen, machten wir mit dem letzteren aus, dass er schon am Vormittag aufbrechen und in einem bestimmten Ort seine Ochsen ausruhen lassen und uns erwarten solle, damit wir dann gleich in Schäffers Wagen mit seinen ausgeruhten Ochsen weiter fahren und so bei guter Zeit unser Nachtquartier erreichen könnten. Wir brachen am frühen Nachmittage auf; als wir uns aber dem verabredeten Treffpunkt näherten, sah Schäffer einmal zurück und sagte: „Dort hinten kommt dein Bandit!" Der war also noch später als wir aufgebrochen – eine erste lehrreiche Erfahrung von den Unzuverlässigkeiten der Eingeborenen!

Mit der schnelleren Fahrt war es also nichts, doch sind wir trotzdem noch in unser Nachtquartier gekommen, welches uns in sehr liebenswürdiger Weise von der Frau Missionar **Wolf** bei der berühmten Tempelstadt Sidambaram (Chellanbrun) gewährt wurde, ihr Mann war auf Reisen. Auch hier aber machte ich eine Erfahrung, die mich das indische Leben besser verstehen lehrte. Frau Wolf machte uns nämlich, als wir zu Bett gingen, darauf aufmerksam, dass wir ja nicht mit bloßen Füßen die Matte vor dem Bett berühren sollten, sie litten nämlich seit einigen Tagen unter einer Flohwanderung, die gerade durch das Zimmer gehe. Nun hatte ich schon an der Zentralschule, nachdem wir bei der Morgenandacht auf der Matte gekniet hatten, die Flöhe von den weißen Beinkleidern abstreifen müssen, war also über das Vorhandensein dieser Tiere überall da, wo Menschen

---

[256] D.h. die aus Missionaren bestehende Kirchenleitung in Indien.

[257] Eduard Schäffer (1842-1890), stammte aus der Altlutherischen Kirche, 1864-1890 Leipziger Missionar in Indien.

verkehrten, nicht überrascht, aber dass sie zu Tausenden und Abertausenden wandern, war doch mehr, als ich erwarten konnte und dagegen gibt's keine Hilfe, zumal die Heiden ja keines dieser Tiere zu töten wagen. (Als ich später einmal eine Anzahl Ameisen, die durch einen Rest Zucker in meiner Teetasse angelockt waren, zerquetschte, sagte mir mein heidnischer Munschi: „Kollawundera = sie dürfen nicht töten!" Und als ich verwundert fragte, was ich denn tun solle, erwiderte er: „Nikkavönchen = Sie müssen sie entfernen!")

Des anderen Tages setzten wir unsere Reise fort, bewunderten die gewaltigen Pagodentürme und überschritten den in dieser Regenzeit ziemlich wasserreichen Hauptarm des Kammeraflusses, der sich in einem ziemlich breiten Delta in vielen kleinen Armen ins Meer ergießt, auf einer langen steinernen Brücke. Es gab damals nur wenige, da die meisten Flüsse nur durch Fährten zu passieren sind, was in den trockenen Monaten leicht geschehen kann, da die Flussbetten dann großen Sandwüsten mit etlichen schmalen Rinnsalen gleichen, in der Regenzeit aber, oder bei plötzlichen Regengüssen, die auch in den trockenen Monaten manchmal vorkommen, sehr gefährlich werden können. Für Fußgänger sind in diesen „kahlen Brücken", wie man diese Fährten nennt, Schrittsteine gelegt, sie springen dann von einem zum anderen.

Die Stadt *Kudelur* liegt am Meer nördlich der Mündung des Pommeru (Goldfluss), aber die Missionsstation liegt weit davon landeinwärts. Das Missionshaus liegt zwischen der nach Westen führenden sehr guten Landstraße und dem Fluss, der in der Zeit meines Dortseins wenig Wasser hatte. An seinem Ufer habe ich oft gestanden und zwischen den Palmen der untergehenden Sonne nachgeschaut, wobei die Gedanken nach der weit im Nordwesten liegenden fernen Heimat flogen. Die zur Station gehörige Kirche, ein schmuckes Backsteingebäude mit Türen und Glocke, steht jenseits der Straße. In ihr versammelten sich jeden Morgen um 6 Uhr die in der Nähe wohnenden Christen, meist arme Parias, zur Morgenandacht, welche Missionar **Schäffer**, in seiner Abwesenheit der Katechet, hielt.

Als im Januar einmal das Thermometer bis auf +8° C gesunken war, machten sich die früh vor der Kirche versammelten Eingeborenen ein Feuer aus dürrem Laub und Reisig, um sich zu erwärmen! Nicht weit von der Kirche befand sich etwas abseits von der Straße ein großer Baum [Baniana], zwischen dessen zahlreichen aus Luftwurzeln entstandenen Stämmen sich die Fuhrleute mit ihren Ochsen und Bandis auszuruhen pflegten. Zu Zeiten wurde auch unter dem weitreichenden Blätterdach dieses einem kleinen

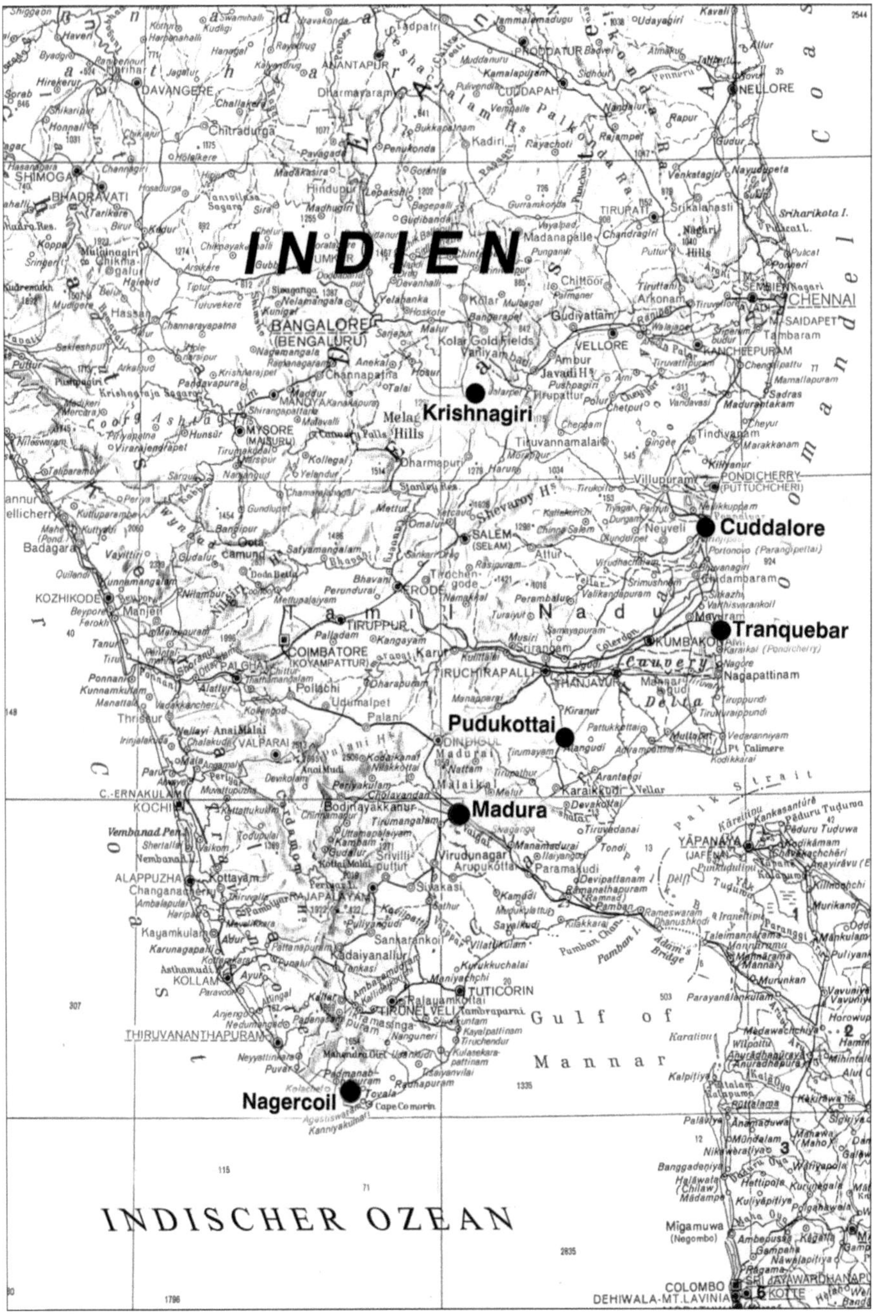
INDIEN
Krishnagiri
Cuddalore
Tranquebar
Pudukottai
Madura
Nagercoil
Gulf of Mannar
INDISCHER OZEAN
Tamil Nadu
CHENNAI
BANGALORE (BENGALURU)
MYSORE
SALEM
COIMBATORE
TIRUCHIRAPALLI
THANJAVUR
TUTICORIN
TIRUNELVELI
THIRUVANANTHAPURAM
KOZHIKODE
COLOMBO

Walde gleichenden Baumes Jahrmarkt abgehalten. (Die Baniana ist nicht zu verwechseln mit der Banane, deren Früchte wir essen. Diese heißt in Indien *Plantain*.)

Missionar **Schäffer** war ein ziemlich genauer, etwas kleinlicher Mann, der mich aber sehr freundlich in indisches Leben und in die Sprache einzuführen bemüht war. Letzteres, die Einführung in die tamulische Sprache, lag natürlich dem Munschi ob, der aus Kudelur heraus kam. Das war ein Sohn höherer Kaste, der etwas stolz auftrat und sehr auf seine Würde hielt. So hätte er es sehr übel vermerkt, wenn ihm nicht eben solch ein Lehnstuhl zum Sitzen angeboten worden wäre, wie ich ihn hatte, obgleich ihm die Sitzweise der Eingeborenen bequemer war; es dauerte dann auch meist nicht lange, so zog er die Beine herauf und hockte mit untergeschlagenen Beinen auf dem ziemlich breiten Rohrsitz des Lehnstuhls! Da er nur wenig Englisch verstand, ging der Unterricht nicht ohne Hindernisse vonstatten, einmal gab es sogar einen richtigen Zank, der mich veranlasste, ihn beim nächsten Kommen um Verzeihung zu bitten, damit Christi Name nicht geschändet würde.

Der Unterricht bestand vornehmlich darin, dass ich aus einem tamulischen Geschichtenbuch etwas vorlesen musste, wobei er Fehler in der Aussprache korrigierte. Dann las er mir das Stück vor und ich musste es nochmals lesen. Und dann fragte er mich ab, um mir Gelegenheit zu geben, selbständige Sätze zu bilden. (Die Grammatik hatte ich ja schon in Leipzig durchgearbeitet, so dass ich Deklination und Konjugation beherrschte, auch über die Syntax ziemlich im Klaren war. Es handelte sich für mich also vor allem um die richtige Aussprache und um Aneignung des Wortschatzes, den ich eben dem Gedächtnis einzuprägen hatte.)

Im Dezember kam Frau Schäffer, eine Tochter des alten Seniors **Cordes**[258], von den Bergen zurück und damit kam Leben ins Haus, denn sie hatte, irre ich nicht, 4 oder 5 Kinder im Alter von 3-9 Jahren. Dieselben schlossen sich sehr an mich an und wir feierten dann das Weihnachtsfest auf deutsche Weise, wobei ein Kasalienbaum [?], eine äßerliche [astreiche?] Baumart, den Christbaum ersetzen musste. Es ging dabei nicht ohne einen kleinen Unfall ab, in dem ein nicht genügend befestigtes Licht herunterfiel und ein Loch in das Tischtuch brannte! Meine Hauptfreude war natürlich das Lesen der Briefe aus der Heimat, deren ich eine ganze Anzahl erhielt. Meine liebe Anna schickte das aus ihren Haaren geflochtene Buchzeichen, welches noch in dem Neuen Testament liegt, welches sie mir am Weihnachtsfest 1872 geschenkt hatte.

---

[258] Zu Cordes siehe Anm. 180!

Im Januar nahm mich **Schäffer** auf eine Reise in den Distrikt mit, die mir viel Interessantes bot. Die zur Station Kudelur gehörigen Dörfer, die wir zu besuchen hatten, lagen westlich und nordwestlich zwischen den großen Orten Wolugurman und Vükeramendi in einer nicht sehr dicht bevölkerten Gegend. Mir ist nur der Ortsname Nallelan im Gedächtnis geblieben. Dort gab es weder ein Rasthaus noch überhaupt einen für unser Nachtquartier geeigneten Raum, wir mussten daher in unserem Bandi [Reisewagen] nächtigen, wobei uns die vielleicht durch die Fremdartigkeit unserer Erscheinung aufgeregten Dorfhunde durch ihr Gebell sehr störten. Ein anderes Nachtquartier fanden wir in einem Dorfe, dessen Name mir entfallen ist, in der dort errichteten Kapelle, die allerdings nur aus drei halbhohen Lehmmauern und einem Palmblätterdach bestand. Dieses Dach wurde von Pfosten getragen, die in der Lehmmauer eingelassen, dieselbe 1-1½ Meter überragten. Die Luft hatte also freien Zutritt. Und da die Vorderfront ganz ohne Mauer war, hatten ihn auch Menschen und mancherlei Tiere. Für die Nacht, und wenn wir Toilette machten, hingen wir ein Tuch vor die Öffnung. Die Christen dieses Ortes waren noch nicht lange getauft und wurden durch die römisch-katholischen Missionare aus dem nahen (französischen) Pondikers beunruhigt, welche für 5 Rupien[259] für die Person zum Übertritt lockten! Mitten im Dorfe war auf einem Grasplatze ein glatter Stein zu sehen, vor dem die Heiden ihre Opfergabe (Früchte oder Blumen) hinlegten, den sie auch mit zerlassener Butter salbten, das war für die armen unwissenden Leute das Sinnbild der Gottheit, wohl ein Limpen[?], der die schöpferische Zeugungskraft veranschaulichen sollte. Zwei weitere Nächte brachten wir in Rasthäusern zu, die an Verkehrsstraßen für Eingeborene (die heißen Satteren) und für Europäer (Bungallors) errichtet sind und durch einen Aufseher in Ordnung gehalten werden. Aber Bewirtung gab's in ihnen nicht, sie enthielten für Europäer einen Tisch, etliche Stühle und Rohrsofas, auf denen wir unsere mitgebrachten Seegrasmatratzen ausbreiteten. Für die Beköstigung musste der Koch sorgen, den wir mitgenommen hatten. Als wir auf der Rückreise erst abends so spät in einem Rasthause ankamen, dass keine Zeit mehr zum Kochen war, schickte uns ein Zemindar (Großgrundbesitzer), mit dem unser einer höheren Sudrakaste angehörender Katechet bekannt war, eine mächtige Schüssel gut gekochten Reis. In einer der Nächte sah ich zum ersten Mal das berühmte Sternbild des südlichen Kreuzes, war aber etwas enttäuscht davon, da ich es mir glänzender und sternreicher gedacht hatte. Es besteht ja nur aus 4 hellen Sternen, von denen nur einer ein Stern erster

[259] Indische Währung.

Größe ist, zwei sind zweiter Größe, der vierte dritter Größe. Sie wirken aber dadurch, dass sie so sehr nahe, fast in Kreuzform beieinander stehen.

Von **Schäffers** und des Katecheten Seelsorge und Missionsarbeit während der Reise habe ich nicht viel in Erinnerung. Den Christen wurden Gottesdienste mit Austeilung des heiligen Abendmahles gehalten; eine alte Frau wurde unterrichtet. In Nallelan gab's Streitigkeiten zu schlichten. Es wurde aber auch jede sich bietende Gelegenheit benutzt, mit den Heiden zu reden von dem Einen, was not tut. Für mich war es ein Anschauungsunterricht und Anhörungsunterricht, in dem ich mich bemühte, die Rede der Eingeborenen, auch der Heiden zu verstehen.

Ein besonderes Ereignis, welches in die Zeit meines Aufenthaltes in Kudelur fiel, war der Tod des Missionars **Ochs**[260]. Dieser hatte sich in dem „Kastenstreit"[261], der ums Jahr 1860 unter den Leipziger Missionaren ausbrach, von der Leipziger Mission getrennt und etwa 10 Meilen [1 engl. Meile = 1609 m] westlich von Kudelur eine Gemeinde gesammelt, an der er in Gemeinschaft mit einer Dänischen Missionsgemeinschaft und etlichen von den ausgesandten dänischen Missionaren arbeitete. Seine Station, in der Nähe von Pattenaukan gelegen, hieß Bethanien. Da die Stationen der Dänen weiter im Westen lagen, wurde **Schäffer** von der Witwe gebeten, die Beerdigung, die ja wegen der Hitze am selben Tag erfolgen musste, zu halten. Der laufende Bote, der am frühen Morgen die Botschaft von dem in der Nacht eingetretenen Tode brachte, eilte gleich weiter nach der noch 4 englische Meilen entfernten Stadt Kudelur, um dort einen Sarg zu beschaffen. Wir, **Schäffer** und ich, fuhren in Schäffers Ochsenkutsche noch am Vormittag ab, mussten dann aber lange warten, bis der Sarg eintraf. Dieser Todesfall und die Schnelligkeit der Beerdigung brachte mir die Wahrheit recht lebendig zum Bewusstsein, wie gar nichts wir Menschen sind und wie schnell wir dahingerafft werden. Eineinhalb Jahre später erlebte ich dasselbe noch einmal bei dem Tode des Missionars **Otto Kahl**[262], den ich selbst an dem Tage, an welchem er gestorben war, beerdigen musste. Aus dem Nachlass des Missionars Ochs kaufte ich die Leipziger Ausgabe von Luthers Werken in 12 Foliobänden. Die früheren Missionare haben also auch im Heidenland Luthers Werke studiert. Ob das die jetzigen noch tun? Dass ich sie auch in Indien nicht ganz unbenutzt gelassen habe, beweist der Umstand, dass ich zu einer Konferenz, die im Herbst in Tranquebar stattfand, den Band

[260] Karl Ochs (1812-1873), seit 1843 Leipziger Missionar in Indien, 1859 Trennung von der Leipziger Mission.

[261] Beim Kastenstreit ging es darum, ob beim Übertritt zum christlichen Glauben kastenüberschreitende Kontakte verlangt werden sollten (gewissermaßen als Bekenntniszeichen) oder nicht.

[262] Zu Kahl siehe Anm. 148!

mitnahm, in welchem die Schrift „De servo arbitrio"[263] steht, was meiner lieben Frau viel Spaß machte: Sie nannte diesen, in einem Plaidriemen [= eine Tragevorrichtung] getragenen Folioband, unseren „Baedecker". In Deutschland habe ich diese Lutherausgabe noch viel gebraucht, bis ich sie 1899 dem Methodistenprediger **Funck**[264] in Oberplanitz, der sich ja eine Zeitlang uns näherte, verkaufte, nachdem ich mir vom Jubiläumsgeschenk meiner Planitzer Gemeinde die Erlanger Ausgabe angeschafft hatte.

Anfang Februar kehrte ich nach Tranquebar zurück und wohnte bei **Zuckers**[265] (er hatte sich inzwischen verheiratet). Ich konnte nun schon in der Zentralschule unterrichten, nämlich biblische Geschichte, die die Kinder lesen mussten, und die ich dann abfragte. Ich litt in dieser Zeit ziemlich an Schwären[266], musste viel Pflaster auflegen, wobei mich der zeitweilig zu Besuch anwesende **Grubert**[267] treulich pflegte, und konnte schlecht sitzen, das war eine Akklimatisationskrankheit, die vorüberging.

Da Missionar **Zorn**[268] in *Pudukottah* für die heißen Monate April, Mai und Juni Bergurlaub hatte und mit seiner Familie und Ehepaar **Kahl**[269] auf die Scheveroi-Berge bei Salem ging, erhielt ich den Auftrag, während seiner Abwesenheit von Pudukottah dort Wohnung zu nehmen und, unterstützt von dem Katecheten Njonamottus und dem Evangelisten Cornelius, die Aufsicht über Haus, Gehöft und Kirche zu führen, auch die Gottesdienste abzuhalten. Ich reiste etwa 8 Tage vorher hin, besuchte mit **Zorn** noch etliche Außenplätze, wurde auch da schon, wenn ich mich recht erinnere, dem [dortigen] König [Rajah] vorgestellt und sah allerdings dem Alleinsein mit einiger Bangigkeit entgegen. Denn in der ganzen Stadt und Umgebung verstand niemand Deutsch und nur wenige Personen Englisch. Für den täglichen Verkehr war ich also ganz aufs Tamulische angewiesen. Aber gerade das war sehr vorteilhaft für das Vertrautwerden mit der Sprache. Ich musste eben Tamulisch sprechen und auch, was ja schwieriger war, verstehen, was die Eingeborenen sprachen; allerdings versagte ich, wenn, wie es vorkam, zwei Frauen sich vor mir stritten, da musste dann der Katechet eingreifen. Einen Munschi musste ich hier natürlich auch noch haben und fleißig mit ihm lesen, der verstand aber auch ganz wenig von der englischen Sprache.

---

[263] Vom geknechteten Willen, 1525.

[264] Alfred Funck stand um 1898 in Gesprächen wegen eines evtl. Anschlusses an die Ev.-Luth. Freikirche.

[265] Zu Zucker siehe Anm. 147!

[266] Gemeint sind Geschwüre wie Furunkel u.ä. („Schwären" stammt aus der Lutherbibel, Lk 16,20f).

[267] Zu Grubert siehe Anm. 175! [268] Zu Zorn siehe Anm. 176!

[269] Zu Kahl siehe Anm. 148!

Doch war die Verständigung mit ihm leichter als mit dem in Kudelur, da ich ja schon Fortschritte in der Sprache gemacht hatte, er selbst auch ein klügerer und gewandterer Mann war, als der in Kudelur. Ich hielt mit den auf dem Gehöft wohnenden Christen die Morgen- und Abendandachten, im Gottesdienste zunächst die Liturgie, fing aber dann auch an zu predigen. Aber mit den Heiden zu reden, wagte ich noch nicht; jedoch nahmen mich der Katechet und der Evangelist einmal mit in ein Dorf, wo sie den Heiden predigten, wobei die Erscheinung des weißen Mannes wenigstens den Nutzen hatte, die Leute anzulocken. Und Cornelius sagte dann, indem er auf mich, den weißen Mann wies: „Seht, dieser Mann hat sein fernes Vaterland verlassen und ist in dieses Land gekommen um Euch den Weg zum Himmel zu zeigen!" Und dann predigte er ihnen das Evangelium.

Einmal besuchte ich mit dem Katecheten eine über 20 Meilen entfernte Stadt, in welcher **Zorn** eine Schule eingerichtet hatte, welche inspiziert werden musste. Auf der nächtlichen Rückfahrt durch den Wald wurde der Wagen einmal angehalten von etlichen dunklen Gestalten und einer derselben leuchtete mit einem Windlicht hinein. Als er mich erblickte, rief er seinen Gefährten zu: „Padre!", d.h. der Missionar, worauf sie alle verschwanden. Ob sie auf Beraubung ausgegangen waren oder sich an jemandem rächen wollten, blieb unklar. Mein Begleiter sagte, es seien vornehme Leute, wohl Brahmanen, gewesen. Den Revolver, den mir **Zorn** zur Verteidigung dagelassen hatte, hatte ich zwar auf dieser Fahrt bei mir, aber ehe ich ihn aus der Reisetasche herausgeholt hätte, wäre ich wohl erledigt gewesen, wenn die Leute wirklich etwas Ernstliches mit mir vorgehabt hätten. Den Padre zu belästigen, wagten sie nicht, da der ja unter dem besonderen Schutz des Königs stand und auch die englische Regierung schärfer zugegriffen hätte, wenn einem Europäer ein Leid geschehen wäre.

Weniger Respekt vor dem „Europäer" hatte das Ungeziefer, die Frösche, die an den Wänden in die Höhe krochen und gelegentlich von der Decke fielen (einmal nachts aufs Harmonium, was eine sonderbare Resonanz erzeugte), die weißen Ameisen (Termiten), die die Matten und alles Lederzeug durchfraßen, und die winzig kleinen roten Ameisen, die oft weit her in ganzen Scharen gezogen kamen, wo immer sie ein wenig Zucker oder Öl entdeckt hatten, aber auch das Bett nicht verschonten. Um vor den letzteren die Zuckerdose und alles Eingemachte zu schützen, musste der Speiseschrank (*meatsafe*) in Wassernäpfen stehen und der Diener musste darauf sehen, dass dieselben dann voll Wasser waren, denn war wenig Wasser darin, so stürzten sich die Ameisen doch hinein, und die Leichen der ersten, die ertranken, bildeten eine Brücke, auf der die anderen hinüberzogen.

Anfang April kehrte **Zorn** dann nach Pudukottah zurück, zunächst allein, da seine Frau mit ihrem Söhnlein, dem damals 8 Monate alten Hänschen, bei den Geschwistern **Kahl**[270] in *Trichinopoly* blieb. Da meldeten sich eines Tages zwei deutsche Kaufleute, Schlank und Schmidt & Co., welche die Missionsstation und den König kennenlernen wollten. Wie Zorn dies arrangiert und zu einer großen Affäre ausgestaltet hat, beschreibt er in seinem Buche: „Aus dem Leben eines ostindischen Missionars"[271]. Ich konnte an alledem nur kurze Zeit teilnehmen, da ich am Abend des ersten Tages, des Sonntags, abreisen musste, um den schon erkrankten Missionar **Kahl** pflegen zu helfen. Der König ließ mich zwar mit seinem Pferdewagen 10 Meilen weit fahren, aber der vorausgeschickte Bandiführer fuhr dann doch so langsam, dass ich erst halb neun vormittags in Trichinopoly ankam. Und da trat mir der dortige Katechet mit den Worten entgegen: „Der Missionar ist gestorben!" Schon früh um 5 Uhr hatte ihn Gott von seinem 10 Tage währenden schmerzhaften Leiden (Magengeschwür) erlöst. Es war der Geburtstag seiner Frau, an dem sie das Jahr zuvor Hochzeit gehalten hatten, der 28. Juli 1874. Ein beim Kirchbau beschäftigter Zimmermann fertigte schleunigst einen Sarg an und schon um 5 Uhr nachmittags packten wir denselben in das im Innern der im Bau begriffenen Kirche vor dem Altar gegrabene Grab, nachdem ich im Hause eine deutsche Rede über Röm 6,23[272] gehalten hatte. Von anderen Missionaren konnten nur der in Tanjore stationierte Missionar **Ouchterlony** herbeikommen, **Zorn** kam erst am anderen Morgen; ein laufender Bote hatte ihm, mitten in den Aufzug des Königs hinein, die Todesnachricht überbracht und er fuhr dann die Nacht hindurch nach Trichinopoly.

Dieser ganz unerwartete erschütternde Todesfall hat großen Einfluss auf mein Leben gehabt. Der Kirchenrat hatte beschlossen, dass ich dem Missionar **Kahl** beigegeben werde und dass dieser mich in dem südlichsten Teil der sehr ausgedehnten Station einführen und so die neue Station *Madura*[273] gründen sollte. Nun musste zunächst ich die Aufsicht über den ganzen Bezirk übernehmen, wobei mir der Landprediger Christian, welcher die nördlich von Trichy gelegene Landgemeinde mit dem Pfarrorte Mötugulli schon zu

[270] Zu Kahl siehe Anm. 148!

[271] Carl Manthey-Zorn, Dies und Das aus dem Leben eines ostindischen Missionars, St. Louis/MO. 1895, Kap. 12, S. 131-135.

[272] Röm 6,23: Der Sünde Sold ist der Tod; die Gabe Gottes aber ist das ewige Leben in Christus Jesus, unserm Herrn.

[273] Betont auf der ersten Silbe: Mádura.

Kahls Zeiten selbständig pastorierte und der in Trichy wohnende Katechet zur Seite standen. Meine Einführung in Madura übernahm **Zorn**, mit dem ich im Herbst die erste Reise dorthin machte. Ich musste aber in Trichy wohnen bleiben, bis der zu Kahls Nachfolger bestimmte Missionar **Schäffer** dorthin übersiedeln konnte, was erst im Januar 1875 geschah. Dies hatte nun aber auch Einfluss auf meine Verheiratung. Meine Schwiegereltern hatten, als sie ihre Einwilligung zu unserer Verlobung gaben, mit Direktor **Hardeland**[274] verabredet, dass unsere Hochzeit in Leipzig gehalten werden sollte. Dazu sollte ich im Jahre 1875 nach Deutschland kommen, um dann mit meiner Frau nach Indien zu reisen. Die Reisekosten wollte mein Schwiegervater tragen. Dieser Plan fand freilich, als er in Indien bekannt wurde, wenig Beifall unter den Missionaren. Manche hielten es für gesundheitsschädlich, die Akklimatisation zu unterbrechen. Ich will nicht sagen, dass ich beneidet wurde, aber mir selbst wurde es allmählich peinlich, dass ich einen solchen Vorzug genießen sollte, während meine Brüder, die vielleicht einen Urlaub nötig gehabt hätten, im heißen Klima aushalten und ihre Kräfte verzehren mussten, und ich hatte wohl schon in diesem Sinne an meine Braut geschrieben. Da kam nun **Kahls** Tod als eine Lösung des Konflikts. Denn nun konnte gar nicht daran gedacht werden, dass ich im Jahre 1875 meinen Posten, die neu zu gründende Station Madura, verlassen durfte. Und so willigten denn die Schwiegereltern ein, dass **Anna** allein nach Indien reisen und die Hochzeit in Tranquebar stattfinden sollte, und zwar noch im Winter 1874/75, weil diese Jahreszeit am günstigsten ist und wir nicht noch ein Jahr länger warten sollten. Ich sehe hierin eine besonders gnädige Führung Gottes, denn die im Laufe des Jahres 1875 ausbrechenden Kämpfe mit der Missionsleitung wären mir sehr erschwert worden, wenn es bei dem alten Plan geblieben wäre.

Zunächst musste Missionar **Zorn** mit Hilfe seiner Schwester mir die Stationskasse und die dazugehörigen Akten übergeben und den Nachlass **Kahls** ordnen bzw. verkaufen. Frau Kahl, die guter Hoffnung war, sollte sobald wie möglich nach Deutschland zurückkehren. Dort gebar sie noch im Laufe des Jahres einen Sohn, bei dem sie noch jetzt (Januar 1931) lebt. Nachdem dies alles abgewickelt war und **Zorn** seine Schwester in Madras aufs Schiff gebracht hatte, machten wir beide von Pudukottah aus die Reise nach Madura. Auf derselben besuchten wir in Melur einen amerikanischen Missionar, der uns freilich, weil seine reformierte amerikanische Missionsgesellschaft schon seit Jahren im Maduradistrikt arbeitete, als unberufene

---

[274] Zu Hardeland siehe Anm. 177!

Eindringlinge ansah. Das hinderte ihn jedoch nicht, vor unserem Weggang aus seiner Wohnung auf die Knie zu fallen und ein Gebet zu sprechen, nicht gegen unsere Arbeit, sondern allgemeinen Inhalts. Das kam so plötzlich, dass wir mit niederknieten. Später bot mir ein anderer Amerikaner Kanzeltausch an, um den Heiden zu zeigen, dass wir Christen doch einig seien. Diese Erfahrung und die Notwendigkeit, um der Wahrheit willen solche Gemeinschaft abzulehnen, hat meine Entscheidung in dem Kampfe gegen die Missionsleitung stark beeinflusst.

Meine Einführung in Madura, wo wir nur in einem Rasthause Gottesdienst halten konnten, geschah sehr formlos, indem **Zorn** in dem Gottesdienst auf mich weisend sagte: „Das ist der neue Missionar!" In der Stadt Madura hatten wir damals noch keine Gemeinde, aber ich sollte dort meinen Wohnsitz nehmen, um von da aus die Außenorte zu bedienen, deren waren damals vier: zwei im Norden, Panjampathy bei Binbigil und Ammanpathy bei der Bahnstation A., zwei im Süden, nämlich Nadukatti und Sempatti. Dazu trat mir noch Zorn das von ihm bisher bediente Dorf Mottündi ab, weil es im Maduradistrikt gelegen war, allerdings drei Tagereisen entfernt im Osten.

Nach Trichy zurückgekehrt, suchte ich die lange Zeit unterbrochene Arbeit des seligen **Kahl** nach Möglichkeit fortzusetzen. Ich predigte wohl jeden zweiten Sonntag und hielt auch Christenlehren. Als eine Erbschaft hatte Kahl zwei aus dem Süden (Timmally) stammende Taufkandidaten, die im Gefängnis saßen, hinterlassen, die ich noch einige Male besuchte, und als die Genehmigung zur Vollziehung der Taufe von der Regierung eingetroffen war, auch taufte. Es war ein eigenartiges Gefühl, als die Täuflinge mit ihren Ketten niederknieten und die heilige Taufe empfingen. (Die näheren Umstände dieser Taufe im Gefängnis habe ich in einem Bericht erzählt, der im Ev.-Luth. Missionsblatt[275] 1874 oder 1875 gedruckt ist.)

Nach **Kahls** Tod schrieb ich an meine Braut und deren Eltern, dass der Plan, zur Hochzeit nach Deutschland zu kommen, nicht ausgeführt werden könne, und bat, mir meine Braut womöglich noch im Laufe dieses Jahres herauszusenden, erhielt auch die Zusage mit der Bedingung, dass in Madura eine Wohnung für uns beschafft werden könnte. Deshalb reiste ich nochmals nach Madura und mietete ein Haus, welches sich, da es inmitten der Eingeborenenstadt lag und keine Veranda hatte, als ungeeignet erwies. Doch ich glaubte damals, unerfahren wie ich war, es könne vorerst genügen und telegraphierte nach Leipzig, dass ein Haus gefunden sei. Dies an Mr. **Ewald** adressierte Telegramm kam verstümmelt mit der Anschrift „Mr. Twold" an,

[275] Gemeint ist das Leipziger Missionsblatt.

wurde aber durch die Findigkeit eines Postbeamten doch meinem Schwiegervater vorgelegt. Der Beamte hatte so kalkuliert: Das Telegramm kommt aus Indien. Aus Indien kommt auch Gummi. Mit Gummi handelt die Firma Ewald & Bredt, „Twold" könnte Ewald heißen! Also frage ich Herrn Ewald, ob er ein Telegramm aus Indien erwarte von einem Herrn Otto. Also -! Er hatte es getroffen. (Dass aus Ewald „Twold" geworden war, erkläre ich mir so, dass beim Umschreiben über Teheran und andere Zwischenstationen ein Engländer das E als I gelesen und ein anderer das I in T verwandelt hat.)

Vater Ewald reiste mit Anna nach Berlin, da er erfahren hatte, dass die Berliner Missionsgesellschaft zwei Missionarsehepaare noch 1874 nach Indien senden wollte und verabredete mit dem Missionsdirektor, dass die Reise über Triest gehen sollte, dessen Hafen das nach Bombay bestimmte Schiff am 1. Dezember verlassen sollte. Eine Schwierigkeit schien sich noch einzustellen, da der Nordost-Monsun dieses Jahres große Überschwemmungen verursacht und diese mehrere Brücken der erst im Jahre zuvor eröffneten Eisenbahn von Bombay nach Madras zerstört hatten. Doch versicherten sowohl die Zeitungen, als auch amtliche Stellen, die ich befragte, der Schaden würde bald geheilt und jedenfalls der Bahnbetrieb aufrecht erhalten werden, so dass ich ohne Sorge dem Kommen meiner lieben Braut entgegensehen und mit Senior **Schwarz**[276] und dessen Frau, in deren Haus die Hochzeit ausgerichtet werden sollte, alles verabreden konnte. Sie erklärten sich auch bereit, meine Braut in Bombay abzuholen.

Im Dezember machte ich die erste größere Reise im Madurabezirk und besuchte alle Außenplätze (außer Mottündi). Ich hatte dafür einen Fuhrmann, einen Christen aus der Umgegend von Trichy, engagiert, den ich später fest anstellte und der mir treu ergeben war. Er hieß **Michele** und gehörte zur Kaste der Serwukasar (eigentl. Soldaten, eine niedrige Sudrakaste, die besonders südlich von Trichy wohnt und deren viele röm.-kath. Christen sind). Auch Micheles Familie war katholisch gewesen, daher sein älterer Bruder den Namen Xaver-mutti (nach dem ersten kath. Missionar Xaver) trug; sie waren zur lutherischen Kirche übergetreten. Die Reise ging südwestlich von Trichy aus nach Dindigul, wobei wir nachts einmal durch einen seichten See fahren mussten, dann über die beiden Dörfer Panjampathy und Ammanpathy, in denen je eine Kapelle mit unseren Katecheten waren, nach dem südlich von Madura gelegenen Tirumangalan, wobei wir das etwas unsichere Gebiet der Kaller, einer Sudrakaste, die neben Ackerbau das Drechslerhandwerk betrieben, passieren mussten, in welchem ich mit

[276] Zu Schwarz siehe Anm. 254!

dem Revolver in der Hand dem Wagen voranging, damit die hinter den Bäumen lauernden Räuber sahen, dass ein Europäer dabei sei, an denen sie sich nicht so leicht vergriffen. Von Tirumangalan aus besuchte ich Nadukotti, wo der liebe Katechet David wohnte, und lernte den Zumiondras (Gutsbesitzer) Joggi Niroppa, dessen Bekehrungsgeschichte Missionar **Handmann**[277] beschrieben hat, kennen. David begleitete mich dann noch nach den 17 engl. Meilen [1 engl. Meile=1609 m] westlich von Tirumangalan gelegenen Dörfern Sempatti und Attipati, wo ein Schamar (Palmbauerkaste) im Taufunterricht stand, den ich später taufen durfte. Nachdem ich noch Madura besucht und dem mir beigegebenen Lehrer Adisajan die Obhut über das von mir gemietete Haus befohlen hatte, kehrte ich auf der direkten Straße nach Trichy zurück, wo ich kurz vor dem Weihnachtsfest ankam. Diese Rückfahrt machten wir sehr schnell mit nur zwei Ausruhepausen. Am Nachmittag von Madura abfahrend, fuhren wir die ganze Nacht hindurch 42 engl. Meilen, rasteten nur am Tage und bewältigten die Route in 2 Nachtfahrten. Das war für die Ochsen zu viel, so dass Micheles Bruder ihm und mir Vorwürfe machte. Er hat, fürchte ich, die Ochsen beim nächsten Viehmarkt verkauft!

Während ich so im Ochsenwagen durchs Land fuhr, fuhr meine liebe Braut auf dem Dampfer *Castore* übers Meer nach Indien. Ihre Reise und unsere Hochzeit samt den sich daran schließenden Begebenheiten bis zu unserm Einzuge in Madura (am 3. Mai 1875) habe ich im Hausfreund-Kalender 1930 beschrieben [vgl. Anhang 5]. Ich will daher hier nur einige Einzelheiten nachtragen, die ich dort übergangen habe. Die *Castore* sollte ja Weihnachten in Bombay eintreffen. Daher war Senior **Schwarz** mit seiner Frau schon vor dem Fest abgereist und machte freilich schon auf der Hinreise die Erfahrung, dass es mit dem Durchgangsverkehr noch recht übel bestellt war. Ich wartete von Weihnachten an täglich auf das Telegramm, das mir die Ankunft des Schiffes melden sollte. Endlich am Neujahrstage traf es während des Vormittagsgottesdienstes ein. Da es den 29. Dezember als Ankunftstag meldete, eilte ich, um mit dem nächsten Zug nach Erode zu kommen, wo die Reisenden umsteigen mussten. Denn ich glaubte, sie müssten dort mit dem Tagesschnellzug eintreffen. Doch musste ich bis zum 3. Januar morgens warten. Die Zwischenzeit nutzte ich am 2. Januar zu einem Besuch des Missionars **Sandgren**[278] in Crimbatore, dem eben ein Söhnlein geboren war.

Wir fuhren nun bei Trichy vorbei über Tanjore nach Nagapatum und freuten uns nicht nur unseres Zusammenseins nach so langer Trennung,

[277] Zu Handmann siehe Anm. 252!

[278] Zu Sandgren siehe Anm. 149!

sondern auch dessen, dass meine Braut mit so lebhaftem Interesse all die neuen Eindrücke aufnahm, die das Wunderland Indien ihr bot. Am Nachmittag fanden wir bei Missionar **Grubert**[279] freundliche Aufnahme, mit denen auch **Anna** ja von Leipzig so befreundet war, da Alfred Grubert 8 Jahre lang im Missionshause gelebt hatte und Frau Grubert vor ihrer Rückkehr zu ihren Eltern Leipzig besucht hatte. Während wir in Tranquebar weilten, war Missionar **Schäffer**[280] zunächst ohne Familie nach Trichy gekommen und ich hatte nun nach unserer Hochzeit mit ihm die Stationssachen abzuwickeln und außerdem die Versendung meiner von Frau Missionar **Kahl** gekauften Möbel (Bettstellen, Tische, Stühle, Schränke) nach Madura zu veranlassen. Da die Bahn nach Madura noch nicht eröffnet war, musste alles auf dem kleinen zweirädrigen Ochsenkarren befördert werden. So waren unsere Flitterwochen recht unruhig. Sie wurden aber noch mehr dadurch getrübt, dass ich gleich nach unserer Ankunft in Pudukottah krank wurde. Da hat wohl bei der überaus freundlichen Aufnahme und Behandlung, die wir bei **Zorns** erfuhren, meine liebe Anna stark an Heimweh gelitten, was sie zwar mich nicht merken ließ, aber was wohl in ihren ausführlichen Briefen nach Leipzig zu Tage getreten ist. Es kam auf Umwegen Zorns zu Ohren, dass sie „todunglücklich sei" und er schrieb uns deshalb, als wir schon in Madura waren, einen Brief über das Heimweh, der noch bei unseren Hochzeitsglückwünschen verwahrt ist.

Aus den mancherlei Erlebnissen während unseres Aufenthaltes bei Zorns will ich erwähnen, wie ich zu der noch vorhandenen Rajah-Uhr gekommen bin. Als der Rajah einen Abend bei Zorns im Missionshaus zubrachte, zeigte ich ihm meine Taschenuhr, die ohne Uhrschlüssel aufgezogen werden konnte, da an dem Zapfen Ringe befestigt waren, die aufgeklappt wurden, um den Zapfen zu drehen. Das war damals, wo es noch keine Rementoir-Uhren gab, eine große Seltenheit, die den auf Uhren besonders versessenen Rajah so begeisterte, dass er **Zorn** erklärte, diese Uhr müsse er haben. Ich wollte mich nicht gern von ihr trennen, da ich sie von meinem Patenonkel **Otto Hünigen**[281] erhalten hatte. Aber Zorn befürchtete, das freundschaftliche Verhältnis des Königs [Rajah] zu ihm, welches der Mission sehr zustatten kam, könne getrübt werden, wenn derselbe die Uhr nicht bekomme. So entschloss ich mich denn, der Mission das Opfer zu bringen, freilich mit der Bedingung, dass ich eine andere dafür bekäme, da ich ja ohne Taschenuhr nicht sein konnte. Darauf erhielt ich denn, nachdem

[279] Zu Grubert siehe Anm. 175!
[280] Zu Schäffer siehe Anm. 257!
[281] Zu Hünigen siehe Anm. 17!

ich meine Uhr dem König „geschenkt" hatte, die gewiss wertvollere Uhr mit Kette und Ban [?] geschenkt. Ein Hofbeamter überbrachte sie mir mit einem königlichen Handschreiben. Ob ich dem Überbringer dafür einen Backschisch[282] gegeben habe, weiß ich nicht mehr, vermute es aber, denn ohne dies geht's im Orient nicht ab, es ist auch für Hochgestellte keine Schande, so etwas anzunehmen.

Von der Enttäuschung, die wir bei unserer am Abend des 3. Mai [1875] erfolgten Ankunft in Madura erlebten, habe ich bei der Hochzeitsreise berichtet, aber auch, wie wir uns darein geschickt und unser Haus bald ganz gemütlich eingerichtet haben. Eine genaue Beschreibung mit Zeichnung, die wir nach Leipzig schickten, hat Schwager **Paul** [**Ewald**[283]] benutzt, um aus Zigarrenkistenholz die ganze Murton Butteray herzustellen, die Euch Kinder oft erfreut hat, aber dem Zahn der Zeit zum Opfer gefallen ist.

Zur Führung unseres Haushaltes bedurften wir, dem Klima und den Gewohnheiten des Landes entsprechend folgende Dienerschaft: **1.** und **2.** der Koch Joeschen mit seiner Frau, die ihm bei der Zubereitung der Mahlzeiten zur Hand ging, während er die Einkäufe besorgte und am Herd hantierte. **3.** den Hausdiener, Möti oder Boy, der die Zimmer in Ordnung zu halten, abzustauben und bei Tisch aufzuwarten hatte, mich auch auf meinen Amtsreisen meist als Koch begleitete. Sein Name ist mir nicht mehr erinnerlich, ebenso weiß ich nicht, ob er verheiratet war. Diese drei waren Parias[284]. **4.** der Bandykare oder Fuhrmann Michele, ihm gehörten die Ochsen als Eigentum, doch hatte ich für das Futter zu sorgen. Die Vorgenannten wohnten auf dem Grundstück in dem etwa 30 Meter vom Hauptgebäude entfernten Küchengebäude, in der Nähe desselben war auch der Stall für die Ochsen und die Schweine, die sich Michele hielt. **5.** der Tatocarcus oder Gärtner, dessen Funktion es war, zweimal am Tage die tönernen Wasserkrüge im Badezimmer zu füllen, bei den Mahlzeiten und wenn etwa Besuch kam, ein sehr seltenes Ereignis! – die Pauka, die im Salon und im Esszimmer an der Decke befestigten Windfächer zu ziehen und im übrigen auf Ordnung im Garten und Gehöft zu sehen, wobei seine Kinder, die gern unter den Kokospalmen spielten und sich balgten, die meiste Unordnung machten. Von ihm stammt der oft erzählte Ausspruch: „Das sind doch nur Mädel (Pongullagal)", den er tat, als meine Frau ihn fragte, wie viel Kinder er habe, und er geantwortet hatte: „Eins!" Denn er hatte nur einen Sohn, die Mädel zählte er nicht! Er, wie auch der **6.**, der Wächter (Kawelkaran), wohnte nicht

[282] Trinkgeld.

[283] Paul Ewald war später Prof. für AT in Erlangen.

[284] Parias = eigentlich Kastenlose der untersten sozialen Schicht.

auf dem Grundstück. Sie gehörten beide der Kellakaste an. Der Wächter sollte, besonders wenn ich verreist war, auf der Veranda schlafen, tat das aber nicht immer, garantierte mir aber für die 4 Rupien Monatsgehalt, die er bekam, dass nichts gestohlen würde, und brachte mir, als wirklich einmal etwas von der Veranda weggekommen war, das Vermisste wirklich zurück.

Diese 6 Personen waren regelmäßig um uns. Außerdem kam ein Milchmann, ein Brotmann und ein Wäscher, der erstgenannte täglich, zu bestimmten Zeiten ins Haus, und natürlich auch ein Tatitschi, das ist eine Frau aus der noch unter den Parias stehenden Tatikaste, die unseren im Waschzimmer befindlichen Nachtstuhl reinigte (es gab – damals wenigstens – kein WC in den Bungalows der Ausländer). Die Eingeborenen gehen in früher Morgenstunde aufs Feld bzw. an einen Teich. Die Kosten für diese Dienerschaft waren mäßig, sie schwankten zwischen 8 und 4 Rupien im Monat, nur der Bandykare bekam 20 Rupien für sich und die Ochsen, denen wir aber das Futter, das er wohl kaufte, täglich zumessen ließen. Das besorgte der Gärtner, der jeden Abend vor meiner Frau die bestimmte Zahl des Maßes abzählte, es waren Linsen, deren Duft, wenn sie gekocht wurden, oft bei ihr das Verlangen nach dem heimischen Gericht erweckte, da ihr der tägliche Cueey [?] nicht schmeckte. Der Koch und seine Frau und der Boy aßen wohl mit von dem, was für uns zubereitet wurde, bei den anderen, da sie Sudras waren, war das ausgeschlossen. Die Küche enthielt einen aus Lehmziegeln gemauerten Herd, doch nicht mit einem Feuerloch, sondern einer Anzahl Feuerstätten obendrauf. Dieselben bestanden aus je zwei auf die schmale Kante gesetzten Ziegeln, zwischen denen ein offenes Feuer brannte. Die Töpfe waren unten rund, so dass sie auf den Ziegeln fest stehen blieben. Der Rauch zog durch die über dem Herd befindliche Öffnung ab. Mit der Kocherei hatte meine Frau kaum mehr zu tun, als dass sie nach dem Frühstück mit Joseph besprach, was gekocht werden und was er dazu einkaufen sollte, und nach seiner Rückkehr vom Markt die Einkäufe besichtigte. In die Küche zu gehen, verbot sich durch die brennende Sonne, es hätte auch wenig Zweck gehabt, da sie die Kochkünste der Inder nicht verstand. Doch wäre das wohl, wenn sie sich an das Klima und die Weise des Volkes gewöhnt haben würde, bei längerem Aufenthalte im Land anders geworden.

Unser Tageslauf gestaltete sich in der Regel folgendermaßen: Bald nach 6 Uhr stand ich auf, nahm ein Bad (das geschah durch Übergießen mit Wasser aus der am Abend vorher vom Gärtner in das Badezimmer gebrachten Krüge, in denen, da sie aus porösem Ton waren, das Wasser in der Nacht sich etwas abkühlte) und sorgte dann, dass meine Frau etwas Tee bekam. Wenn sie gesund war, badete sie dann auch und wir nahmen nach dem Ankleiden unser Frühstück, welches aus Kaffee, Appa (Reiskuchen) mit Gelee oder Jam, gekochten Eiern, Brot und Butter bestand, gemeinsam ein. Dann hielt ich auf der vorderen Veranda, wo das Harmonium stand, mit den Dienstboten tamulische Andacht. Während meine Frau mit dem Koch verhandelte und sich im Haus zu schaffen machte oder Briefe schrieb, arbeitete ich in meiner an den Salon stoßenden Studierstube oder hatte mit Besuchern zu verhandeln. Gegen 12 Uhr nahmen wir ein zweites Frühstück ein (kaltes Fleisch vom Vortage mit Tee), legten uns dann zu Bett und nahmen nach der Ruhe wieder ein Bad. Dann gab es etwa um 3 Uhr das Dinner, bestehend aus Suppe, Reis mit Curry, gebratenem Hammelfleisch und irgendeinem Gemüse mit sehr wenig Kartoffeln, denn diese Frucht wächst in Indien nur auf den Bergen und war daher, wenigstens damals, sehr teuer. Dann wurde auf der Veranda Kaffee getrunken und bei gutem Wetter und Befinden nach 5 Uhr ein Spaziergang auf der Straße gemacht, manchmal auch eine Ausfahrt nach dem schönen Europäerviertel mit einem schönen Teiche. Der Abend bricht in Südindien schnell herein, um 7 Uhr ist es schon ganz finster. Wir aßen etwa um 7 Uhr zu Abend und saßen noch bei Windlichtern auf der Veranda oder im Salon, da wohl mit einer Petroleumlampe, die wegen ihrer weißen Milchglasglocke von den Eingeborenen „Moonlight" genannt wurde, die aber natürlich, wenn die Panka [?] gezogen wurde, verlosch. Dann hielten wir beide noch im Studierzimmer, wo die Lampe ruhig brannte, deutsche Andacht und suchten unser Schlafzimmer auf, nachdem wir auf dem flachen Dach noch den Sternenhimmel betrachtet oder bei Mondschein die wunderbar glänzenden Wipfel des unser Haus umgebenden Kokospalmenhaines bewundert hatten.

In unserem Schlafzimmer waren wir übrigens nicht ganz allein. Und damit komme ich auf die uns umgebende Tierwelt. Das Zimmer hatte, wie das ganze Obergeschoss keine flache Decke, sondern nur das spitze Stroh- und Palmblätterdach, doch war, um das Herabfallen von Stroh und Schmutz zu verhindern, ein zeltartiger dünner weißer Stoff darunter befestigt. Zwischen diesem und dem Strohdach ging es oft lebhaft zu, es trieben die Ratten ihr Unwesen, und es wurde mir gesagt, da müssten auch Schlangen sein. Gesehen habe ich von letzteren nichts. Dass Ratten da waren, und zwar nicht nur über dem Zeltdach, sondern auch im Zimmer selbst, merkten wir an den Spuren, die sie hinterließen beim Beknabbern des auf dem Nachttisch stehenden Stearinlichtes. Wir stellten Fallen auf, aber die mieden sie, nur einmal hat sich eine Ratte das eine Hinterbein in ein Fangeisen geklemmt, war aber noch stark genug, das Eisen hinter sich her zu schleppen, nur über die Schwelle zum Vorraum konnte sie nicht und so wurde sie wirklich gefangen und vom Koch erschlagen. Ihre Leiche haben die Krähen bald fortbesorgt. Eine sehr große Ratte, fast so groß wie eine Katze, kroch jeden Abend von der inneren Verandawand hinauf nach dem Badezimmer. Unter dem Zeltdach hingen sich Fledermäuse an, die wohl in der Zeit, da das Haus nicht bewohnt war, dort heimisch geworden waren. Sie ließen sich selbst durch einen Schuss aus meinem Revolver nicht vertreiben, störten uns auch nicht weiter, da wir gegen ihren Schmutz durch die Baldachine über unsern Betten, an dem die Moskitonetze befestigt waren, geschützt waren. Im Erdgeschoss fanden sich, da die Türen nach der Veranda am Tage meist offen standen, oft Eidechsen ein, die besonders gern in meine Studierstube kamen, aber auch eine Schlange fand ihren Weg bis in den Salon. Und einmal als ich verreist war, entdeckte die Kochfrau, die sich dann abends immer in der Nähe meiner Frau aufhalten musste, ganz in ihrer Nähe einen schwarzen Skorpion, dessen Biss oder Stich tödlich sein soll. Sie riss meine liebe Anna schnell zurück und rief die Männer herbei, die das Tier mit einer eisernen Stange erschlugen. Wilde Tiere sind uns sonst nicht zu nahe gekommen, auch keine Schakale, die sowohl in Kudelur als auch in Pudukottah nachts oft bis an die Fenster des Missionshauses kamen. Einmal besuchte uns ein Elefant, der im Garten vor der Veranda seine Künste produzierte, wofür sein Führer dann Geld sammelte.

Da meine liebe Anna noch etliche Anfälle von Dopserteern[?] hatte und überhaupt großer Schonung bedurfte, konnten wir nicht daran denken, gesellschaftlichen Verkehr mit englischen Beamtenfamilien und den amerikanischen Missionaren, die übrigens am anderen Ende der Stadt wohnten, zu suchen. Doch machte ich einen Pflichtbesuch bei dem Kollektor, dem obersten Staatsbeamten, den er, und zwar mit seiner Gemahlin, die wohl die Neugierde dazu bewogen hatte, erwiderte. Infolge davon erhielt ich, als der Prinz von Wales, der spätere König **Eduard VII.**, Madura besuchte, die Aufforderung, dem feierlichen Empfang, der ihm bereitet wurde, beizuwohnen, was ich natürlich tat. Doch fand keine persönliche Vorstellung statt. Am Abend aber gab es ein Feuerwerk bei dem schönen mit weißen Steinmauern eingefassten Teiche in der englischen Kolonie, zu dem wir fuhren. Im übrigen beschränkte sich unser Besuch auf die eingeborenen Christen aus der Stadt und den Außenplätzen. Unter ihnen kam Yogi Surapper verhältnismäßig oft zu mir, um allerlei zu fragen, auch zu diskutieren, wozu er sehr geneigt war. Er verehrte übrigens meine Frau sehr und meinte, sie habe ein Madonnengesicht, womit er nicht unrecht hatte.

Hiermit komme ich zu meiner *Amtstätigkeit*. Diese bestand vornehmlich in der Pastorierung der Gemeinde und der Beaufsichtigung der Gehilfen, d.h. der Katecheten und Lehrer, die an den verschiedenen Plätzen angestellt waren. Von eigentlicher Missionstätigkeit, von Heidenpredigt konnte noch nicht die Rede sein, da ich die tamulische Sprache noch zu wenig beherrschte. Die Gemeinde in der Stadt Madura bestand nur aus einigen aus alten Gemeinden dahin übergesiedelten Familien und Einzelpersonen, darunter ein Mann aus höherer Sudrakaste, der als B.A. (Bachelor of Arts) an einer Highschool (etwa einer Realschule) als Lehrer angestellt war. Unsere Gottesdienste hielten wir die ersten Sonntage nach meiner Ankunft im Vorzimmer unseres Obergeschosses. Dann aber mieteten wir ein Haus in der Eingeborenenstadt dafür, doch fanden die Gottesdienste nicht im Innern des sehr engen Hauses statt, sondern unter einem Pandel vor dem Hause, d.h. unter einem auf Bambusstämmen ruhenden Dach von Palmblättern, unter dem die Gemeindeglieder auf Matten saßen, für meine Frau aber ein Lehnstuhl bereit stand. Ich benutzte ein kleines Zimmer als Sakristei, vor dem eine Kanzel errichtet war. Es war da so heiß, dass der schwarze Chorrock [Talar] auf der Hand abfärbte. (Später haben die Missionare z.T. weiße Chorröcke getragen, wie die eingeborenen Pastoren.) Ich predigte frei, benutzte aber zur Vorbereitung meist **Walthers**[285] Evangelienpostille, die ich, um mich in der Sprache zu üben, teilweise übersetzte. Anfang 1876 mieteten wir ein luftigeres Haus für die Gottesdienste, so dass wir innerhalb desselben zusammenkommen konnten.

Wenn ich sonntags auswärts sein musste, hielt der Katechet oder der Lehrer Lesegottesdienst. Derselbe assistierte auch bei meinen Gottesdiensten als Vorbeter und Vorsänger. Es wurde jeder Gottesdienst von ihm mit einem vorgelesenen Gebet eröffnet, eine Sitte, die wohl von Dänemark hier in die indische Mission gekommen ist, wenigstens besteht in der Martinskirche in Kopenhagen[286] noch heute dieser Brauch, dass ein Vorsteher zuerst ein Gebet liest. Da der Gottesdienst in der Zeit zwischen 9 und 11 am Vormittag stattfand, fuhren wir in unserer Stadtkutsche hin und zurück. Denn es galt für Neuangekommene für unmöglich, einen Weg von etwa ¼ Stunde in dieser Tageszeit zu Fuß zurückzulegen, trotz Sonnenhut und Sonnenschirm. Ich hatte außer dem für die Reisen im Bezirk nötigen Bandy, dem einfachen

[285] Zu Walther siehe Anm. 12!

[286] Gemeint ist die älteste Gemeinde der Dänischen Ev.-Luth. Freikirche, gegründet 1855 durch Niels Pedersen Grunnet.

zweirädrigen Karren mit Palmmattenplane, für den Verkehr in der Stadt eine Kutsche kaufen müssen, die auch nur auf zwei Rädern ruhte, aber ein richtiges Verdeck und innen Sitze hatte. Auch sie wurde von zwei Ochsen gezogen, die vorher angespannt werden mussten, ehe man den Wagen von hinten bestieg, weil sonst die Deichseln hochgegangen wären. Für meine liebe Frau war es sehr angenehm, dass wir die deutschen Melodien sangen, auf die Weise wie der hochbegabte Missionar **Fabricius** (geb. 1791), der auch die Bibel ins Tamulische übersetzt hat, unsere schönen Kirchenlieder in tamulische Verse gebracht hat. Der Predigt konnte sie ja anfangs noch nicht folgen, sie las da meist eine Walthersche Predigt. Im übrigen hatte ich in der kleinen Stadtgemeinde wenig Arbeit.

Ein Ärgernis, welches der B.A.-Lehrer gegeben hatte, machte mir viel Not und ich konnte, da die Gemeinde noch nicht reif genug, ich selbst auch noch zu unerfahren war, das nötig gewordene Kirchenzuchtsverfahren nicht zum Abschluss bringen, sondern musste es meinem Nachfolger überlassen. Ohne mein Zutun wurde mir durch den Lehrer eine Heidin zugeführt, die mit ihrem etwa siebenjährigen Söhnlein die Taufe begehrte, sie war eine Witwe eines Parias von auswärts. Ich habe sie lange unterrichtet, anfangs schien sie mir ganz stumpf zu sein und ich hatte wenig Zutrauen und Hoffnung. Aber allmählich zeigte ihr Auge und Gesicht lebhafteres Interesse, sie erkannte, dass sie eines Heilandes bedarf, und als ich meinte, dass sie von Sünde und Gnade, vom Glauben an Christus und von der Pflicht, einen christlichen Wandel zu führen, einige Erkenntnis habe, wagte ich es, ihr und ihrem Söhnlein die heilige Taufe zu erteilen. Aber dann sah ich, dass ich mich getäuscht hatte. Denn sie verschwand, obgleich sie Arbeit in einer Ziegelei gefunden hatte, mit ihrem Söhnlein, nachdem beiden je ein Taufkleid gegeben worden war. Es war nämlich Sitte, armen Täuflingen ein Taufkleid zu schenken, und das machten sich manche zunutze, besonders bei jungen noch unerfahrenen Missionaren und ließen sich mehrere Male taufen. Doch hatte ich ja auch den Lehrer um sein Urteil gefragt und die Frau vor der Gemeinde geprüft, konnte mir also nicht viel Vorwürfe machen. Aber ernüchternd wirkt freilich eine solche Erfahrung.

Eine andere Erfahrung ließ mich einen Einblick tun in die Praxis der Papstkirche. Eine alte Witwe unserer Gemeinde hatte einen Knaben bei sich, den Sohn ihrer Tochter, die an einen Katholiken verheiratet war und früh gestorben war. Der Knabe musste daher zum römischen Priester in den Unterricht gehen. Was er da lernte, konnte die Großmutter nicht verstehen und zeigte mir daher den Zettel, auf dem es geschrieben war. Da las ich zu meiner höchsten Verwunderung, dass das Vaterunser, aber in lateinischer Sprache nur mit tamulischen Buchstaben darauf geschrieben war. Also, die armen Kinder lernten, ohne zu wissen, was es bedeutete, die lateinischen Vokabeln des Pater-Noster und mussten sie, ohne sie zu verstehen „beten", ganz wie die Heiden ihre Mantras (Zauberformeln) herbeteten!

Die Aufsicht über die Missionsdiener übte ich auf zweifache Weise aus, erstens in monatlichen Zusammenkünften, wobei etwas Lehrhaftes besprochen wurde, ihre Berichte angehört und ihnen ihr Geld ausgezahlt wurde. Die Hutten-Tage [?] waren für mich sehr anstrengend, da nach stundenlangen gemeinsamen Verhandlungen gewöhnlich jeder Einzelne noch private Anliegen vorzubringen hatte, so dass ich ohne Unterbrechung bis in den späten Nachmittag beschäftigt war. Zweitens, und das war meine Hauptarbeit, bereiste ich den Distrikt, wobei ich an jedem Orte Predigt, Beichte und Abendmahl hielt, die Beichte meist so, dass ich nach kurzer Einleitung katechetisch vorging. In Panjampathy und Ammanpathy hatten wir Kapellen, am letzteren Orte war die Wohnung des Katecheten unter demselben Dach, was zur Folge hatte, dass auch ungebetene Gäste aus der Wohnung in die Kapelle, in der ich schlafen musste, kamen und mich nachts belästigten. Solche Gäste (Wanzen) las man freilich auch auf der Eisenbahn auf, die ich nach der im Sommer 1875 erfolgten Eröffnung der Strecke Trichy-Madura für meine Besuche in den nördlichen Gemeinden benutzen konnte.

In Ammanpathy war unsere größte Gemeinde, da hatten aber auch die reformierten Amerikaner eine Kapelle und es besuchte mich dort außer dem Missionar auch der Katechet, dem ich ein englisches Exemplar des Dietrich'schen Katechismus[287] borgte, damit er die lutherische Lehre kennenlernen möge, ich habe es nie zurückerhalten. Der auffallendste Unterschied zwischen den Reformierten und uns war, dass jene gegen Alkohol und Betelkauen[288] (was bei den Indern anstelle des Rauchens leidenschaftlich geübt wird) eiferten und das Brechen der Kaste zum Gesetz machten. Wie das letztere zur Heuchelei führt, erzählte mir ein Gemeindeglied, das von den Amerikanern zu uns gekommen war. Er sagte, er habe freilich mit dem Missionar Beafsteak gegessen und Tee getrunken – das war der Test, dem er sich unterziehen musste -, aber dann seinen Kastenleuten gesagt, das habe er nur dem Turu (dem Herrn) zu Gefallen getan und darum sei er nicht ausgestoßen worden. Denn auch die Inder erkennen den Grundsatz gern an, dass Herrendienst vor Gottesdienst geht.

---

[287] Der Katechismus der Missourisynode, der vor dem Schwanschen Katechismus verwendet wurde (bis ca. 1900).

[288] Kautabak, ein Opiat enthaltend.

Übrigens ist das Kastenwesen zweifellos ein schweres Hindernis in Indien, aber es darf nicht durch äußerlichen gesetzlichen Zwang bekämpft, sondern muss innerlich überwunden werden. In meinem Bezirk machte es mir wenig Not. Wir hatten nur in der Stadt Parias, an den Außenplätzen bestanden die Gemeinden meist aus Leuten derselben Sudrakaste (Servikarer oder Kella oder Schamers). In Ammanpathy brach Ende 1875 die Cholera aus, wodurch ich veranlasst wurde, am 6.1.[1876] dorthin zu fahren und am 7.1. den Kollektor in Dindigul aufzusuchen und ihn um Sendung eines Heilgehilfen nach dem Dorf zu bitten. Während dieser Abwesenheit starb dem Lehrer ein Kind, für welches ihm Anna eine unserer alten Kisten zu einem Sarge suchen musste, da es noch am 7.1. begraben werden sollte. Dabei setzte sie sich dem hellen Mondschein aus und hätte leicht Schaden leiden können, wenn nicht die Frau des Kochs ihr nachgelaufen wäre und den Kopf mit einem Tuch bedeckt hätte. Der Mond scheint ja in den Tropen so hell, dass er wirklich sticht und Kopfschmerzen verursacht, ich habe einmal bei Mondschein einen ganz fein geschriebenen Brief gelesen.

Im südlichen Bezirk meiner Parochie war der Katechet dauernd mein Helfer und Berater. Er stammte nicht wie die meisten Katecheten aus altchristlichen Familien, sondern war noch Heide gewesen, und aus Überzeugung Christ geworden. Als er diesen Schritt tat, hätte sich sein bester Freund fast von ihm losgesagt, doch blieb er ihm treu mit der Verabredung, dass von Religion nicht gesprochen werden dürfe. Als aber **David** ihm einmal ein gedrucktes Blatt mit den 10 Geboten zu lesen gab, war der heidnische Freund sehr begeistert von dieser Weisheit und aufs höchste verwundert, dass dies ein Stück des von ihm so verhassten Christentums sei. David genoss auch bei den Heiden solches Vertrauen, dass sie ihm ohne Quittung Geld zur Aufbewahrung übergaben, und wo er vorsprach, war er willkommen. Als uns bei einer Fahrt nach Allipathi auf dem recht holprigen Wege das Joch zerbrach, das auf dem Nacken der Ochsen liegend, mit der Deichsel verbunden, die Zugkraft der Tiere auf den Wagen überträgt, ging er ins nächste Dorf und erbat sich von einem heidnischen Bauern ein Joch. Derselbe ließ mir sagen: Er wäre auch bereit, mir Ochsen zu leihen oder Reis zu senden, wenn ich dessen bedürfte. Letzteres war nicht nötig, mein Boy hatte mir inzwischen auf freiem Felde mein Abendbrot bereitet. Dadurch angelockte Heiden fingen ein Gespräch mit mir an und David bezeugte ihnen mit mir in sehr freundlicher und eindringlicher Weise, dass Jesus auch ihr Heiland sei.

Anna Willkomm (geb. Ewald)

In seinem [Davids] Hause in Nadukotti war ein Raum durch einen aus Lehm gebauten Altar an einer Außenwand zum Gottesdienst eingerichtet. Als ich einmal dort predigte und das heilige Abendmahl austeilte, fehlte der Gemeinde Yops Leraappen, denn er war krank. Er ließ mich aber bitten, ihm in seinem Hause das Mahl zu reichen. So ging ich denn nach vollbrachtem Gottesdienst mit David nach dem etwa eine lange Meile entfernten Kilkotta zum Gute des Gemeinderates. Das war freilich ein recht unscheinbares Gehöft, aus Lehmziegeln gebaut und mit Palmblättern bedeckt. Auf der Veranda bei dem Haupteingang lehnte der Kranke auf einer Matte, auf die andere Seite des Eingangs setzte ich mich. Die Veranda hatte etwa Sitzhöhe, der Eingang zur Tür war ohne Stufen. Und zwischen uns wurde eben in diesen Torweg ein Korb umgekehrt aufgestellt und auf denselben ein Brot gelegt, worauf ich ein weißes Tuch breitete und die Abendmahlsgeräte ordnete. Hinter dem Gemeinderat saßen eine Anzahl seiner heidnischen Verwandten und das gab David Anlass zu einer Heidenpredigt und mir Gelegenheit, auf allerlei Fragen zu antworten. Dadurch zog sich der Aufenthalt ziemlich in die Länge und ich musste, nachdem ich durch einen Becher Milch erquickt worden war, den etwa ¾ -stündigen Rückweg zu dem Rasthause, in dem ich untergekommen war, in der heißesten Zeit des Tages gehen, bin aber dabei durch Gottes Gnade vor jeglichem Schaden bewahrt geblieben; ich war ja auf dem Wege meines Berufes!

In dem etwa 17 englische Meilen [1 engl. Meile=1609 m] von Tirummanpalan entfernt liegenden Allipathi hatten wir eine Kapelle, die ich bei meiner Ankunft schön gesäubert und geschmückt fand. Die Säuberung des an jeder der zwei Längsseiten mit zwei Fenstern versehenen länglich viereckigen Lehmhauses war durch flüssigen Kuhdünger, der alle Insekten vertreiben soll, geschehen und der Schmuck bestand darin, dass auf jede Fensterbank ein kleiner runder Kuchen festen Kuhdüngers mit einer Blume in der Mitte lag. Ländlich, sittlich! Zum Verständnis dieser Sitte diene, dass die Kuh in Indien den Heiden als heiliges Tier gilt, und daher auch den Christen alles, was von der Kuh kommt, wertvoll und ehrbar erscheint. In dieser Kapelle schlief ich des Nachts vor dem aus Lehmziegeln gebauten, mit einem Kreuz (ohne Kruzifix) versehenen Altar auf meiner Matratze, die mir auch im Bandi[-karren] als Lager diente. Der Gottesdienst wurde bei offener Tür gehalten, durch die gelegentlich auch einmal eine Ziege hereinguckte, was aber so wenig störte, als wenn ein Kind zur Mutter lief, um aus ihrer Brust Milch zu trinken. (Die Frauen stillen, wenn es geht, ihre Kinder wohl 3 Jahre lang.)

Dort habe ich dann auch den früher erwähnten [...] und zwar auf den Namen Abraham getauft, er ist hoffentlich treu geblieben. Aus dieser Gegend stammte auch ein junges Mädchen Tisovian mit ihrem Christennamen, die durch Davids Zeugnis als einzige in ihrer Familie sich zu Christus bekehrte und darüber geschlagen und an den Haaren zum Götzen geschleppt wurde, wobei sie nur immer rief: „Ich bin eine getaufte Christin!" Es gelang ihr, aus dem Elternhaus zu entfliehen, und dann ging sie den weiten Weg nach Trichinopoly (150 englische Meilen) zu Fuß zu Missionar **Kahl**[289]. Als Katechet David ihr einen christlichen Mann verschaffte, habe ich sie mit 25 Rupien ausgestattet, denn ich galt als ihr „Vater", da ich Kahls Nachfolger war.

Der von Pudukottah abgezweigte Außenort Mottündi gehörte zwar zum politischen Madura-Distrikt, war aber ziemlich entfernt von der Stadt Madura. Ich hatte den Ort übernommen in der Hoffnung, später auf den 3 Tage dauernden Reisen dorthin Heidenpredigt betreiben zu können. Ich habe aber nur einmal die Reise gemacht und meine Nachfolger haben dort wohl auch nicht viel gewirkt, denn die sehr erfreuliche Ausbreitung des Missionswerkes ist im Südwesten des Madura-Distrikts erfolgt, wo eine neue Station Pecuinda entstanden ist.

Die Fahrt nach Mottündi, auf der ich außer Kochgeschirr und Nahrungsmitteln auch eine große Flasche mit Trinkwasser mitnahm, ging 2 Tage- bzw. Nachtfahrten auf schöner Straße, die letzte Nacht aber auf Dorf- bzw. Feldwegen. Die Leute in Mottündi waren noch sehr zurück in der Kultur, auch die Weiber waren meist nur mit dem Lendentuch bekleidet. Die Gegend hatte damals seit 12 Monaten keinen Regen gehabt, so dass der beim Dorf gelegene Teich bis auf eine braune Pfütze ausgetrocknet war. Da mein Koch, weil das Trinkwasser knapp war, mit Wasser aus diesem Teich meinen Tee kochen musste, bekam ich Fieber, welches nach dem Chinin, das mir ein englischer Ingenieur, den ich in einem Rasthause traf, gegeben hatte, nicht wich; erst als ich nach 7 Tagen heimkam, nahm ich Aconit aus unserer homöopathischen Apotheke und geriet in einen gesunden Schweiß, bei dem das Fieber wich. Doch musste ich dankbar sein, dass Senior **Schwarz**[290], der zur Visitation kam, mir die Predigt abnahm.

---

[289] Zu Kahl siehe Anm 148!

[290] Zu Schwarz siehe Anm. 254!

Kapitel 11: Mein Scheiden aus der Mission

Zwar hat über dieses so tief in mein Leben einschneidende Ereignis mein Freund und Kampfgenosse D. **Zorn**[291] in seiner Broschüre „Nothgedrungene Rechtfertigung"[292], sowie in seinem Buche „Aus meinem frühen Amtsleben"[293] ausführlich berichtet und Rechenschaft gegeben. Aber ich möchte doch meine innere Stellung dazu und den mich und meine liebe Anna betreffenden Hergang noch selbst schildern. Meine innere Stellung ergibt sich aus meiner religiösen und theologischen Entwicklung.

Mein lieber Vater hatte uns großen Respekt vor Gottes Wort beigebracht, und dieser ist uns erhalten geblieben auch in der Zeit meines Gymnasiallebens, in der ich, wie ich leider bekennen muss... [Textlücke] und nur äußerlich die kirchlichen Gebräuche mitmachte. Als ich dann während der Universitätszeit zum Glauben kam, galt es als selbstverständlich, dass Gottes Wort die unbedingte Richtschnur meines Glaubens und Lebens sein müsse. Dann wurde ich durch meinen Freund und Leibburschen G. **Stöckhardt**[294] bestärkt, der meine theologische Richtung nach der positiven Seite hin lenkte. Dazu kam, dass gerade in der Zeit meines Universitätsstudiums die Frage, ob Konfession oder Union, unter uns lebhaft erörtert wurde, wobei ich ein entschiedener Gegner alles Unionismus war, sowie jeder Halbheit. Wie ich in dieser entschiedenen Stellung im Missionshause besonders durch die Bekanntschaft und Freundschaft mit **Zorn** und **Grubert**[295] bestärkt und diese Stellung gerade durch den Einfluss des Direktor **Hardeland**[296] befestigt und vertieft wurde, habe ich im 9. Kap. geschildert.

Ich will hier nur noch auf eins hinweisen. Als der 1840 von Dresden aus nach Indien gesandte erste Tamulenmissionar Senior **Cordes**[297] 1870 aus Indien zurückkam und mit den zur Aussendung bereiten Missionaren **Zucker**[298], **Grahl**[299] und **Beisenherz**[300], sowie mit uns drei Freunden bekannt wurde, sprach er seine Freude darüber aus, dass nun wieder die alte Bi-

---

[291] Zu Zorn siehe Anm. 176! (D.=theol. Ehrendoktor)

[292] Carl Manthey-Zorn, Nothgedrungene Rechtfertigung des Austritts der Missionare F. Zucker, A. Grubert, O. Willkomm, C. M. Zorn aus der Leipziger Mission, St. Louis/MO. 1877.

[293] Carl Manthey-Zorn, Dies und Das aus frühem Amtsleben, St. Louis/MO. 1912.

[294] Zu Stöckhardt siehe Anm. 8!

[295] Zu Grubert siehe Anm. 175.

[296] Zu Hardeland siehe Anm. 177!

[297] Zu Cordes siehe Anm. 180!

[298] Zu Zucker siehe Anm. 147!.

[299] Zu Grahl siehe Anm. 253!

[300] Zu Beisenherz siehe Anm. 172!

bellehre zu der Mission heraus käme. Er hatte ohne Zweifel bemerkt, dass unter den Missionaren, die in den letzten Jahren hinaus gekommen waren, die neuere Lehre, die doch vom Bibelgrund... [wegführte,?] Vertreter hatte und beklagte das. Wir fanden das auch bestätigt, da bei den eingeborenen Katecheten und Lehrern mancherlei moderne lutherische Meinungen sich fanden und es jedenfalls an klarer Erkenntnis und festem [Stehen] auf dem Bekenntnis fehlte, was um so übler war, als sie ja vielfach unter katholischen und reformierten Missionsleuten arbeiten mussten.

Nach meiner Ankunft in Indien war das Erlernen der tamulischen Sprache zunächst meine Hauptarbeit. Ich nahm aber auch an den von den Missionaren **Kahl**[301], **Zorn** und **Zucker** veranlassten Lehrkonferenzen teil und las außerdem die Zeitschriften[302] „Lutheraner" und „Lehre und Wehre" soweit sie uns zugingen, vertiefte mich aber besonders in **Walthers**[303] „Pastoraltheologie", die ich aus der Kiste, welche Missionar **Baierlein**[304] von Pastor **Sievers**[305] zugesandt bekam, erhalten hatte, sowie in Walthers Evangelienpostille, in der auch meine liebe **Anna** fleißig las, und erlangte dadurch immer größere Klarheit über das, was eigentlich lutherische Lehre ist.

Wir hätten gern durch Lehrkonferenzen der alten lutherischen Lehre innerhalb unserer Amtsbrüder wieder volle Geltung verschafft und würden damit geduldig fortgefahren sein, wenn nicht zwei Umstände Anlass gegeben hätten, jetzt schon zu handeln.

[1] Der erste Anstoß war die schon eben erwähnte Unklarheit unserer Missionsdiener, die uns einen Wechsel im Direktorat des [indischen] Seminars erforderlich erscheinen ließ. Da ein solcher Wechsel durch die bevorstehende Urlaubsreise des damaligen Direktors, des übrigens sehr eifrigen Missionars Richard **Handmann**[306], eintreten musste, hielten wir es für unsere Pflicht, an das Missionskollegium die Bitte zu richten, bei der Neubesetzung dieses so wichtigen Postens darauf zu sehen, dass ein Mann von klarer Erkenntnis und festem Bekenntnisstand betraut würde. Dabei kam natürlich auch zum Ausdruck, dass wir über den Einfluss der neueren Theologie Klage führen mussten und dies wurde uns nicht nur von **Handmann** sehr übelgenommen, sondern auch von den anderen Missionaren und selbst vom Missionskollegium verargt und als unbefugter Eingriff in die Rechte des Kollegiums verurteilt.

---

[301] Zu Kahl siehe Anm. 148!

[302] Die führenden Zeitschriften der Missourisynode.

[303] Zu Walther siehe Anm. 12!

[304] Zu Baierlein siehe Anm. 179!

[305] Ferdinand Sievers (gest. 1893), von W. Löhe nach Nordamerika ausgesandt, 1847-1893 P. der Missourisynode in Frankenlust/MI.

[306] Zu Handmann siehe Anm. 252!

[2] Der andere Umstand, der das Rad ins Rollen brachte, ehe noch die Entscheidung über unsere Bitte getroffen war, war der Angriff der „Allgemeinen Lutherischen Kirchenzeitung" gegen die Missourisynode und die Warnung vor derselben. Dass wir dazu nicht schweigen konnten, dazu bestimmte uns die freilich jetzt allgemein vergessene Pflicht jedes Christen, sich zu denen zu bekennen, die um der Wahrheit willen geschmäht werden. Mir stand dabei immer das Wort vor der Seele, welches Paulus an seinen Schüler Timotheus schreibt: „Schäme dich nicht des Zeugnisses unseres Herrn, noch meiner, der ich sein Gebundener bin" (2Tim 1,8). Wir sahen, dass die Missourisynode gleichsam „gebunden" war durch jene falschen Beschuldigungen gegen sie und jene Warnungen vor ihr und erließen deshalb die bekannte „Erklärung"[307], die wir an den uns übrigens persönlich noch unbekannten Pfarrer **Brunn**[308] schickten. Derselbe veröffentlichte sie in seiner Monatsschrift „Mission und Kirche" [Dezember-Nr. 1875]. Dass dann Pastor **Ruhland**[309] einen Sonderabdruck davon mit dem etwas auffälligen Titel „Mannhafte Erklärung" usw. veranstaltete, lag weder in unserer Absicht, noch waren wir besonders davon erbaut. Doch habe ich später sehr wohl verstanden, wie er dazu gekommen ist. Wir ließen es aber bei dieser schriftlichen Erklärung nicht bewenden, sondern gaben ihr dadurch praktische Folge, dass wir uns auch selbst von der Gemeinschaft mit Irrlehrern lossagten. Wir hofften, dies tun und doch in der Mission bleiben zu können, wenn Direktor **Hardeland**[310] und Senior **Cordes**[311], mit denen wir uns im Glauben und Bekenntnis eins wussten, sich entschließen könnten, auch ihrerseits sich von allen Irrlehrern und irrgläubigen Gemeinschaften loszusagen und die Mission auf die gleiche Grundlage zu stellen. Dies zu tun, baten wir sie in einem besonderen Schreiben.

Gegen diesen letzteren Schritt hatte ich zwar anfangs Bedenken, dieselben wichen aber, als Missionar **Ihlefeld**[312], der unser Vorgehen überhaupt missbilligte, uns daran erinnerte, dass wir von den deutschen Landes- und [Lutherischen] Freikirchen, in denen die Missionsgesellschaft ihre Mitglieder habe, ausgesandt seien und dass wir also uns von diesen nicht kirchlich unterscheiden könnten, sondern die dort zweifellos bestehenden Schäden mit in Kauf nehmen müssten. Ich war ja zu dem Entschluss, mich zur

[307] Die sog. „Mannhafte Erklärung", siehe Abdruck im Anhang 1 (S. 143-148).

[308] Siehe Anm. 125!

[309] Carl Friedrich Theodor Ruhland (1836-1879), seit 1859 Pastor der Missourisynode in den USA, 1872-1879 erster Pastor und Präses der Ev.-Luth. Freikirche in Sachsen (Planitz).

[310] Zu Hardeland siehe Anm. 177!

[311] Zu Cordes siehe Anm. 180!

[312] Zu Ihlefeld siehe Anm. 219!

Mission zu melden, unter anderem auch dadurch gekommen, dass es mir gewissensbeschwerend erschien, ein Amt in der verderbten Landeskirche Sachsens anzunehmen und darin gerade von Direktor **Hardeland** bestärkt worden war. Mein Gehen nach Indien war also gewisserweise eine Flucht vor dem Konflikt, in welchen mich ein Amt in der Landeskirche notwendig gebracht hätte. Nun aber sah ich mich vor denselben Konflikt auch in der Mission gestellt und musste erkennen, dass räumliche Entfernung und auch organisatorische Verschiedenheit die Kirchengemeinschaft nicht aufheben und von der Pflicht nicht entbinden kann, gegen die Irrlehre derer zu zeugen, mit denen wir kirchlich verbunden sind.

Und noch ein anderes wirkte sehr stark auf meinen Entschluss ein. Ich las regelmäßig den „Pilger aus Sachsen"[313], der uns von der Missionsleitung zugeschickt wurde und in demselben waren in diesen Jahren eine Reihe von Aufsätzen erschienen, welche den Zweck hatten, **Ruhlands** Buch „Der getroste Pilger aus dem Babel der sächsischen Landeskirche"[314] zu widerlegen. Ich hatte das Buch damals noch nicht gelesen, bekam aber aus dieser „Widerlegung" den entschiedenen Eindruck, dass sie nicht stichhaltig, also Ruhland im Recht sei, wenn er gegen die Irrlehren, die in der sächsischen Landeskirche im Schwange gingen, Zeugnis ablegte, und die Christen zum Austritt aus derselben aufforderte. Auch hatte ich inzwischen wohl Pastor **Lenks**[315] Aufruf in die Hände bekommen und erkannt, wie verhängnisvoll die Abschaffung des Bekenntniseides in der sächsischen Landeskirche war.

So bin ich denn nach anfänglichem Widerstreben durch Gottes Gnade dazu gekommen, die Verbindungen mit allen Falschgläubigen zu meiden. Darüber habe ich mich in zwei Briefen an meine Eltern und Schwiegereltern und an meinen Vater ausführlich ausgesprochen. Ich lege diese Briefe[316] hier [bei], da sie besser als ich es jetzt tun kann, meine Stellung erklären und meinen Schritt rechtfertigen werden – einen Schritt, der mir nicht leicht geworden ist, da ich der Mission so gern gedient hätte und das Volk der Tamulen liebte.

Über die äußeren Verhältnisse, was besonders uns betraf, will ich als Ergänzung zu der Darstellung **Zorns** folgendes berichten. Im November berief Zorn eine Zusammenkunft in Trichinopoly [ein]. Da meine liebe **Anna** damals sehr schwach war, konnte ich nicht reisen, dafür kamen **Schäffer**

[313] Der „Pilger aus Sachsen" war das Organ der sächsischen Erweckungsbewegung, 1835ff.

[314] „Der getroste Pilger" war das erste größere Buch, das Johannes Herrmann (1850-1904) 1874/75 in Zwickau druckte.

[315] Zu Lenk siehe Anm. 206!

[316] Diese Briefe befanden sich in Urschrift im Besitz von Anna Willkomm in Hesel (nach ihrer Angabe 1979), liegen dem Herausgeber aber leider nicht vor.

und **Grubert** zu uns, legten mir alles vor und ich unterzeichnete die folgenschweren Schriftstücke. Die Erklärung schickten wir mit einem Briefe an Pfarrer **Brunn**, der sie, da wir keine genaue Adresse kannten, nach einigen Irrwegen erhielt. Das Schreiben an Direktor **Hardeland** und Senior **Cordes** ging nach Leipzig. Und nun kam die Zeit des Wartens. Annas Befinden besserte sich, wir konnten fröhlich Weihnachten feiern und freuten uns an den aus Leipzig eintreffenden Sachen für die Entbindung und für das erwartete Kindlein. Am Weihnachtstage kamen die mohammedanischen Boys des benachbarten Gefängnisses, uns zu „meinem" Fest zu gratulieren, und ich hatte Gelegenheit, ihnen von der Geburt des Sohnes Gottes zu predigen, was freilich bei ihnen die Frage auslöste, ob denn Gott eine Frau habe. Das gab Anlass zu weiteren Erklärungen.

Anfang Januar 1876 erhielt ich die Nachricht, dass in Ammanpathy, dem größten Außenort meiner Station die Cholera ausgebrochen sei. Ich reiste deshalb hin, um unsere Christen, die noch verschont geblieben waren, zu beraten und zu stärken, musste aber auch noch nach der Kreisstadt Dindigul fahren, um ärztliche Hilfe herbeizuholen. Deshalb musste ich, da nur zwei Züge verkehrten, über Nacht wegbleiben. Inzwischen starb ein Kind unseres Lehrers in Madura und Anna musste ihm noch am Abend eine Kiste im Schuppen suchen, weil er sein Kind in einen Sarg betten wollte. Das war insofern nicht ungefährlich, da in solchen Schuppen leicht Schlangen nisten, auch konnte der helle Mond ihr schaden, weshalb die Kochfrau einen Schleier über ihren Kopf breitete; sie kam ohne Schaden davon. Wegen der Entbindung hatten wir eine im städtischen Hospital angestellte Pflegerin bestellt, die wir dann am frühen Morgen des 22. Januar [1876] rufen ließen. Meine liebe Anna hatte am 22. Januar einen sehr schweren Tag, an dem die Kräfte sie fast zu verlassen drohten, bis endlich nach viel Gebeten um 1 Uhr morgens am Sonntag, dem 23. Januar, unser lieber **Martin [Willkomm]**[317] geboren war. Obwohl zum Tode ermattet, verklärte doch ein glückseliges Lächeln ihr Gesicht, als sie ihr Söhnlein in den Armen hielt. Die Pflegerin Mrs. Mass blieb etwa 14 Tage ganz bei uns. Zur weiteren Hilfe kam Frau **Grubert**, welche bis Ende Februar dablieb. Am 1. Februar taufte ich unser liebes Söhnlein im Vorzimmer des Obergeschosses. Mrs. Mass erzählte den Leuten, wir hätten ihn Martin Luther genannt. Leider konnte Anna ihr Kindlein nicht stillen und bekam eine böse Brust. Doch verlief fast alles normal, so dass wir den Arzt nur etliche Male zuziehen mussten. Für die

[317] Karl Martin Willkomm (1876-1946), seit 1898 Pastor der Ev.-Luth. Freikirche in Hartenstein, Mülhausen/Elsass und Planitz, ab 1924 Rektor der Theologischen Hochschule in Kleinmachnow.

Ernährung hatten **Ewalds** kondensierte Milch geschickt, die aber wohl zu fett war, so dass der Kleine sie nicht recht verdaute.

Inzwischen waren Nachrichten aus Deutschland eingetroffen, die wenig Gutes ahnen ließen. Die wichtigste und relativ beste war die, dass Direktor **Hardeland** selbst herauskommen werde [nach Indien]. Mit ihm persönlich erschien ja eine Verständigung am ehesten möglich. Bald traf er auch in Madras ein, wo er sich durch Missionar **Ihlefeld**[318] orientieren ließ. Ihlefeld, eine sehr kritische Natur, hatte von vornherein an dem Betrieb des Seminars viel auszusetzen, aber unsere theologische Stellung und besonders die Folgerungen, die wir daraus zogen, teilte er nicht, sondern verurteilte die letzteren sehr entschieden. Doch glaube ich nicht fehlzugehen, wenn ich es seinem Einfluss noch zuschreibe, dass nach unserem Scheiden aus der Mission der Unterricht im Seminar strenger an das Bekenntnis gebunden war. Am 13. Februar [1876] erhielt ich einen Brief von **Grubert**, in dem er mich aufforderte, alsbald nach Negapatum zu kommen und mit ihm und den anderen Brüdern vereint mit dem Direktor zu verhandeln. Nachrichten aus Deutschland, die er erhalten hatte, ließen erkennen, dass wir schon öffentlich verurteilt seien. Deshalb hatte er ein gemeinsames Verhandeln mit dem Direktor gewünscht. So reiste ich am 14. Februar früh von Madura ab. Bald nachdem ich abgereist war, traf ein Telegramm ein, durch welches mich Direktor **Hardeland** nach Trichinopoly bestellte. Diesem Befehl, denn ein solcher war es, da ja der Direktor mein Vorgesetzter war, konnte ich nun freilich nicht nachkommen und wurde deshalb hart angelassen, als der Direktor mich am anderen Tag bei **Grubert** antraf. Aber ich sehe darin noch heute eine freundliche Fügung Gottes. **Schäffer**[319] war ja umgefallen, und ich weiß nicht, ob ich an seiner Seite nicht auch schwach geworden wäre. Zwar saß mir die Sache zu tief im Gewissen, als dass ich auf die Dauer hätte verleugnen können. Aber auch ein nur zeitweiliges Weichen hätte der Sache geschadet und mich in schwere Gewissensnöte gebracht. Davor hat mich der treue Gott in Gnaden bewahrt. Denn in Gemeinschaft mit dem feststehenden **Grubert** konnte ich dem Direktor auch entschieden entgegentreten. Den Verlauf der Verhandlungen hat **Zorn** ausführlich beschrieben. Es war freilich auch gegen des Direktors Willen, dass wir drei (Zorn, Grubert und ich) ihm gleich nach Tranquebar folgten. Aber es war gut so, dass ich, nachdem Zorn und Grubert um ihre Entlassung gebeten hatten, mit **Zucker**[320] noch Bedenkzeit erbat. Es war kein Irrewerden, son-

[318] Zu Ihlefeld siehe Anm. 219!
[319] Zu Schäffer siehe Anm. 257!
[320] Zu Zucker siehe Anm. 147!

dern nur Vorsicht; nur vor allem nichts [zu] überstürzen. Ich ging an den Strand des Meeres, in aller Stille die ganze Sache noch einmal vor Gott zu bedenken, und kehrte dann mit dem festen Entschluss zu den bei Zucker versammelten Brüdern zurück, morgen meine Erklärung abzugeben, was dann auch in Gemeinschaft mit Zucker geschah.

Es ist mir sehr verargt geworden, dass ich in einem an Karl **Schneider**[321] gerichteten Brief geschrieben habe: „Wir sind in Ungnaden entlassen worden", da wir doch ausgetreten seien. Karl hatte dies an **Stöckhardt** berichtet und dieser es in einem seiner Flugblätter, die er damals im Kampfe gegen das Konsistorium herausgab, veröffentlicht. Nun ist es ja wahr, dass wir entschlossen waren, die Mission zu verlassen, wenn unsere Forderungen nicht erfüllt würden. Aber eben damit, dass man auf unsere Forderungen nicht einging, waren wir eben auch entlassen. Und dass dies in Ungnaden geschah, bewies ja die Verweigerung der Mittel zur Heimreise. Ich wurde ja durch das Eintreten Vater **Ewalds** am wenigsten betroffen. Doch war auch das nicht leicht für mich.

Am 21. Februar [1876] kehrte ich nach den noch an **Zorns** Krankenbett gepflogenen fruchtlosen Verhandlungen, durch welche Missionar **Grahl**[322] unser Bleiben zu ermöglichen hoffte, nach Madura zurück. „Entlassen" wie meine **Anna** eigenhändig in unser Gedenkbuch eingeschrieben hat, wir sahen damals die Sache so und nicht anders an. Wären wir doch so gern im Dienste der uns so lieben Mission geblieben!

Kapitel 12: Unsere Rückreise nach Leipzig

Nun aber galt es, den Haushalt aufzulösen und an die Heimreise zu denken. Beim Packen der Kisten half **Anna** schon tüchtig mit, obwohl die 6 Wochen nach ihrer Entbindung noch nicht vorbei waren. Ein Zusammentreffen mit dem Direktor wollte ich vermeiden. So bat ich **Ihlefeld**[323], sie auf einige Wochen vor Abgang des Schiffes bei sich aufzunehmen. Wir reisten daher am 15. März mit unserm kleinen Martin nach Madras. Die Kinderfrau hatte in den Bettkorb, in dem wir ihn transportierten, einen Klumpen Erde

[321] Zu Schneider siehe Anm. 160!
[322] Zu Grahl siehe Anm. 253!
[323] Zu Ihlefeld siehe Anm. 219!

gelegt, dass er doch etwas von seinem Geburtsort mitnehmen möchte. Ein rührendes Zeichen ihrer Anhänglichkeit und ihres Aberglaubens! Die Gemeindeglieder schenkten ihm ein silbernes Rupie-Stück, welches wir lange aufgehoben haben, das aber mitsamt der silbernen Sparbüchse abhanden gekommen ist.

Nach meiner Rückkehr aus Madras kam der Direktor [**Hardeland**] mit Missionar **Mayer**, um mir die Station abzunehmen. Doch sollte Mayer sie nur provisorisch verwalten, da als mein Nachfolger der alte Missionar **Kremmer**[324], der sich auf Urlaub in Deutschland befand, in Aussicht genommen war. Unter ihm hat sich dann auch die Station sehr gut entwickelt. Die Verhandlungen mit Hardeland und Mayer verliefen durchaus freundschaftlich. Nachdem die Herren abgereist waren, ging's an die Verauktionierung des Mobiliars und sonstigen Hausrats, wobei die Rohrlehnstühle die begehrtesten Artikel waren. Denn jeder bessergestellte Tamule hat gern einen Lehnstuhl auf seiner Veranda stehen, obgleich es ihm bequemer ist, mit untergeschlagenen Beinen auf einer Matte zu sitzen. So ein Stuhl erweckt doch den Eindruck, als sei man etwas! Das Harmonium kaufte der Arzt, der Anna behandelt hatte. Der Besitzer unseres Hauses erbat sich von mir eine schriftliche Bescheinigung, dass mir in diesem Hause ein Sohn geboren sei, was als besonderer Glücksumstand galt.

Nachdem alles erledigt war, reiste ich in der ersten Aprilwoche nach Madras. Dort hatte es **Anna** nicht leicht gehabt, da **Ihlefeld** immer von dem schweren Unrecht redete, das wir begingen, und da Martin die Milch nicht vertrug. Am Ende der Karwoche sollte das Schiff, die „Eldorado", von Kalkutta kommen und am Karfreitag früh wurde es gemeldet, so dass wir noch an diesem Tage an Bord gehen konnten. Dabei ereignete sich ein viel besprochener Zwischenfall, in dem es schien, als würde unser **Martin** ins Meer fallen, es schien aber nur so. Der Matrose, der ihn halten musste, während ich das von der Brandung hin und her schwankende Boot bestieg, hielt das Kindlein fest und Gott wandte jeden Unfall ab.

Bevor ich unsere Heimreise beschreibe, will ich noch zwei Tatsachen erwähnen, welche ein Licht auf die damalige kirchliche Lage werfen. Es schien dem Direktor viel daran zu liegen, dass wir nicht etwa in Deutschland blieben, weil er dann wohl eine Schädigung des Missionsinteresses fürchtete. **Zorn** konnte ihm nun die Versicherung geben, dass wohl keiner von uns daran dächte, in Deutschland zu bleiben. Ja, er bestimmte auch, besonders mich, meine Kisten der Schifffahrtsgesellschaft gleich zur Beförderung bis

[324] K. Fr. Kremmer (1817-1887), seit 1847 Leipziger Missionar in Indien, seit 1884 Senior.

New York zu übergeben, was ich allerdings nur mit dem Vorbehalt tat, dass sie in London bleiben müssten, bis ich die Weitersendung nach New York anordnen würde. Ich konnte ja nicht wissen, wie meine Frau und unser Kind die Reise überstehen würden. Doch war mein Sinn allerdings nur auf Amerika gerichtet. Dass es dann doch anders kam und gerade ich in Deutschland blieb, war Gottes besondere Fügung. Doch hat die Mission dadurch keinen Schaden erlitten, da die Entrüstung über uns und Missouri im Kreise der Missionsfreunde so groß war, dass man mich gar nicht beachtete. Auch habe ich gar nicht gegen die Mission agitiert.

Das Geld zur Rückreise wurde **Zorn** zwar telegraphisch angekündigt, kam aber per Post und das nahm damals 6 Wochen in Anspruch. Hätten wir nun so lange im Lande bleiben müssen, so wären wir, da wir ja kein Gehalt mehr bekamen, in Not geraten. Deshalb gab **Zorn** Herrn Direktor eine Vollmacht, die Briefsendung anzunehmen, woraufhin ihm die Mission das Geld vorstreckte. Hierdurch kam der Direktor in den Besitz zweier Briefe Dr. **Walthers**[325] an Zorn, da dieser das Geld in Zwischenräumen von acht Tagen als Primawechsel und Secundarwechsel sandte. In dem zweiten Briefe, den mir der Direktor erst übergab, als ich ihn in Leipzig besuchte, fragte Dr. Walther nun an, ob es nicht vielleicht möglich sei, dass zwei von uns in Indien blieben und als Missionare der Missouri-Synode dort arbeiten. Wäre diese Anfrage früher gekommen, so wären wir dadurch vielleicht bewogen worden, der Sache ernstlich näherzutreten. Hatten doch meine Missionsdiener (Katecheten und Lehrer), die mich nur ungern ziehen ließen, von sich aus schon die Frage an mich gerichtet, ob wir nicht mit amerikanischen Geldern hier weiterarbeiten könnten. Und **Zorn** war ja bei dem König in Pudukottah so beliebt, dass er ohne weiteres als amerikanischer Missionar dort hätte bleiben können, ohne dass die Leipziger das hätten hindern können. Und da der Pudukottah- und Madura-Distrikt dicht aneinander grenzten, hätten wir beide dort arbeiten können, ohne im übrigen in die Leipziger Mission einzugreifen.

Aber es war doch noch nicht die Zeit, diese Spaltung in das tamulische Missionsgebiet zu tragen. Das geschah erst 20 Jahre später, als unter dem Direktorat des Herrn **von Schwartz**[326] die unklare Stellung der Missionsleitung zur Schrift und zur neueren Theologie aufs neue offenbar wurde, und die

[325] Zu Walther siehe Anm. 12!

[326] Karl von Schwartz (1847-1923), seit 1871 Pf. in Niedersachsen, 1891-1911 Direktor der Leipziger Mission.

Missionare **Näther**[327], **Mohn**[328] und **Kempff**[329], **Freche**[330] und **Kellerbauer**[331] deshalb die Leipziger Mission verließen und von der Missouri-Synode als Tamulenmissionare berufen wurden. Dieselben haben – das sei hier gleich bemerkt – sehr vorsichtig gearbeitet und unnötige Eingriffe in das Leipziger Gebiet vermieden. Erst als durch den Einfluss der Schweden, die ja einen großen Teil des Leipziger Gebietes für sich als besonderes Arbeitsgebiet in Anspruch nahmen, die laxe Stellung um das Bekenntnis immer deutlicher hervortrat und während des Krieges nach Ausweisung der deutschen Missionare sich eine selbständige Tamulische Kirche bildete, kamen Übertritte einzelner, wie auch kleiner Gemeinden zur Missourischen Mission vor.

Hierbei möchte ich noch darauf hinweisen, dass man unsere Bitte an Direktor **Hardeland** und Senior **Cordes**, sich an die Spitze der recht bekennenden Mission zu stellen, als einen Versuch aufgefasst hat, die Leipziger Missionsgesellschaft zu berauben und zwar zugunsten der Missouri-Synode, und dies scharf verurteilt hat. Wie steht denn die Sache? Das Eigentum der Leipziger Missionsgesellschaft Missionshäuser, Kirchen, Kapellen usw. gehörten natürlich der organisierten Leipziger Gesellschaft, aber doch nur weil und insofern sie als Vertreterin der bekenntnistreuen Christen in den verschiedenen Landeskirchen Mission im Sinne der lutherischen Kirche trieb. Wich sie von dem Grunde des lutherischen Bekenntnisses ab, so verlor sie strenggenommen auch den Anspruch auf das Eigentum, und es wäre also, moralisch angesehen, kein Unrecht gewesen, wenn die vier, die bei der alten lutherischen Lehre und Praxis bleiben wollten, auch das Eigentum der Mission in Anspruch genommen hätten für ihre Tätigkeit. An demselben hatte ja auch die Missouri-Synode Anteil, insofern, als sie ja auch zwei Jahrzehnte lang die Mission unterstützt hatte. Juristisch gesehen hätte sich der Anspruch freilich nicht geltend machen lassen, und zwar um so weniger, als die Missouri-Synode im Missionskollegium nicht vertreten war. Dieselbe würde auch kaum den juristischen Weg beschritten haben, um Ansprüche an das Eigentum geltend zu machen. Aber wäre es zum Beispiel nach den oben erwähnten Gedanken, dass zwei von uns in Indien bleiben

[327] Karl Gustav Theodor Näther (1866-1904), 1887-1893 Leipziger Missionar in Indien, seit 1895 erster Indienmissionar d. Missourisynode; Vater von Ida Näther.

[328] Franz Eduard Mohn (1867-1925), 1889-1893 Leipziger Missionar in Indien, 1896-1913 missourischer Missionar dort, seit 1913 P. der Missourisynode in den USA.

[329] Johannes Martin Kempff (1861-nach 1942), 1885-1893 Leipziger Missionar in Indien, 1904 Vakanzpastor der Ev.-Luth. Freikirche in Hamburg.

[330] Reinhold Hermann Freche (1862-1923), 1891-1897 Leipziger Missionar in Indien, dann Missionar der Missourisynode, seit 1915 P. der Missourisynode in den USA.

[331] Georg Otto Kellerbauer (1868-1914), 1893-1895 Leipziger Missionar in Indien, seit 1895 Missionar der Missourisynode

sollten, zu einer Abtrennung der beiden südlichen Distrikte der Leipziger Mission gekommen, so hätte sich sicherlich auch ein Weg finden lassen zu friedlichen Auseinandersetzungen wegen des Eigentums. Uns kam es ja nur darauf an, dem Tamulenvolk die reine Lehre zu erhalten, und wir dachten nicht daran, irgendeinen Raub zu begehen.

Unsere Seereise von Madras nach London dauerte gerade 5 Wochen vom Sonnabend [13.4.1876] vor Ostern bis Sonnabend [20.5.1876] vor Rogate und verlief im Ganzen günstig; nur bei der Fahrt von Madras bis Colombo auf Ceylon durch den bengalischen Meerbusen hatten wir rauhe See, und als wir in der Nacht zum Sonntag Kantate [13./14.5.1876] die Meerenge von Gibraltar passiert hatten, litten wir stark unter den Nachwehen eines Sturmes, der im Atlantischen Ozean geherrscht hatte, so dass die meisten seekrank wurden. Im übrigen war das Wetter meist sehr günstig, und wir fuhren zumal im Mittelländischen Meer dahin, wie auf einem Binnensee. Unser Schiff, die „Eldorado", war ein mittelgroßer Passagierdampfer der Schifffsgesellschaft „Binny and Comp." in London und wurde von Beamten und Pflanzerfamilien benutzt, die im Frühjahr ihre Kinder nach Europa brachten, so dass mehr Kinder als Erwachsene auf dem Schiff waren. Für die Kinder wurde mittags 12 Uhr eine besondere Mahlzeit serviert, an welcher meist meine selige Anna teilnahm, da sie die andere Kost nicht gut vertrug und auch zu schwach war, dem später stattfindenden lang ausgedehnten „Dinner" beizuwohnen. Das hatte noch den Vorteil, dass sie während des Dinners unsere vier kleinen Kinder betreuen konnte, die während der Zeit in der dem Speisesaal ganz nahegelegenen Deckkabine untergebracht waren, welche die Schwester **Grubert** und **Zucker** mit der kleinen Anna Zucker bewohnten. Das Schiff war, nachdem in Colombo noch eine Anzahl englischer und schottischer Kaffeepflanzerfamilien dazugekommen waren, ziemlich stark besetzt, darunter etwa 60 Kinder, von denen eine ganze Anzahl noch auf die Flasche angewiesen waren. Ein Knabe von etwa 4 Jahren lief noch immer mit einer Milchflasche umher, aus der er mit einem Gummischlauch trank. Dass da die einzige Milchkuh, welche wir an Bord hatten, mit ihrer Milch nicht ausreichte, ist erklärlich. Und wir waren froh für unsern Martin, der der jüngste Passagier war, auf sie nicht angewiesen zu sein. Mitten auf der Fahrt von Colombo nach Aden starb infolge eines Sonnenstiches ein kleines englisches Kind und die feierliche Versenkung der kleinen Leiche ins Meer, welche der weißbärtige Kapitän nach der schönen Liturgie des [anglikanischen] Common-Prayer-Book vornahm, machte einen tiefen Eindruck auf uns; während das Schiff stoppte und der Kapitän die Gebete las, ließen zwei Matrosen den mit der englischen Flagge bedeckten kleinen Sarg hinabgleiten, von welchem eben in der Liturgie gesagt worden war: „Auch das Meer gibt seine Toten wieder." Auf uns hat diese Versenkung wohl deshalb einen besonders starken Eindruck gemacht, weil wir vor Augen haben mussten, dass unser lieber Martin vielleicht in kurzer Zeit denselben Weg würde gehen müssen, denn sein Zustand wurde täglich schwächer und **Zorn** nahm mich beiseite, ich sollte meine liebe Anna auf das Schlimmste vorbereiten. Dann knieten wir noch an seinem Bett nieder und **Zorn** bat den Herrn des Lebens und des Todes, dass er uns doch dies teure Leben erhalten möge. Gott hat dies Gebet in Gnaden erhört, des Arztes Verordnung gesegnet und uns noch während der Seefahrt in La Valetta auf Malta eine passende Kindernahrung verschafft, die dem fast hinsterbenden Patienten neue Lebenskraft brachte. Es war das dem Nestle-Kindermehl verwandte „Infant food", das wir dann auch noch in Leipzig für ihn brauchen konnten. Die englischen Mütter hatten ja meist ihre Kinderfrauen mit, das konnten wir deutschen Missionare uns natürlich nicht leisten und begegneten darum manch mitleidigen Blicken, wenn wir Männer Kinderfrauendienste tun mussten. Doch nahm mitunter auch eine der indischen Kinderfrauen unser Baby auf den Schoß und brachte mit ihren summenden eintönigen Kinderliedern den Schlaf. Für das Waschen und Trocknen der Windeln hatten wir einen Heizer engagiert, der diese Arbeit in der Nähe des Schornsteins für ein Pfund Stearling versprochen hatte zu tun, aber dann plötzlich streikte, so dass wir ihm noch ein Pfund Stearling zulegen mussten.

Anna fühlte sich meist sehr schwach, musste viel liegen und litt auch an Krämpfen, doch konnte sie während der ruhigen Tage im Lehnstuhl sitzend an Deck zubringen und erfuhr viel Teilnahme von Seiten der englischen Damen. An dem Sturmtag Sonntag Kantate musste sie ganz in der Kabine bleiben, und als ich einmal oben Luft geschöpft hatte, fand ich unsere Kabinentür verschlossen; durch die starken Schwankungen des Schiffes war unser Koffer vorgerutscht und stand nun vor der nach innen aufgehenden Türe, die ich nun freilich nur mit großer Anstrengung wieder öffnen konnte. Wie dankbar mussten wir darum sein, als wir in der Nacht zum Sonntag Rogate in die ruhigere Themsemündung einfuhren, nachdem wir in den letzten Tagen noch durch Nebel sehr beunruhigt waren. Den Übergang aus der heißen in die gemäßigte Zone hatten wir schon auf der Nordhälfte des Roten Meeres verspürt und waren daher sehr dankbar dafür, dass uns in Port Said ein Paket aus Leipzig überreicht wurde, welches unter anderem

Kinderwäsche enthielt für unsern kleinen Martin, dessen Ärmchen schon blau wurden, wenn wir mit ihm an die Luft kamen. Ihren Geburtstag am 5. Mai [1876] erlebte Anna im Suezkanal, leider mit heftigen Kopfschmerzen, doch konnte sie die folgenden Tage die herrliche Fahrt durchs Mittelmeer noch genießen.

Eine sehr anstrengende Sache war die Landung in London. Schon früh 6 Uhr wurde alles auf dem Schiff alarmiert, damit alle zur Landung bereit wären und es gab nicht einmal mehr ein ordentliches Frühstück, es dauerte aber bis Mittags 12 Uhr ehe wir endlich mit unsern Kindern und Handgepäck anlangten. Von da ging es nach einem Bahnhof der inneren Stadt und dann per Droschke in ein uns empfohlenes Hotel. Anna war durch das Herumstehen und Warten so schwach geworden, dass wir sie aus der Droschke ins Hotel tragen mussten. Von der Weltstadt London haben wir so gut wie nichts gesehen. Wir konnten am Montag nur einen Besuch bei dem Pastor machen, der uns das Hotel empfohlen hatte, einem Freund der Leipziger Mission, und dann einen kurzen Gang durch die Stadt, doch blieben natürlich Frau **Zorn** und **Anna** mit den Kindern im Hotel. Nachdem noch alles wegen der Überfahrt nach Deutschland und wegen der Frachtstücke, die nach Amerika gehen sollten, geordnet war, feierten wir noch gemeinsam das heilige Abendmahl, wodurch wir uns auch dessen vergewissern wollten, dass wir, wenn auch ein verschwindender Teil der rechtgläubigen Kirche, uns untereinander und mit allen wahren Christen innig verbunden wussten. Gegen Abend fuhren wir mit der Bahn nach Harrwich, wo wir abends in der 10. Stunde das Schiff nach Rotterdam betraten und landeten am Mittwoch [24.5.1876] früh gegen 9 Uhr dort, bestiegen den Kölner Schnellzug, der aber nicht, wie wir gehofft hatten, durchging, sondern zweimaliges Umsteigen erforderte, was mit den 4 Kindern (Hans und Mariechen Zorn, die 2½ und ¾ Jahre alt waren, und unser kleiner Martin[332]) und den dadurch erforderlichen zahlreichen Handgepäckstücken recht schwierig war.

Bei der Zollrevision an der deutschen Grenze mussten wir unser Kindlein mit auf den Zolltisch legen und dann auf einem Sofa der 2. Klasse betten, während ich mit Frau **Grubert** Anna zum Zuge führte. Da kam uns aber alsbald der Portier nachgelaufen und rief ganz erregt: „Ein Kinken ist liegengeblieben." Der Mann schien wirklich zu glauben, wir wollten unser Kind aussetzen. Wir sahen ja in unserer saloppen Kleidung auch eher einer reisenden Schauspielertruppe ähnlich, als einer Gruppe heimkehrender Missionare. In den Coupés machten wir es uns mit den Nachtgeschirren für die Kleinen und dem Spirituskocher zum Milchwärmen möglichst be-

[332] Als viertes kam Anna Zucker hinzu.

quem, doch ging es ohne allerlei Zwischenfälle und Erregungen nicht ab. Etwa nachmittags 4 Uhr verließen wir den Zug, denn hier in Düsseldorf trennten sich unsere Wege.

Zorn mit Frau und zwei Kindern fuhr nach Wetter an der Ruhr zu seinen Schwiegereltern, dem Superintendenten **Hengstenberg**[333], wo Marie Zorn die Geburt ihres dritten Kindes erwarten sollte, dasselbe, **Elisabeth Zorn**, wurde später durch Pfarrer **Hein**[334] aus Wiesbaden im Hause des reformierten Superintendenten getauft. **Zucker** mit Frau und Kind, sowie **Grubert** und Frau fuhren nach Osnabrück, wo sich damals ihre [Zuckers] Schwiegereltern, Missionar **Kremmer**[335], aufhielten.

Ich erwartete mit Anna und unserm Martin den Köln-Leipziger Schnellzug, der erst ¾ 9 Uhr Düsseldorf passierte und mit dem wir am Himmelfahrtstage [25.5.1876] nach 8 Uhr früh in Leipzig eintrafen, wo Schwägerin **Helene** uns am Bahnhof erwartete. Als die Droschke vor der Haustür Rosentalgasse 13 hielt, sprang der Hund Jerry alsbald Anna auf den Schoß und hätte bald unser Kind erdrückt. So treu hatte der Hund seine Herrin im Gedächtnis behalten. Zwar dachte Helene und vielleicht auch die anderen Verwandten, dass Anna nur heimgekommen und ihr kleiner Junge nur heimgekommen sei, um hier zu sterben. Aber wir dankten Gott, der uns auf der so langen beschwerlichen Reise so treulich behütet und nun vorläufig nach Hause gebracht hatte und trauten IHM, dass ER uns auch durch die ganz dunkel vor uns liegende Zukunft leiten würde, wie ER denn auch getan hat.

Kapitel 13: Mein Eintritt in die Lutherische Freikirche

Es war, wie schon oben mitgeteilt, durchaus nicht unsere Absicht, in Deutschland einen Kampf gegen die Leipziger Mission und für Missouri zu eröffnen. Hatte ich doch selbst meine Kisten schon nach New York dirigieren lassen. Aber es war doch selbstverständlich, dass wir zunächst nach Leipzig zurückkehrten und dort stellte der sofort zu Rate gezogene Arzt fest, dass an eine Weiterreise meiner Frau und unseres Kindes nach Amerika vorläufig nicht zu denken sei. Dazu kamen mehrere Umstände, die wir nicht vorausgesehen hatten. In unserer engeren Familie musste mein Bruder **Fritz**[336], dem

[333] Es handelt sich um den Superintendenten Hengstenberg (geb. 1807), den jüngeren Bruder von Prof. Ernst Wilhelm Hengstenberg in Berlin.

[334] Julius Georg Philipp Heinrich Hein (1826-1892), seit 1853 freikirchlicher Pastor in Wiesbaden.

[335] Zu Kremmer siehe Anm. 324!

[336] Zu Friedrich Willkomm siehe Anm. 112!

sein Schwiegervater eine Sortimentsbuchhandlung eröffnet hatte, gerade in dieser Zeit Bankrott erklären und es entstand für meine Eltern und uns die Frage, ob und wie wir hier helfend eingreifen könnten. Dies machte eine Reise nach Breslau nötig, um mit dem Schwiegervater Dülfer persönlich zu [ver-]handeln.

In kirchlicher Hinsicht aber hatte sich ganz ohne mein Wissen und Zutun ein Kampf zwischen meinem Freund **Stöckhardt**[337] und dessen Gesinnungsgenossen einerseits und dem Landeskonsistorium andererseits über das Recht der Pastoren, offenbar Unbußfertige vom heiligen Abendmahl zurückzuweisen, entsponnen. Ich wusste von der Sache so wenig, dass es mir nicht einmal zum Bewusstsein gekommen war, dass mein alter Freund Stöckhardt in ebendemselben Planitz, in welchem **Ruhland**[338] die [freikirchliche] St. Johannisgemeinde aufbaute, als Gegner dieser Bewegung angestellt worden war, und ich war aufs höchste überrascht, dass ich nun an demselben Orte die beiden Leute aufsuchen konnte, mit denen in enge kirchliche Verbindung zu kommen, mir vor allen Dingen am Herzen liegen musste. So kam ich denn, ohne mich lange in Leipzig aufhalten zu können, durch einen Besuch in Planitz mitten in die freikirchliche Bewegung hinein. Meine liebe **Anna** und unser Martin, deren Befinden sich zusehends besserte, konnte ich in treuer Obhut ihrer Eltern in Leipzig zurücklassen. Ich aber reiste am Freitag [2.6.1876] vor Pfingsten nach Planitz, wo ich von **Stöckhardt** in dem landeskirchlichen Diakonat[339] gastfreundlich aufgenommen wurde und am anderen Tage durch ihn mit **Ruhland** bekannt gemacht wurde. Am 2. Pfingsttag (5.6.1876) durfte ich in der alten St. Johanniskirche predigen und am Dienstag einer Konferenz der Pastoren **Ruhland**, **Grosse**[340], **Stallmann**[341] und **Stöckhardt** beiwohnen. Der letztgenannte stand vor der Entscheidung, die dahin ausfiel, dass er das Konsistorium als eine lutherische Kirchenbehörde nicht mehr anerkennen konnte.

Diese am 6. Juni abgegebene Erklärung hatte seine sofortige Suspension zur Folge, trieb ihn aber auch zu völligem Anschluss an **Ruhland** und die Freikirche. Man versuchte zwar damals von Seiten der Breslauer [Altluthe-

---

[337] Zu Stöckhardt siehe Anm. 8!

[338] Zu Ruhland siehe Anm. 309!

[339] Das Haus in der Schloßparkstraße (das letzte Altbaugebäude auf der rechten Seite vor der Schloßkirche) steht noch heute.

[340] Carl Johannes Grosse (1851-1902), 1875/76 freikirchlicher Pastor in Chemnitz, dann Austritt aus der Freikirche, seit 1885 Dr. med.

[341] Heinrich Zacharias Stallmann (1847-1933), 1874-1875 landeskirchlicher Pfarrer in Wittlohe/Niedersachsen, seit 1876 freikirchlicher Pastor in Dresden, Allendorf/L. und Groß Oesingen, 1914-1919 kommissarischer Präses.

raner] ihn zu sich herüberzuziehen, aber er hatte schon damals genügende Erkenntnis der romanisierenden Stellung[342] der Breslauer, als dass er sich unter dies Joch hätte beugen mögen. Es kam nun nur darauf an, ob der ziemlich bedeutende Anhang, den **Stöckhardt** unter der Laienschaft hatte, ihm treu bleiben und so in Lichtenstein-Callenberg, Hartenstein, Crimmitschau und anderen Orten freikirchliche Gemeinden entstehen würden. Leider trat dies nicht ein. Zwar wurde Stöckhardt noch in der Pfingstwoche von dem Konsistorium seines Amtes enthoben, aber es gelang der geschickten Taktik des Konsistoriums, die besonders unter der Führung des Schuhmachermeisters **Bock** in Lichtenstein stehende Laienbewegung so zu dämpfen, dass an eine Gemeindebildung an den genannten Orten nicht zu denken war. Nur in Oberplanitz, wo Stöckhardt als Seelsorger sehr eifrig gewirkt hatte, und in Crimmitschau traten infolge seiner Suspension eine Anzahl Familien zur Freikirche über. Und da gleichzeitig Pastor Karl **Schneider**[343] in Röhrsdorf [b. Meißen], Stöckhardts Vetter und mein Schwager, mit der Absicht umging, sein Amt in Röhrsdorf niederzulegen und sich der Freikirche anzuschließen, so blieb für uns keine andere Aussicht, als der Weg nach Amerika. Dieser Weg war natürlich meinen Schwiegereltern sehr zuwider und sie versuchten alles, mich in Deutschland zu halten. Sie schlugen mir z.B. vor, mich um die offene Stelle eines Auswandererpredigers in Hamburg zu bewerben, weil ich ja dadurch in beständiger Berührung mit der Missouri-Synode bleiben könnte. Dass ich dadurch, weil von dem landeskirchlichen Auswanderermissionskomitee angestellt, in eine Zwitterstellung geraten musste, die mein Gewissen nicht befriedigte, war ihnen nicht klar. Aber Gott schaffte Klarheit und Rat.

In *Crimmitschau* war man sehr ernstlich bemüht, eine freikirchliche Gemeinde zu gründen und da die dortigen Glaubensgenossen mich schon am 2. Pfingstfeiertag und dann nochmals am 4. Sonntag nach Trinitatis [9.7.1876] in Planitz hatten predigen hören, so kamen sie unter Ruhlands Einfluss schnell zu dem Entschluss, mich zu ihrem Pastor zu berufen. Die Gemeinde nannte sich „Gemeinde zum heiligen Kreuz", weil man hoffte, die auf dem Gottesacker leerstehende Kapelle zum heiligen Kreuz mieten zu können. Dies wurde zwar durch das landeskirchliche Pfarramt verhindert, aber der Name blieb bestehen. Und ich wurde mit einem Gehalt von 900.- Mark jährlich berufen und zwar ehe mein Schwager Karl **Schneider** öffentlich seinen Austritt vollzogen hatte. Man hätte auch kaum gewagt, ihm,

---

[342] Gemeint ist die zum katholischen Kirchenverständnis neigende Tendenz mancher Breslauer Altlutheraner.

[343] Zu Schneider siehe Anm. 160!

der ja 3 Kinder hatte, den Beruf mit einem so geringen Gehalt anzubieten. Auch für mich war die Sache nicht leicht, aber da meine Schwiegereltern so dringend wünschten, dass wir in Deutschland blieben, so sagten sie mir eine jährliche Beihilfe von 600.- Mark zu und ermöglichten mir dadurch die Annahme dieses Berufs. So wurde ich denn, da in Crimmitschau ein Kirchlokal noch nicht vorhanden war, am 8. Sonntag nach Trinitatis [6.8.1876] in der St. Johanniskirche in Planitz, zugleich mit meinem Freunde **Stöckhardt**, der als 2. Pastor der Johannisgemeinde berufen war, in das Amt des Pastors an der Kreuzgemeinde in Crimmitschau eingewiesen und konnte am 10. Sonntag nach Trinitatis (20.8.1876) in Crimmitschau meine Antrittspredigt halten, freilich nur in einem zur ebenen Erde gelegenen Gastzimmer der Gastwirtschaft Plönert auf dem Gablenzer Berg. Dem Zimmer fehlte zwar jede kirchliche Ausstattung, aber 2 Tische, die mit einem schwarzen Tuch überdeckt und mit einem Kruzifix geschmückt wurden, dienten, wenn ich davorstand als Altar, und wenn ich dahinter trat als Kanzel. Das Zimmer füllte sich schnell mit andächtigen Zuhörern.

Ich mietete mich zunächst als „Garcon" [Junggeselle] bei den Eltern eines Gemeindegliedes ein und suchte und fand bald eine passende Familienwohnung, die im Oktober frei wurde. Durch die Freundlichkeit der Schwiegereltern konnten wir in Leipzig eine einfache Hauseinrichtung kaufen und in der ersten Hälfte des Oktobers nach Crimmitschau übersiedeln, wo wir zum zweiten Male unsern Hausstand gründeten und drei sehr glückliche Jahre verlebten. Für meine lieben Eltern war dies ja dadurch besonders schwer, dass bei all ihren Kindern große Schwierigkeiten eintraten und ihre Zukunft ganz unsicher erschien. Meines ältesten Bruders **Fritz** Lage war deshalb so schwer, weil er ganz von dem Wohlwollen seines Schwiegervaters abhing, dessen Güte er in unverantwortlicher Weise missbraucht hatte. Er musste deshalb froh sein, dass dieser ihm durch Errichtung einer Filiale in Görlitz die Gelegenheit gab, sich und seine Familie notdürftig zu ernähren. Mein Schwager **Bernhard Sorg**[344] hatte sein Versprechen, das Staatsexamen für Sachsen zu machen, nicht gehalten und so musste bei der Unsicherheit der Privatschulstellen meine Schwester **Elise** durch Annahme von Pensionären den nötigen Bedarf für die Familie zu beschaffen suchen, was bei ihrer geschwächten Gesundheit ohne Zweifel den Keim zu ihrem späteren Leiden gelegt hat. Nun war es natürlich den Eltern ganz unverständlich, dass Schwager Karl **Schneider** seine „gute" Pfarrstelle in Röhrsdorf aufgab und mit seiner Familie einer völlig ungewissen Zukunft entgegenging, die

[344] Zu Sorg siehe Anm. 163!

voraussichtlich nur in Amerika liegen konnte, da ja eine Aussicht, weitere freikirchliche Gemeinden zu gründen, damals nicht vorhanden war. Dass es dazu dennoch kam, und Karl und **Ottilie** den Mut fanden, den Ruf an die später entstehende Frankenberger Gemeinde anzunehmen, war ein besonderes Zeichen ihrer Glaubens- und Bekenntnisfreudigkeit, welche Gott ja auch reichlich gesegnet hat. Einstweilen wartete Ottilie mit ihren 3 Kindern im Elternhause auf das, was kommen sollte.

So war meine und meiner Familie Lage verhältnismäßig die beste und es war mir eine große Freude, dass mein Vater uns in Leipzig besuchen konnte, wo ich denn mit ihm auch über meine kirchliche Stellung und die daraus sich ergebenden Hoffnungen für unsere Zukunft sprechen konnte. Er erkannte dabei doch, dass es sich nicht um schwärmerische Utopien für den Aufbau einer Freikirche in Deutschland handelte, sondern um nüchterne in Gottes Wort gegründete Schritte, durch welche wir unserer Gewissensnot abhelfen und denen, die sich einfältig unter Gottes Wort beugten, einen klaren Weg zur Gesundung des kirchlichen Lebens zeigen und vorangehen wollten. Es ist mir hierbei besonders tröstlich gewesen, dass meine schriftlichen Darlegungen von keiner Seite widerlegt wurden, sowie dass keiner der Männer, mit denen ich persönlich über unsere Stellung sprechen konnte, meine Argumente zu widerlegen vermochte. **Ahlfeld**[345] erkannte ausdrücklich an, dass in der Landeskirche Kirchenzucht eingeführt werden müsste. **Michaelis**[346] stimmte mir in allen wesentlichen Punkten bei, wollte aber nicht „beunruhigt" werden, **Hölemann**[347] hatte nur gegen **Walthers**[348] Wucherlehre [d.h. gegen dessen Ablehnung des Zinsnehmens durch Christen] Einwendungen zu machen. Alle aber stimmten mir darin zu, dass der Zustand der Landeskirche eigentlich unerträglich sei. Nur sah man keine Möglichkeit, durch Austrittsbewegungen die Kirche als solche zu erhalten. Es kam allen darauf an, die Gesamtkirche sicherzustellen, was ihnen ohne Verbindung mit den Staatsuniversitäten und ohne die Unterstützung mit Staatsmitteln unmöglich erschien. Es kam also im letzten Grunde alles darauf hinaus, ob wir als Christen Gott mehr zutrauen wollten als den Menschen. Also auf die Frage, von wem und durch welche Mittel die Kirche erbaut und erhalten werden soll. Und dass wir hierbei allein auf Gottes Wort und Zusage unsere Zuversicht setzten und von ihm alle Hilfe erwarteten, das gab uns die Freudigkeit bei unserer Arbeit, die uns nicht zuschanden werden ließ.

[345] Zu Ahlfeld siehe Anm. 67!
[346] Zu Michaelis siehe Anm. 185!
[347] Zu Hölemann siehe Anm. 57!
[348] Zu Walther siehe Anm. 12!

Wir haben von vornherein nicht daran gedacht, neben der Staatskirche oder anstatt derselben eine Freikirche aufzubauen, auch strebten wir keinem „Kirchenideal"[349] nach, sondern wollten nur im Gehorsam gegen Gottes Wort alles daran wenden, um die Kirche recht zu erbauen. Welchen Erfolg wir damit haben würden, das überließen wir Gott. Wohl stiegen zu Zeiten Hoffnungen in uns auf, dass unsere Bewegung einen größeren Umfang annehmen könnte, besonders wenn der Abfall recht deutlich zu Tage trat. Aber es wurde uns auch immer wieder klar, dass es der großen Massen des Kirchenvolkes und vor allem dem Kirchenregiment darauf ankam, die große Masse als Kirche zusammenzuhalten. Der Ausspruch Prof. **Luthardts**[350], den er 1870 tat: „Erhaltung der Landeskirche um jeden möglichen Preis", blieb das Beherrschende. Und welcher Preis ihm als möglich erschien, das zeigte sich bei der Veränderung des Bekenntniseides im Jahre 1871.[351] Auch waren gerade ernstere Leute wie **Ahlfeld** sich darüber klar, dass eine Durchführung der Kirchenzucht mit dem Staatskirchentum unvereinbar sei. Schon bei der Einführung der Kirchenvorstands- und der Synodalverfassung [in der Sächsischen Landeskirche] im Jahre 1868 hatte man es bedauerlicherweise versäumt, die unbedingt nötigen Schranken zu ziehen, welche die Kirche und Welt unterscheiden mussten. So bekam man in die Kirchenvorstände und in die Synode durchaus weltlich gesinnte Leute hinein und verlor die Kraft, auf Grund des Wortes Gottes und mit Hilfe desselben die Kirche recht zu bauen. Das beruhte freilich im letzten Grunde auch darauf, dass die Theologen von den Staatsuniversitäten ausgebildet wurden und die Kirche, d.h. das Konsistorium bei der Amtsprüfung der angestellten Pastoren nicht darauf Acht hatte, wie dieselben zum Bekenntnis und zur wahrhaft lutherischen Praxis standen. So blieb das ganze Kirchenwesen in seiner Verbindung mit dem Staat ein weltliches Wesen, welches unfähig war, Kirche und Staat nach Gottes Wort zu trennen und die Kirche nach Gottes Wort zu regieren. Es ist das Verhängnis des Staatskirchentums geworden, dass man die Kirche nur als äußere Organisation ansah und als eine solche aufrechtzuerhalten selbst dann sich noch bemühte, als die Reichsverfassung die Trennung von Staat und Kirche einführte [1919]. Diesen Zeitpunkt versäumt zu haben, ist eine Hauptschuld der Kirche, und es wird wohl nie gelingen, dem deutschen evangelischen Volke zum Bewusstsein zu bringen, dass es verpflichtet ist, mit persönlichen Opfern die Kirche zu erhalten, so ist es nur natürlich, dass die vom Staat unabhängige Freikirche ein kleines Häuflein bleibt. Das darf

[349] Gemeint ist: eine ideale, fehlerlose Kirche anstreben.

[350] Zu Luthardt siehe Anm. 71!

St. Johanneskirche in Zwickau-Planitz

uns aber nicht irre machen, denn das Reich Gottes ist stets nur ein kleiner Rest gewesen, ein Same, dessen Zeugnis dennoch hinausging in alle Welt.

Auch unsere Kreuzgemeinde in Crimmitschau war nur ein solches kleines Häuflein, hatte aber doch den Beruf [d.h. die Aufgabe], in jener von Gott abgefallenen Stadt Zeugnis zu sein für die Wahrheit des Evangeliums und hat diesen Beruf durch Gottes Gnade erfüllt. Dass ich dabei Helferdienste tun durfte, indem ich das Wort vom Kreuz predigte, ist mir eine große Freude und Glück meines Lebens gewesen, an dem auch meine liebe **Anna** herzlich teilnahm, denn auch sie kannte nichts Schöneres, als mit Wort und Wandel ihren Heiland zu bekennen und es war ihr und mir eine große Freude, dass wir aus dem Wirtshauszimmer ausziehen und die Kapelle zum heiligen Kreuz einweihen konnten [16.12.1877], welches noch heute die Stätte ist, wo Gottes Wort lauter und rein verkündet wird.

Schon am 16.8.1876 war in Dresden die „Synode der Evangelisch-Lutherischen Freikirche in Sachsen und anderen Staaten" zusammengetreten. Denn wir hatten von vornherein nicht die Absicht, nur eine Sekte zu bilden, schon bei der Gründung der ersten Gemeinden in Dresden und Planitz war dem Ministerium eine Verfassung der vom Staat unabhängigen Evangelisch-Lutherischen Kirche eingereicht worden, welche aber nicht genehmigt wurde. Die Landeskirche bestand darauf, sie sei die Kirche, wer sich davon lossage, der müsste sich damit bescheiden, als „Dissidenten-Verein"[352] zu gelten; daher mussten unsere Gemeinden die Bezeichnung „separierte" evangelisch-lutherische Gemeinden annehmen und selbst dem Schriftenverein[353] wurde die Bezeichnung „Evangelisch-Lutherische Freikirche" verweigert. Ja, es wurde mir sogar einmal von dem Superintendenten in Werdau verboten, mich „Pastor" zu nennen, welches Verbot ich aber kurzerhand zurückschickte, da ich ihm nicht unterstellt sei. Ich hatte es übrigens von vornherein vermieden, mit den Pastoren der Stadt Crimmitschau in Verkehr zu treten, was für meine liebe **Anna** freilich eine Entbehrung war, weil ihr dadurch die Möglichkeit entsprechenden Verkehrs versagt blieb. Sie verstand es aber, mit den Frauen der Gemeinde in ein sehr herzliches Verhältnis zu kommen und gewann außerdem die Freundschaft von Frau Pastor **Ruhland** und Frl. **Marie von Haugwitz** in Planitz. Und dass unsere Geschwister **Schneider** dann doch einen Beruf an die Gemeinde

[351] Die erste sächsische Landessynode schwächte 1871 die Bekenntnisverpflichtung der Pastoren und Religionslehrer (sog. Religionseid) ab. Vgl. G. Herrmann, Lutherische Freikirche in Sachsen, Berlin 1985, S. 80ff.

[352] Dissidenten nannte man die aus der Landeskirche Ausgeschiedenen.

[353] Der Schriftenverein wurde 1881 gegründet. Seit 1950 trägt er den Namen Concordia-Buchhandlung.

Frankenberg bekamen und wir mit ihnen nicht nur in verwandtschaftlicher, sondern auch in glaubensbrüderlicher Weise verbunden waren, war uns eine große Freude. Ebenso dass wir mit Pastor **Kern**[354] in Chemnitz und später Pastor [Wilhelm] **Hübener**[355] in Dresden in völliger Einigkeit zusammenstehen konnten.

Dass die Evangelisch-Lutherische Freikirche dennoch nur ein kleines Häuflein blieb und es nicht dazu brachte, größere Volksmengen um sich zu sammeln, das lag nicht nur daran, dass gleich im Anfang mancherlei Streitigkeiten entstanden waren (so z.B. der Streit mit **Grosse**[356] und **Mäyer**[357] in Chemnitz, und **Alwin Wagner**[358] in Allendorf), sondern vor allen Dingen daran, dass das sächsische Christenvolk sich an die Form des Staatskirchentums so gewöhnt hatte, dass ihm eine selbständige Kirchenbildung auf eigenen Füßen und mit eigenen Opfern schier undenkbar erschien. Die amerikanische Weise, wie **Ruhland** sie kannte und einführen musste, erschien im allgemeinen allen zu fremd, dass man die Freikirche als „amerikanisches Gewächs" von vornherein ablehnte und dennoch war es gut, dass gerade Pastor Ruhland mit seinen gesunden amerikanischen Grundsätzen sich der Sache zuerst annehmen musste, und sie auf das Fundament reiner Lehre und richtiger Praxis stellen konnte, was einem direkt aus der Landeskirche stammenden Pastor, wie z.B. Pastor **Emil Lenk**[359], nicht möglich gewesen wäre. Andererseits muss ich es als eine göttliche Fügung ansehen, dass der selige Pastor Ruhland, der so Großes für unsere Kirche getan hatte, dann doch so plötzlich abgerufen wurde, nachdem **Stöckhardt** den ihm gebührenden Platz an der Fakultät in St. Louis/MO. erlangt hatte. Dadurch konnte es geschehen, dass ich nach Planitz berufen wurde und dort als Präses und Redakteur der „Freikirche" meinen Wirkungskreis bekam. In demselben hat mich Gott wunderbar bewahrt und gesegnet und ich habe nicht nur seelsorgerlich, sondern auch literarisch dafür arbeiten dürfen, dass das Wort Gottes lauter und rein auf den Plan kam und die Gemeinde sich nicht nur gesund erbaute, sondern auch weiterhin ausbreitete. Mein Wirken in Schneidenbach, Grün [Lengenfeld/V.], Hartenstein, Sosa und

---

[354] Paul Gustav Klemens Kern (1854-1919), Pastor der Ev.-Luth. Freikirche in Chemnitz 1877-1919.

[355] Zu Hübener siehe Anm 81!

[356] Zu Grosse siehe Anm. 340!

[357] Johann Thomas Mäyer (geb. ca. 1832), seit 1876 freikirchlicher Lehrer in Chemnitz, 1876 Trennung von der Ev.-Luth. Freikirche.

[358] Alwin Gotthard Wagner (1829-1909), seit 1854 altluth. Pastor, zeitweise wegen Krankheit im Wartestand, 1873 Trennung von der Altluth. Kirche, seit 1874 in Dresden, 1875-1877 P. der Ev.-Luth. Freikirche in Kleinlinden (Gießen), seit 1877 P. der Immanuelsynode in Gießen, dann Langenberg, seit 1890 am Hermannsburger Missionshaus als Lehrer.

[359] Zu Lenk siehe Anm. 207!

Eibenstock, Plauen und Falkenstein wird mir stets eine liebe Erinnerung sein, weil mein Zeugnis dort mit großer Freude und Begier aufgenommen wurde. Dabei ist unser Leben in Planitz trotz vieler Nöte und Anfechtungen ein sehr glückliches gewesen und ich kann nur Gott danken, dass er mich dorthin geführt und mir Kraft und Freudigkeit verliehen hat, so lange Zeit dort das Evangelium zu verkündigen. Was ich dabei versehen und versäumt habe, das hat der treue Hirte längst gutgemacht. Was ich dabei gewirkt habe, das ist allein seine Gnade gewesen. Und wenn ich im Rückblick auf dieses Wirken und mein ganzes Leben sagen darf, dass ich „wohl mehr gearbeitet habe als alle", so muss ich doch hinzufügen, dass das alles „seine Gnade gewesen ist und diese seine Gnade nicht vergeblich war" [1Kor 15,10]. Ihm sei darum Dank, Preis und Ehre in Ewigkeit!

In eine besonders schwere Lage kam bei dieser Sache mein Schwager Karl **Schneider**[360] in Röhrsdorf und doch ist gerade sein Verhalten von besonderer Bedeutung, so dass ich es in einem kurzen *Nachtrag* behandeln möchte. Er hatte mit 80 Pastoren eine Petition unterschrieben, dass ihnen gestattet würde, offenbare Tauf- und Trauverächter vom heiligen Abendmahl zurückzuweisen. Diese Petition wurde abgewiesen und es standen nur noch **Stöckhardt**, **Schneider** und **Baumfelder**[361] in Ortmannsdorf. Letzterem ist, wie mir gesagt wurde, privat das Zugeständnis gemacht worden, dass er solche Leute zurückweisen könne. Stöckhardt nahm durch seine Erklärung an das Konsistorium überhaupt eine prinzipielle Stellung ein, indem er das Konsistorium als nicht lutherisch bezeichnete und deshalb suspendiert wurde. So stand Karl **Schneider** allein da und seine Stellung wurde noch dadurch erschwert, dass sein Vater, solange er in Röhrsdorf war, auch freie Wohnung im Pfarrhaus hatte. Legte er sein Amt nieder, so musste auch der alte Emeritus das Pfarrhaus räumen, was natürlich als eine besondere Härte empfunden wurde. Dazu kam, dass er drei kleine Kinder hatte und deren Übersiedlung, sei es nach einer freikirchlichen Gemeinde in Deutschland, sei es nach Amerika, sehr schwierig war. Trotzdem blieb er seinem in Gottes Wort gebundenen Gewissen treu und legte am 5. Sonntag nach Trinitatis [16.7.1876] sein Amt nieder. Die dabei gehaltene Predigt ist in der „Freikirche" 1909, S. 20ff, 27ff und 35ff abgedruckt.

Es war eine gnädige Führung Gottes, dass damals im Oktober 1876 die Trinitatisgemeinde in Frankenberg entstand und ihn berief und eine rechte Glaubenstat der ganzen Familie, dass er diesen Beruf annahm. Er

---

[360] Zu Schneider siehe Anm. 160!

[361] Karl Gustav Gotthelf Baumfelder (1839-1915), seit 1866 Pfarrer in Heinrichsort, seit 1868 in Reinsdorf bei Zwickau, 1870-1882 Pfarrer in Ortmannsdorf, 1882-1915 in Zittau.

Inneres der St. Johanneskirche in Zwickau-Planitz (um 1900)

hat dieser Gemeinde sowohl in Frankenberg, als auch in Mittweida mit großer Treue und Hingebung gedient und weder körperliche noch geistige Anstrengung, noch pekuniäre[362] Opfer gescheut, ihr das lautere Wort nahe zu bringen. Dass sich im Jahre 1893 eine geistige Störung bei ihm einstellte, die schließlich eine Unterbringung in der Heilanstalt nötig machte, ist von Landeskirchlichen mehrfach als Folge seines Austritts betrachtet worden. Das ist aber ein Irrtum. Er hat schon auf dem Gymnasium mit großem Fleiß und übermäßiger Anstrengung gearbeitet und auch die große Gewissenhaftigkeit, mit welcher er später sein Amt führte, brachte es mit sich, dass er sich keine Schonung gönnte und mag so die Ursache dieser schweren Krankheit geworden sein. Der Segen seiner Wirksamkeit zeigt sich aber in allen denen, die seinen Unterricht genossen haben und in der Ewigkeit wird es offenbar werden, wie viel er zur Ehre Gottes gewirkt hat. Stehen doch jetzt noch seine Witwe und Töchter im treuen Bekenntnis und eifrigen Wirken für unsere Kirche.

Dresden-Bühlau, den 6. Februar 1933

gez. D. Otto Willkomm[363]

[362] Finanzielle Opfer.
[363] Gestorben am 5.8.1933 in Dresden-Bühlau.

Anhang 1: Erklärung von fünf Missionaren (1876)

Vorwort

Nachstehende Erklärung der durch eigenhändige Namensunterschrift bezeichneten 5 Leipziger Missionare in Ostindien ist uns am 14. Dezember 1875 direkt aus Ostindien durch Herrn Missionar Zucker im Namen seiner Mitbekenner zugesendet worden, mit der Bitte um öffentliche Verbreitung derselben in möglichst weiten Kreisen. Indem wir diese Bitte erfüllen, preisen wir unsernteils Gott und sprechen unsere kündlich große Freude darüber aus, dass Gott nicht nur in dem fernen Ostindien jene so einsam stehenden Missionare zur hellen und vollen Erkenntnis kirchlicher Wahrheit geführt hat, sondern auch dass durch Gottes Gnade mitten aus dem Schoße der Leipziger Mission heraus ein so klares mächtiges Zeugnis der Wahrheit erschallt gegen alle die Verleugnungen biblischer und lutherischer Lehre, gegen alle die Glaubensverwirrung und den Indifferentismus unserer Zeit, der sich mit den gröbsten Irrtümern und Ketzereien friedlich verträgt. Letzteres ist leider der Standpunkt der Leipziger Allgemeinen Kirchenzeitung [AELKZ] von Luthardt, der das gegenwärtige Zeugnis der Ostindischen Missionare zunächst gilt, ganz dasselbe ist aber auch der traurige Stand unserer heutigen deutschen Landeskirchen überhaupt, sowie der Stand der Leipziger Mission, die mit dem Landeskirchentum ganz Hand in Hand geht, wie das nicht nur die Zusammensetzung aller ihrer Träger und Teilnehmer, sondern auch ihre ganze Oberleitung zeigt.

Wir wünschen gewiss der Leipziger Mission alle Förderung und Gottes reichen Segen zur Errettung und Bekehrung vieler armer Heiden aus der Gewalt des Satans zu Gott, aber ebenso gewiss ist auch nach Gottes Wort, dass alle Duldung falscher Lehre und alle Gemeinschaft mit ihr ein Krebsschaden ist, der alle Gotteswerke, auch das der Mission, allmählich zerfrisst und verdirbt. Wir sind darum fest überzeugt, gleich den 5 mutigen Bekennern in Ostindien, dass das Gewissen treuer luth. Christen nimmermehr in der Gemeinschaft öffentlicher falscher Lehre ruhig beharren und mit ihrer Duldung sich vertragen kann, sondern dass es zu der Entscheidung kommen muss, ob bei uns nach wie vor all der Sauerteig landeskirchlicher Lehrverwirrung und Glaubensmengerei bleiben, oder die alte reine lutherische Lehre unseren Symbolen gemäß wieder zu ihrer wirklichen und vollen kirchlichen Geltung und Herrschaft kommen soll.

[Friedrich] Brunn, P.

Erklärung

Nr. 35 der Allgemeinen Evang.-Luth. Kirchenzeitung [AELKZ] dieses Jahres brachte uns einen Artikel „Aus Sachsen" und einen Abschnitt der Wochenschau, worin treue Lutheraner heftig angegriffen und geschmäht werden. Zwar dem „Aus Sachsen" misslingt in auffälligster Weise schon der Versuch, sein äußerlich lutherisches Gepräge zu wahren, so dass wir hiermit von demselben absehen können.

Aber der Wochenschauer weiß seiner Sache mehr Schein zu geben: Er hat Luthertum auf sein Banner geschrieben, und wenn er gar zuletzt seine Stimme aufhebt und warnt, die Lutherischen aller Orten warnt, sich vor Missouri zu hüten, sich von Missouri nicht berücken, vergewaltigen zu lassen, – wer wird da nicht in Missouri einen argen bösen Feind erblicken.

Wir Unterzeichnete haben das alles gelesen, wir haben schon oft so etwas gelesen und haben geschwiegen. Jetzt aber wollen wir nicht mehr schweigen, sondern reden. Warum? Weil wir nicht schweigen können. Und warum können wir nicht schweigen? Hier die Antwort:

Wir halten die Missourier für treue Lutheraner, für solche, die nicht nur Lutheraner heißen, sondern es auch sind; die sich nicht herausnehmen, in allerlei Weise mit Schrift und Bekenntnis umzuspringen, sondern an beidem halten. Wir danken Gott inbrünstig dafür, dass er so tapfere Bekenner der reinen Lehre erweckt hat, und freuen uns in dem ewigen Licht, das durch sie nun auf den Leuchter gestellt ist. Zwar sind wir jenen uns teuren und lieben Leuten fern und haben sie nicht in all ihrem Tun und Wesen vor Augen; aber wenn wir in ihren Schriften den Grund ansehen, darauf sie stehen, und das Ziel, dem sie nachjagen, so erkennen wir beides von ganzem Herzen als richtig und wahr und als unser eigen an. Sie aber werden darum geschmäht und verachtet, müssen ein „pharisäisches" Luthertum haben, sich „Staare"[1] nennen lassen, weil sie Gottes Wahrheit für gewiss und unveränderlich halten, und sie gelten, wie auch vor Zeiten die Bekenner reiner Lehre, für Friedensstörer und aller Untugenden voll.

Ist's nun recht, dass wir mit jenen Männern übereinstimmen, für sie Gott danken, uns ihrer freuen, ihnen viel, viel zu verdanken haben, – ohne auch unsererseits öffentlich und unmissverständlich uns für sie zu erklären? Nein, das ist nicht recht! Und wenn wir aus allerlei Rücksichten beschließen sollten, stille zu sein, nichts zu tun, würde unser Gewissen uns feige Verräter einer guten und unserer eigenen Sache schelten; wir müssten uns schämen,

[1] Im Sinne von „Stars", die so von sich überzeugt sind, daß sie nichts neben sich gelten lassen.

jemandem von jenen Männern unter die Augen zu treten, und sie müssten Zeugen sein zuerst wider uns. – Deshalb müssen wir handeln und reden.

Wir wenden uns nun gegen den Wochenschauer in Prof. D. Luthardt's Kirchenzeitung. Der Wochenschauer legt gegen Missouri ein doppeltes falsches Zeugnis ab, indem er lügt:

1. dass Missouri nicht für lutherische Lehre, sondern für neue missourische Lehren streite.
2. dass Missouri um selbstgemachter Glaubensartikel willen freventlich Spaltung und Trennung anrichte.

Dies falsche Zeugnis ist besonders in folgenden Ausdrücken des Wochenschauers enthalten: „besondere missourische Lehrsätze", „neue missiourische Glaubensartikel", „Missouri erklärt allen Lutheranern, welche in den einzelnen Fragen nicht ganz missourisch gesinnt sind, den Krieg", z.B. der Immanuelsynode, „die die missourische Übertragungslehre sich nicht habe aufdrängen lassen", „die Missourier machen es zu einem Glaubensartikel, dass der Papst der Antichrist sei", „missourische Überspanntheit", „rühmen sich Lutheraner zu sein, handeln aber dabei in so ganz unlutherischem Geist und Sinn".

Alle diese schweren Beschuldigungen zu beweisen, macht den Wochenschauer auch nicht den leisesten Versuch. Er meint wohl, der consensus gentium [=Übereinstimmung der Völker] (Iowa, bayrische Landeskirche, sächsische Landeskirche, Immanuelsynode, die luth. Hessen, P. Harms in Hermannsburg), der wenigstens in Betreff der „missourischen Überspanntheit" ein wirklicher consensus zu sein scheint, oder auch das Ansehen des Redakteurs der Kirchenzeitung genüge, um seine Behauptung zu beweisen. Ja, Fortschrittslutheranern von Kirchenzeitungsfarbe, aber nicht ehrlichen Lutheranern! Diese entsetzen sich über die unehrliche und freche Leichtfertigkeit, mit der die Allgem. Kirchenzeitung wichtige und in den Symbolen ausführlich dargelegte Bekenntnislehren der lutherischen Kirche für Erfindungen Missouris ausgibt.

Nun ist's am Tage und muss jedem Lutheraner, welcher die Schmalkaldischen Artikel nicht bloß kennt, sondern auch mitbekennt, über allem Zweifel erhaben sein, dass diese sogenannte missourische Lehre (cf. [=vgl.] Walther, Kirche und Amt, 2. Aufl. S. 321): „Das heilige Predigtamt ist die von Gott durch die Gemeinde als Inhaberin des Priestertums und aller Kirchengewalt übertragene Gewalt, die Rechte des geistlichen Priestertums im öffentlichen Amte von gemeinschaftswegen auszuüben" nichts mehr und nichts weniger ist als die Lehre unserer lutherischen Bekenntnisse, wie auch jeden, der dies etwa noch bezweifeln sollte, schon die kurze Zusammenstellung der betreffenden Bekenntnisstellen bei Thomasius (Dogmatik III. 2,417f) belehren kann. Dass diese Lehre und keine andere die allein genuin lutherische ist, ist auch noch nie von irgendjemand in der Welt widerlegt worden. Für diese Lehre und für keine andere legen alle rechtgläubigen Lehrer und Bekenner unserer Kirche, Luther an der Spitze (cf. Thomasius, Dogmatik III. 2,411ff), einmütiges und lautes Zeugnis ab. Sogar Prof. D. Luthardt selbst gibt Zeugnis für die Übertragungslehre (cf. Compendium, 2. Aufl., S. 268). Es kann auch niemand selbst nur mit einem Schein des Rechtes behaupten, dass Missouri eine „neue oder besondere" Form der Übertragungslehre zu seinem Schibboleth [vgl. Richter 12,6] machen wolle, denn diesen Vorwurf hat Prof. Walther schon längst mit echt lutherischer lichter Klarheit und fester Gewissheit zurückgewiesen. Er sagt: „In welcher Form andere Lutheraner auch immer von dem Amte und von der Übertragung desselben reden mögen, so reichen wir ihnen doch die Hand kirchlicher Gemeinschaft, wenn sie nur die Lehre vom Amt der Schlüssel, wie sie dem Papsttum gegenüber in unserem Bekenntnis, namentlich in den Schmalkaldischen Artikeln[2], niedergelegt ist, mit uns bekennen; also nicht leugnen, dass nicht die Amtsträger, sondern die Kirche die Schlüssel oder das Amt ursprünglich besitze und durch ihren Beruf übergebe, dass also das Pfarramt nicht ein neben der Kirche bestehender, privilegierter, sich selbst fortpflanzender Stand sei. Wer aber freilich dies leugnet oder, obwohl er es zuzugestehen Miene macht, doch unsre Lehre für schwarmgeisterisch erklärt, indem er sich z.B. hinter die unsichtbare Kirche als Ganzes versteckt und somit zeigt, dass er im Grunde doch eine wesentlich andre Lehre für die richtige hält, mit dem können wir allerdings nicht zusammenarbeiten" (Lehre und Wehre 1873, S. 366f).

Ganz genau so verhält es sich mit der ebenfalls angeführten „missourischen Lehre, dass der Papst der Antichrist sei". Ist man im Lande der Wissenschaft wirklich unwissend genug in Betreff des lutherischen Bekenntnisses, dass der Wochenschauer erwarten kann, man werde ihm Glauben schenken, wenn er behauptet, auch dies sei eine neue und besondere Lehre Missouri's? Oder ist man schon gewissenlos genug, um wider eigenes besseres Wissen zu leugnen, dass dies in der Tat nicht neue und missourische, sondern alte und echt lutherische Lehre ist, und zwar eine Lehre, welche nicht nur in

[2] Gemeint ist offenbar der als „Anhang" der Schmalkaldischen Artikel angesehene „Tractatus" Melanchthons „Von der Macht und Obrigkeit des Papstes".

den Schmalkaldischen Artikeln (Müller, S. 308,§10.11) von Luther bekannt, und in der Konkordienformel (S. 702) gelegentlich wiederholt, sondern auch von Melanchthon im Anfange des Tractatus de postestate et primatu papae[3] (S. 336,§39 - 340,§59) ausführlich dargelegt und bewiesen ist, und zwar in einer Weise, welche auf das deutlichste alle modernen Lieblingsmeinungen, nach welchen der Antichrist ein noch zukünftiger Weltherrscher sein soll, der die Gemeinde nur von außen verfolgt und drückt, als falsch und der klaren Schrift widersprechend verwirft (cf. S. 336,§39). Aber auch abgesehen von allen denjenigen Stellen, welche es ex *professo* [= von amtswegen] lehren, dass *plane notae antichristi competunt in regnum papae et sua membra* [= so treffen völlig die Kennzeichen des Antichristen auf das Reich des Papstes und seine Glieder zu] wird der Papst durchgängig und zwar besonders in der Apologie als der Antichrist bezeichnet, wie jedermann sich leicht überzeugen kann, der sich nur die Mühe geben will, die einzelnen Stellen nachzuschlagen nach dem Sach- und Namenregister in Müllers Ausgabe (cf. Antichrist); so dass D. Rudelbach vollkommen recht hat, wenn er bezeugt, „dass der antipapistische Charakter ein wesentlicher unserer Kirche sei" (Einleitungen d. Augsb. Confess., S. 119).

Vorstehendes wird wohl genügen, um unsre Behauptung zu rechtfertigen, wenn wir sagen, dass nicht Missouri „neue oder besondere" Lehren hat und anderen „aufdrängen" will, sondern dass im Gegenteil die Allgem. Luth. Kirchenzeitung echt lutherische Bekenntnislehren verleugnet und bestreitet, und zwar – was das Schlimmste ist – unter dem Heuchelschein, als stritte sie für das lutherische Bekenntnis gegen menschliche und willkürliche Zusätze.

Daraus ist denn für jeden ehrlichen und aufrichtigen Lutheraner klar, wie viel die Beschuldigung, dass Missouri „die Einheit der lutherischen Kirche zerreiße und zertrenne", auf sich hat. Die Missourier haben allerdings an der Zertrennung der lutherischen Kirche gerade so viel Schuld, wie an den „neuen und besonderen" Lehren, durch welche jene Zertrennung herbeigeführt wird, nämlich keine Schuld, wie jedermann weiß, der ihr durch Gottes große Gnade deutliches und lautes Zeugnis gegen alle „neuen und besonderen" Lehren und für die symbolische Einheit vernommen hat. Sie können sich mit V. E. Löscher getrösten und mit ihm sprechen: „Unser wohlgemeintes Zeugnis ist bisher auch nicht ohne Segen geblieben, noch Gottes Gnade an uns vergeblich gewesen. Ist *Fluch, Zorn, Unruhe, Streit, Zerrüttung daraus entstanden*, so hat das Evangelium und die himmlische Wahrheit von Anbeginn kein anderes Schicksal gehabt. Christus ist ge-

[3] Siehe Anmerkung 2!

kommen, ein Feuer anzuzünden. Wenn wir reden, so fangen sie Krieg an, Psalm 120,7. Aber fluchen sie, so beten und segnen wir. Wir leben in der streitenden Kirche auf Erden und müssen uns [?] leiden als die guten Streiter Jesu Christi. Welche Zerrüttung anrichten, werden ihr Urteil tragen, ob aber solches auf die falle, welche ob dem Wort und der symbolischen Einigkeit halten, oder auf die, welche von der Wahrheit weichen, das wird der Tag offenbaren. War doch das auch Ahabs Sprache: Bist du, der Israel verwirrt, 1Kön 18,17" (Unschuld. Nachrichten, Vorwort von 1728).

So viel zur Steuer der Wahrheit gegen die Allgem. Luth. Kirchenzeitung. Unserem Herrn Jesu Christo, dem treuen und wahrhaftigen Zeugen, sei Lob und Dank gesagt dafür, dass er durch seine Gnade auch in dieser Zeit wahrhaft babylonischer Glaubens- und Sprachverwirrung sich im fernen Abendlande Männer erweckt hat, welche treu und fest und unbeirrt durch all das Geschrei zur Rechten und Linken: „Hier ist Christus und da ist Christus", das Panier [= Banner] der ewigen Wahrheit, welches ist das unverkürzte und unveränderte Bekenntnis der wahren sichtbaren Kirche Gottes auf Erden, welche nun die lutherische heißt, – welche dies Panier hochhalten zu großer Stärkung im Kampfe für alle Herzen, die über den Schaden Josephs trauern. Gott wolle sie segnen und stärken und ihnen einen Sieg nach dem anderen geben. Ja, das wolle er tun.

Wir aber alle, soviel unserer unser teures Bekenntnis mitbekennen, wollen laut rufen: „Hier Schwert des Herrn und Gideon!" und wollen mit eintreten in den großen Kampf, wollen mit Zeugnis ablegen gegen jeden Abfall von der Wahrheit und mit den Sieg erlangen. Das walte Gott. Amen.

November 1875

E. Schäffer
Fr. Zucker
C. M. Zorn
A. Grubert
O. Willkomm

(aus: Ev.-Luth. Mission und Kirche, hg. von Friedr. Brunn, Dezember 1875)

Anhang 2:
Der Jordan und das Tote Meer

Davon hört wohl jeder Christenmensch gern etwas; sinds ihm doch von Kind auf bekannte Namen, auch wenn er nicht in Jordanwasser getauft ist, wie etliche Große der Erde das mit ihren Kindern zu tun pflegen. Ich will aber heute nicht beschreiben, wo der Jordan entspringt und wie er bis zum Toten Meere fließt, sondern vielmehr erzählen, wie ich vor nunmehr 11 Jahren beide Stätten besucht habe.

Es war ein schöner, heißer Julitag, als ich nachmittags 2 Uhr, begleitet von einem Dragoman (Reiseführer und Dolmetscher) aus Jerusalem durch das Stephanstor hinausritt. Nachdem wir den Kidron, dessen Bett freilich in dieser heißen Jahreszeit völlig ausgetrocknet war, überschritten hatten, sahen wir links einen mit hohen Steinmauern umgebenen Garten, dessen uralte Ölbäume uns an eine längst vergangene Zeit mahnen, an die Zeit nämlich, von der wir im Evangelium lesen: *„Da Jesus solches geredet hatte, ging er hinaus mit seinen Jüngern über den Bach Kidron, da war ein Garten, darein ging Jesus und seine Jünger"* (Joh 19,1). Ist es auch als sicher anzunehmen, dass kein Baum aus jener Zeit mehr steht – denn bei der Belagerung und Zerstörung Jerusalems durch die Römer ist alles verwüstet worden -, so ist doch die Stätte, die man jetzt Gethsemane nennt, so der Beschreibung der Evangelisten entsprechend, dass wir gern annehmen, eben dies sei jene Ölkelter, unter deren Bäumen, den Vorfahren der jetzt dort stehenden, der Mann der Schmerzen die Kelter alleine trat, also dass sein Gewand mit Blut befleckt ward (Jes 63,3).

Also Gethsemane zur Linken, das rasch sich tiefer und tiefer eingrabende Kidrontal zur Rechten lassend, stiegen wir auf der sich an der Südseite des Ölberges hinaufziehenden Straße immer höher, bis zu dem Punkte, wo wir, rückwärts blickend, die Stadt ausgebreitet sahen, die der Herr einst erwählet hatte, daselbst zu wohnen. Von hier aus bekommt man recht den Eindruck von dieser Stadt, den der Psalmist in den Worten wiedergibt: *„Um Jerusalem her sind Berge und der Herr ist um sein Volk her"* (Ps 125,2). Denn, obwohl selbst auf Bergen gelegen, ist die Stadt doch rings von höheren Bergen umgeben. Jenseits der Stadt im Westen ragt die Gottfriedshöhe [benannt nach dem Kreuzfahrer Gottfried von Bouillon] hervor, über die man von Jaffa kommend, die Stadt erreicht, im Süden der Berg des bösen Rats, im Nordosten der Skopus mit dem benachbarten Höhenzuge, von wo aus [im Jahr 69/70 der römische Kaiser] Titus die Stadt am meisten bedrängte, und im Osten der Ölberg, auf dessen halben Abhange wir stehen. Wenden wir uns aber vorwärts, so sehen wir zwischen den die Abhänge des Ölberges bedeckenden Ölbäumen hindurch ein Dorf El Asarieh, d.h. das Dorf des Lazarus. Das ist also Bethanien, wo der Herr den Lazarus auferweckte, wo Simon, der Aussätzige, ihm ein Gastmahl bereitete, wo Maria ihn salbte zu seinem Begräbnis! Und die Straße, die wir ziehen, ist wohl dieselbe, auf welcher der Herr einzog in die Stadt; vielleicht stehen wir eben an der Stätte, wo er, die Stadt erblickend, über sie weinte. Wahrscheinlich ist auf derselben Straße auch, tausend Jahre zuvor, David vor Absalom geflohen, sein Haupt verhüllend und weinend. Wenigstens ist dies der Weg, der zur Wüste geht. Das sollten wir bald merken.

Bethanien links lassend, gelangten wir zunächst in ein schon recht ödes Tal, das Wadi El hodh, in dem sich aber doch auch eine Quelle befand. Als wir aber dies Tal, wo dasselbe sich in südöstlicher Richtung nach dem Toten Meere wendet, verlassen hatten, sahen wir rings um uns nichts als Wüste. Das ist die Straße, wo der Mann, der von Jerusalem nach Jericho ging, unter die Mörder fiel. Könnte uns nicht auch so etwas passieren in dieser Einöde? Weit und breit ist kein Mensch zu sehen und keine menschliche Wohnung. Horch, da regt sichs hinter uns! Auf einem Grauschimmel kommt ein Beduine daher gesprengt, dessen Aussehen wenig Vertrauen erweckt. Will der uns vielleicht überfallen? Doch nein! Er grüßt den Dragoman freundlich, und dieser berichtet mir, dies sei unser *Sauvegard* [Beschützer], unser vom nächsten Beduinenscheich uns auf Begehr des Paschas von Jerusalem gesandter Begleiter, der uns nicht berauben, sondern uns gegen alle Unbilden, die seine Stammes- und Volksgenossen uns zuzufügen etwa Lust haben möchten, schützen soll. Die Sache hängt so zusammen: Weil die türkische Regierung nicht imstande ist, selbst für die Sicherheit der Reisenden in allen Teilen des Landes zu sorgen, so hat sie mit den angesehensten Beduinenscheichs ein Abkommen dahin getroffen, dass die Reisenden in den unsicheren Gegenden einen Beduinen zum Begleiter und Beschützer bekommen, natürlich gegen eine Abgabe, 5 Franks per Tag, in welche sich wohl die türkische Regierung und der Beduinenscheich teilen, und ein Trinkgeld an den diensttuenden Beduinen. Denn ohne Trinkgeld (Backschisch) gehts im Morgenlande noch weniger als im Abendlande. Kommt trotz dieser Abgabe ein Überfall oder eine Beraubung vor, so kommt der Beduinenscheich für allen Schaden auf. So waren wir also „sicher".

Der Beduine aber, der uns begleitete, hatte ein recht abenteuerliches Aussehen: Ein dunkles Tuch, lose um den Kopf gehängt, umflatterte ihn beim

Otto Willkomm im Ruhestand

Reiten und brachte ihm zugleich Schutz und Kühlung, eine schmutzige, schwarz und weiß gestreifte Decke verhüllte die Gestalt, eine Reiterpistole in Lederfutteral machte seine Bewaffnung aus. In seinem hohen Sattel, die Füße in den schaufelartigen, kurz geschnallten Steigbügeln ruhend, kauerte er mehr als er saß auf seinem Pferde – ein seltsames Bild.

Nachdem die Straße eine kurze Zeit bergan geführt hatte und mir auf der Höhe die Ruinen der Herberge gezeigt worden waren, in welche der barmherzige Samariter den geführt, den er gerettet hatte, – eine freilich etwas unsichere Überlieferung – gings fortwährend bergab, und zwar oftmals recht steil. Jenseits des Wadi Kelt, das von Rama her nach dem Jordan zu geht, zeigte man mir den Berg Quarantania oder Kuruntul, in dessen schauerlich wüster Umgebung das vierzigtägige Fasten des Herrn stattgefunden haben soll, was wohl glaublich ist. Zwei zerstörte Aquädukte (Wasserleitungen) zeigten, dass es auch hier einst Kultur gegeben hat; sie haben den Zuckermühlen, die in der Zeit der Kreuzzüge hier bestanden haben, Wasser zugeführt. Während nun die sinkende Sonne schon die Schatten der sich zu beiden Seiten unseres Weges immer höher auftürmenden Felsen auf den Weg warf, wand sich dieser immer tiefer hinab und trat endlich ins Wadi Kelt ein.

Schon öffnete sich die Aussicht nach der Jordanebene und stellenweise auch nach dem Toten Meere, und dahinter erhob sich die Kette des Moabitergebirges, schon von einem rosa Dunst überzogen. Plötzlich hörten die Berge zu beiden Seiten auf, und wie von einem Altane [d.h. Terrasse] aus blickte ich ganz frei in das hier 3-4 Stunden breite Tal, in welchem, zwischen Grün versteckt, das Dörflein El Riha lag, das ungefähr die Stätte bezeichnet, wo einst die stolze Stadt Jericho stand. Ein prachtvoller Anblick bot sich mir dar: Das ganze jenseitige Gebirge glühte wie im Feuer, während auf der Jordanaue und dem dunklen Spiegel des Toten Meeres schon der Abendschatten lag. Dieser stieg nun allmählich an den Bergen hinauf und endlich glühte nur noch ein schmaler Saum unter dem blauen Himmel. Und als auch der, da die Sonne ganz gesunken war, verschwand, da wechselten die Farben, der Himmel wurde rot, die Berge blau, bis endlich alles ins Dunkel der Nacht überging und die hellen Sterne hervorleuchteten. Währenddessen waren wir auf der mehrfach sich windenden Straße bis ins Tal hinabgekommen. Leider war es schon zu spät, um noch einen Abstecher nach der am Fuße des Berges Kuruntul sich befindenden Elisaquelle zu machen, welche mit ihrem durch den Propheten gesundgemachten Wasser (2Kön 2,19-22) noch heute wie vor mehr als 2000 Jahren die Bewohner dieser Gegend erquickt.

Wir eilten nach unserer Herberge, die sich dicht an der Ruine eines alten Turmes, etwas seitwärts von El Riha befand. Ihr Dach war der Himmel, ihre Wände die Reben und Blätter eines Weinstocks, der um ein von jener Quelle gespeistes Bassin herum eine dichte Laube bildete. An diesem Wasserbecken streckte ich die von dem langen Ritt (wir hatten über 5 Stunden ununterbrochen zu Pferde gesessen) ermüdeten Glieder auf einem von meinem Dragoman mitgebrachten Teppich und ließ mich von demselben bewirten. Beim Scheine einer Papierlaterne, die er aufhing, konnte ich mir die Umgebung ansehen, in der ich mich befand. Auf der anderen Seite des Bassins hatten sich etwa 20 russische Pilger mit ihren Popen gelagert und im Hofe neben dem Turme hielten sich zwischen den Pferden und Eseln die arabischen Pferdeknechte samt den Beduinen auf. Da auch noch ein von einem deutschen Vater abstammender und des Deutschen mächtiger Grieche unsere Herberge teilte, so wurden auf dem kleinen Raume fünf verschiedene Sprachen gesprochen, nämlich Deutsch, Russisch, Englisch (in welcher Sprache ich mich mit meinem Dragoman verständigte), Italienisch (das Verkehrsmittel des Dragomans mit jenem Griechen) und Arabisch. Damit hatte ich ein Bild des Völkergewirres im Morgenlande überhaupt und besonders in Palästina. Denn weil dieses Land nicht nur von Pilgern und Vergnügungsreisenden, sondern auch von Handelsleuten und vereinzelten Ansiedlern fast aller abendländischen Völker aufgesucht wird, so ist auch all dieser Völker Sprache dort anzutreffen. So macht auch Jerusalem trotz seines Verfalls noch immer den Eindruck einer Stadt, „da die Völker zusammenkommen", – ein lautredendes Denkmal der Güte und des Ernstes Gottes.

Von Gottes Güte muss mitten unter dem Verfall auch die Natur noch Zeugnis ablegen. Zwar ist das Land, da Milch und Honig innen floss, durch den Fluch Gottes, welchen auszuüben die trägen Türken mit ihrer liederlichen Wirtschaft und ihrem harten Steuerdruck besonders geeignet sind, im Großen und Ganzen jetzt wenig fruchtbar, weil die Berge meist entwaldet sind und so die Feuchtigkeit nicht lange halten können, daher denn die Bäche bald vertrocknen, – aber dass es an und für sich ein fruchtbares Land ist, das sah ich hier, wo mir für weniges Geld eine reife Weintraube verkauft wurde, die mich an Josuas Traube erinnerte: Sie bestand aus 3 Trauben an einem Stängel, deren mittelste einen Fuß lang war. Ja, wenn dies Land vom Herrn gesegnet wurde, so mussten ja Milch und Honig drinnen fließen und auch der Ärmste unter seinem Weinstock und Feigenbaum genug haben.

An Schlaf war in dieser Nacht nicht viel zu denken, da draußen im Hofe die Pferde und drin die Moskitos mir Unruhe machten. Doch schlief ich endlich gegen Mitternacht mit dem Gedenken an Jakobs Nachtruhe in Bethel ein und wurde gegen 3 Uhr wieder wach, als mein Dragoman Vorbereitungen zum Frühstück und zum Aufbruch traf. Da wir in Begleitung der russischen Pilgerkarawane bis zu dem noch 1 1/2 Stunden entfernten Jordan reiten wollten, was mein Führer für sicherer hielt, brachen wir erst 1/2 5 Uhr mit derselben auf. Noch lag das Dunkel der Nacht auf dem Tale – denn in jenen Breiten sind bekanntlich die Sommertage kürzer, aber auch die Wintertage länger als bei uns – nur über den östlichen Bergen zeigte ein ganz schwacher Schimmer den nahenden Tag an. Den Hügel Dscheldschul (Gilgal), der an den Übergang der Kinder Israel und die darauffolgende Beschneidung des ganzen Volkes (Jos 5,9) erinnerte, zur Rechten lassend, ritten wir zwischen dünenartigen Sandhügeln immer bergab. Denn ob wir wohl in der Jordanebene waren, so senkt sich dieselbe doch von Jericho, welches 900 Fuß [= 250 m] unter dem Spiegel des Mittelländischen Meeres liegt, noch um wenigstens 100 Fuß bis zum eigentlichen Flussbett. Im Osten wurde es heller und heller und als der Morgenstern verblasst war, trat die Mondsichel auf kurze Zeit hervor, (denn es war wenige Tage vor Neumond) um bald darnach zu erbleichen vor dem Helden, der mit strahlendem Glanz aus seiner Kammer ging (Ps 19,5f), und ihm Platz zu machen – eine Erinnerung an den Vorläufer des Herrn, der in dieser Gegend auftrat, zu predigen die Taufe zur Buße, Johannes den Täufer, der da sprach: *„Er muss wachsen, ich aber muss abnehmen"* (Joh 3,30).

Während von dem Glanz der aufgehenden Sonne die westlichen Berge, wie gestern Abend die östlichen, in roter Pracht erglänzten, hatten wir das Flussbett des Jordan erreicht. Dasselbe ist zum größten Teile mit Bäumen und Gesträuch bewachsen: ich sah da die heimischen Weiden und Pappeln, aber auch die Bambusgesträuche der tropischen Zone. Nur in der Mitte des ziemlich breiten Strombettes schoss das Wasser des jetzt, im Hochsommer, seichten Flusses in vielen Windungen dahin. Im Frühjahr, wenn der Schnee vom Hermon schmilzt und die Regengüsse das Land Basan und all die Gebirge umher befeuchten, und alle Bäche rinnen machen, da mag er auch voll sein an seinen beiden Ufern, das Gesträuch mit überschwemmend, gleichwie er damals war, als die Kinder Israel trocknen Fußes hindurchgingen, durch ein Wunder göttlicher Allmacht.

Wir erreichten den Fluss an der Stelle, wo seit Jahrtausenden eine Furt hindurchgeht, wo aller Wahrscheinlichkeit nach Johannes längere Zeit getauft hat und also wohl auch unser Heiland selbst getauft worden ist. Das stimmte billig zu herzlicher Andacht. Wenn aber die russischen Pilger ihrer

Andacht dadurch Ausdruck gaben, dass sie sich von ihrem Popen im Jordan taufen ließen durch Untertauchen in den Fluss im Namen des dreieinigen Gottes, so war diese mit dem Fluss getriebene Abgötterei – denn anders ist das nicht zu nennen – mir abstoßend. Ich suchte mir weiter oben eine Stelle, wo ich im Fluss baden und schwimmend das jenseitige Ufer erreichen konnte, freilich nicht um dort zu bleiben. Denn meine Reise bis dorthin auszudehnen, erlaubte die Zeit nicht; auch hätte es dazu erst neuer Verhandlungen mit den das jenseitige Ufer beherrschenden Beduinen bedurft, denn mein Beduine konnte mich nur auf dem diesseitigen Ufer schützen. Bei diesem Bad im Fluss bemerkte ich, dass der Jordan in einer tiefen Erdspalte dahinfließt – denn in der Mitte wurde er schnell tief, während er am anderen Ufer ebenso schnell seicht ward und das Ufer dann ziemlich schroff aufstieg. – Es ist ja überhaupt das ganze untere Jordantal samt dem Toten Meere eine tiefe Erdspalte, 1000 Fuß [300 m] und darüber unter dem Spiegel des Mittelmeeres gelegen, welche auffallende Einsenkung ohne Zweifel ihren Ursprung hat von dem Gericht über Sodom und Gomorrha, da der Herr die Stätte umkehrte.

Dieser Gerichtsstätte eilten wir nun, die russischen Pilger und zugleich auch den Fluss verlassend, zu. Ein Ritt von 1 1/2 Stunden durch das immer öder werdende Tal brachte uns an das Nordende des Toten Meeres, etwa 3/4 Stunden westlich von der Stelle, wo der Jordan in dasselbe mündet und sich in demselben verliert. Denn so lebendig der Strom dahinrauscht, in sich Leben bergend und Leben an seinen Ufern erweckend, sobald er ins Tote Meer tritt, ist auch er tot: Kein Fisch lebt in diesem Meere, kein Vogel fliegt über dasselbe, kein grüner Strauch schmückt seine Ufer, die vielmehr weithin mit Salz bedeckt sind, mit dessen Gewinnung wir etliche schwarze Gestalten beschäftigt sahen. Wenn man das Wasser ansieht, kann man sich kaum denken, dass hier der Tod herrscht. Denn es hat eine dunkelblaue Färbung und ist dabei so klar, dass wir weit hinein die kleinen Steinchen des Grundes sehen konnten. Nach Süden zu dehnte sich der blaue Spiegel unabsehbar aus, während im Osten und Westen sich steile kahle Felsen erhoben; dort die Abhänge des Moabitergebirges mit dem Berge Nebo, von dem aus Moses das Land schaute vor seinem Ende, das er nicht betreten durfte, hier die Ausläufer des Gebirges und der Wüste Juda, in welchen David, als er vor Saul floh, sich lange aufhielt. So ist das Tote Meer noch immer eine laute und deutliche Predigt von dem Gericht, das die frechen und sicheren Einwohner des einst so fruchtbaren, einem Garten Gottes gleichenden, Tales Siddim ereilt hat.

Wir betrachteten es eine Zeit lang schweigend. Dann aber eilten wir, um, bevor der Tag am heißesten würde, aus diesem, einem Glutofen gleichenden tiefen Tale, herauszukommen. Denn wir befanden uns hier ja 1300 Fuß unter dem Spiegel des Mittelmeeres, 4000 Fuß tiefer als der Ölberg. In solch einer Tiefe wirkt die heiße Julisonne mit doppelter Gewalt und kann dem nicht daran gewöhnten Reisenden leicht Schaden zufügen.

Unser Rückweg führte uns durch die Wüste Juda zunächst nach dem Kloster Marsaba (d.i. des heiligen Sabas) im Kidrontale, in welchem wir Mittagsrast halten wollten. Es bedurfte aber noch eines anstrengenden Rittes von nahezu 4 Stunden, bis wir dahin gelangten. Auf diesem Wege gewährte uns kein Baum Schatten (nur einmal konnten wir unter einem überhängenden Felsen eine kurze Rast halten und einen Imbiss einnehmen), kein grüner Baum erfreute das Auge, keine Abwechslung der Szenerie erfrischte den Geist. Wohin wir sahen, starrten uns weiße Kalkfelsen, die die brennenden Strahlen der immer höher steigenden Sonne blendend zurückwarfen, entgegen. Eine Reihe solcher Felsen nach der anderen mussten unsre Pferde auf schmalen, abschüssigen Pfaden erklimmen, und zwischen den einzelnen Felsreihen streckten sich kleine Hochebenen, die wohl im Frühling mit Gras bewachsen sein mögen, jetzt aber ganz ausgedörrt und nur mit niedrigen Ginstersträuchern bestanden waren. Wie anders ist da eine Gebirgsreise in der Heimat, auch wenn sie noch so anstrengend ist. Da hat doch Auge und Herz überall etwas, was es erfreut und erfrischt. Doch passte diese Öde und Einförmigkeit ja sehr gut zu dem nahen Toten Meere, dessen Spiegel wir lange Zeit zu unserer Linken sahen.

Zwei ausgetrocknete Zisternen, an denen wir vorbeikamen, erinnerten uns an Joseph, wie er von seinen Brüdern in eine solche leere Grube geworfen wurde; sie machen aber auch den Spruch recht verständlich: *„Mich, die lebendige Quelle verlassen sie, und machen sich ausgehauene Brunnen, die doch rissig sind und kein Wasser geben"* (Jer 2,13). Wie töricht ists doch, wenn man Brunnen mit lebendigem Wasser hat, sich zu solchen Gruben zu halten, die das in ihnen zusammengelaufene Regenwasser doch nur kurze Zeit zu halten, aus sich selbst aber gar kein Wasser zu geben vermögen! Und doch tut auch unser Volk immer und immer wieder diese Torheit und zwiefache Sünde, indem sie Gottes Wort, die Quelle des Wassers, das in das ewige Leben fließt, verlässt und verachtet, und der vergänglichen Tagesweisheit falscher Propheten anhängt, die in der Stunde der Not und Anfechtung keinen Trost gewähren, sondern ihre Anhänger verschmachten lassen im Elend.

Als wir bald danach hinabkamen in ein Seitental des Kidron, sahen wir eine Herde Schafe und Ziegen munter umherspringen, und aus dem Grunde leuchtete es uns grün entgegen. Da war eine lebendige Quelle, deren Wasser, wiewohl es nicht reichlich floss, doch ringsum Leben verbreitete. Da konnte der Hirt seine Herde weiden auf einer grünen Aue und sie führen zum frischen Wasser. Wohl ihm, dass er die rechte Straße nicht verfehlt hatte! Will sich denn unser Volk nicht auch der Führung des guten Hirten überlassen, der aus der Wüste des Unglaubens, der Sünde und des Weltwesens noch heute den rechten Weg zu führen weiß zum frischen Wasser? Dessen Stecken und Stab uns auch im dunklen Tale leiten?

In ein dunkles Tal traten wir nun ein, denn der Kidron, den wir bei Jerusalem auf einer kleinen Brücke überschritten hatten, hat sich in seinem etwa dreistündigen Laufe tief hineingewühlt in die Felsen, die nun wie Mauern mehrere hundert Fuß hoch an seinen beiden Seiten sich erheben. Und an einer dieser Seiten war etwa in halber Höhe das Kloster des heiligen Sabas, fast möchte man sagen, angeklebt, das uns gegen die ärgste Hitze des Tages Schutz gewähren sollte. Ein Empfehlungsbrief des griechischen Konvents zu Jerusalem, den der Dragoman mithatte, öffnete uns das sonst gegen jeden Fremden verschlossene Tor. Denn in dieser Wüste haben die Mönche, deren Kirche doch manche Schätze birgt, alle Ursache vorsichtig zu sein. Die Mönche selbst scheinen das Gelübde der Armut treulich zu halten; sie wohnen und leben sehr einfach, ihre Zellen sind Felsklüfte, zu deren etlichen man nur mittels einer Leiter gelangen kann, ihre Nahrung nichts anderes, als was sie in dem auf schmalen Rändern der Felsen angelegten Klostergarten anbauen. In der Mitte etwa der ganzen Anlage steht die Grabkapelle des „heiligen" Sabas, der im 5. Jahrhundert hier als Einsiedler gelebt und so den Grund zu dieser ausgedehnten Einsiedelei gelegt hat. Auch wurde mir eine Kapelle und Grotte des Johannes Damascenus gezeigt, der im 8. Jahrhundert hier in der Stille seinen Studien obgelegen hat; desgleichen in einer Felswand eine Grotte mit Tausenden von Schädeln, die von den Märtyrern herrühren sollen, die der Perserkönig Chosroes im 7. Jahrhundert in diesem Tale erschlagen hat. Die Zahl der jetzt im Kloster lebenden Mönche ist 60. Wer wirklich in Einsamkeit leben will, dem wäre dies Kloster zu empfehlen, nur dass er bedenke, dass er sich selbst, seinem alten Adam, nicht entfliehen kann, auch mit solcher Weltflucht Gott keinen Dienst tut.

Als die größte Hitze vorüber war, machten wir uns um 4 Uhr auf den Weg, um noch vor Einbruch der Nacht nach Jerusalem zu gelangen. Wir folgten dem Kidrontale aufwärts; dasselbe verlor seinen wilden Charakter mehr und mehr und wurde auch belebter. Wir ritten bei mehreren Beduinenlagern vorüber, in welchen mir die Gestalt der Zelte auffiel. Dieselben sind nicht spitz, wie man bei uns Zelte zu haben pflegt, sondern längliche Vierecke, gerade von der Form, wie die Stiftshütte. Und die Stelle der Leinwand oder des Zelttuches vertreten schwarze Ziegenfelle, wie solche ja auch bei der Stiftshütte Verwendung fanden, nur dass darüber noch Widder- und Dachsfelle kamen.

An den Öl- und Feigenbäumen, die erst einzeln, dann in größerer Anzahl an den Abhängen stehend, dem Tal ein freundlicheres Aussehen gaben, merkten wir, dass wir uns Jerusalem näherten. Bald erblickten wir auch den Berg Zion, der von hier aus sich wie eine stattliche Burg ausnahm. Am Brunnen Rogel (1Kön 1,9) verließen wir das Kidrontal und ritten durch die Täler Benhinnom und Gihon, um das Jaffator zu erreichen. Denn da es schon Abend war, waren die übrigen Tore geschlossen. Jerusalem wird nämlich als eine Festung behandelt, wie es denn auch starke und stattliche Mauern hat.

Wir aber gedenken des Jerusalem, das droben ist, dessen Tore stets offen stehen, weder Tag noch Nacht zugeschlossen werden (Jes 60,11), ja dessen Tore nicht verschlossen werden des Tages; denn da wird keine Nacht sein (Offb 21,25). In das irdische Jerusalem kann nicht ein jeder kommen, es nützt auch zur Seelen Seligkeit nichts, da hineinzukommen. Aber Kinder des Jerusalems, das droben ist (Gal 4,26), müssen alle werden, die selig werden wollen, und die sollen bedenken, dass da nicht wird hineingehen irgendein Gemeines, und das da Greuel tut und Lügen, sondern die geschrieben sind in dem lebendigen Buch des Lammes (Offb 21,27). Und wandeln wir auch jetzt noch im Glauben und nicht im Schauen, im dunkeln Tale dieses Erdenlebens, unter mancherlei Mühsal bergan steigend, so soll uns doch der steile Weg nicht zu sauer werden, denn es geht ja hinein zu der Burg und Stadt des lebendigen Gottes, darin wir vor allem Unfall sicher sein werden. Diese Aussicht soll unseren sinkenden Mut stärken und unsre ermattenden Kräfte beleben.

Wie wird's sein, wie wird's sein,
wenn wir ziehn in Salem ein,
in die Stadt der güldnen Gassen,
Herr, mein Gott, ich kann's nicht fassen,
was das wird für Wonne sein.

(aus: Ev.-Luth. Hausfreund-Kalender 1885, S. 40-48)

Anhang 3: Morgenländisches in der Bibel

Die Bibel ist das Buch aller Bücher und ein Buch für alle Menschen. Jeder Mensch, er sei welches Volkes, Geschlechtes oder Standes er wolle, kann durch Erleuchtung des Heiligen Geistes ohne weitere menschliche Hilfe verstehen, was sie zu unserer Seligkeit offenbart. Denn das hat der Heilige Geist, der eigentliche Verfasser der Bibel, in derselben in unmissverständlichen und allgemein bekannten Worten gesagt. Er hat es aber gesagt in hebräischer und griechischer Sprache durch Männer, die dem Volke Israel angehörten und im Morgenlande lebten. Daher kommt es, dass manche Ausdrücke in der Bibel vorkommen und auf manche Sitten und Gebräuche Bezug genommen wird, die denen, welche nicht in den Morgenländern gewesen sind oder aus Büchern Genaueres über morgenländische Gebräuche lernen können, unverständlich bleiben. So liest man manches in der Bibel, ohne sich recht vorstellen zu können, wie es gemeint sei. Dem Kalendermann [Herausgeber des Hausfreund-Kalenders] trat dies recht deutlich vor Augen, als er selbst im Morgenland reiste und etliche Jahre in Indien lebte. Und er denkt, manchem Bibelleser einen Dienst leisten zu können, wenn er einige jener Ausdrücke und Gebräuche erklärt.

1. Wenn wir beim Einzug Christi in Jerusalem Mt 21,8 lesen: Aber viel Volks breiteten Kleider auf den Weg, so können wir uns nach der jetzt hierzulande üblichen Bekleidungsart gar nicht recht denken, wie das eigentlich gewesen sein mag. Die Rockärmel und -schöße drängen sich störend ein, wenn man sichs vorstellen will. Im Morgenlande braucht man nur einmal eine feierliche Prozession, etwa einen Hochzeitszug, gesehen zu haben, so hat man ein klares Bild von der Sache. Denn noch heute breitet man dort bei solchen Gelegenheiten Kleider auf den Weg. Aber was sind das für Kleider? Es sind länglich viereckige Stücke Zeug [Tuch] ohne Naht, wie man sie im Morgenlande allgemein teils als Unterkleid teils als Mantel trägt. Solche „Kleider", die meist 1 Meter breit und 2-4, ja 7 Meter lang sind, kann man freilich leicht auf den Weg breiten. Bei einem Hochzeitszuge in Ostindien sah ich, wie drei Mann damit beschäftigt waren, die Kleider hinter dem Zuge wieder wegzunehmen und eilig nach vorn zu tragen, wo sie wieder ausgebreitet wurden, also dass ein fortlaufender Teppich entstand und die Prozession nirgends den Erdboden berührte. Ähnlich ist es ohne Zweifel bei dem Einzuge Christi hergegangen, die diensteifrige und begeisterte Volksmenge hat dem einziehenden Könige einen fortlaufenden Teppich aus ihren Kleidern bereitet und mit dem Fortrücken der Prozession auch mit fort getragen, nur dass da mehr als sechs Hände beschäftigt gewesen sein werden.

Ein solches ungenähtes Kleid war auch der Rock Christi, den die Kriegsknechte nicht zerteilten, sondern verlosten (Joh 19,23f). Desgleichen jener Mantel, den der Prophet Ahia in 12 Teile zerriss, um dem Jerobeam 10 Teile davon zu geben und ihm so zu verkündigen, dass er König über 10 Stämme Israels werden solle (1Kön 11,30f).

Sollte aber jemand meinen, solch ein Kleid könne man ja gar nicht anziehen, so möchte ich ihm wünschen, dass er's einmal sehen könnte, wie geschickt die Leute dort diese Kleider sich umzuschlagen und zu tragen wissen.

2. In 5Mose 25,4; 1Kor 9,9 und 1Tim 5,18 lesen wir das Wort: „Du sollst dem Ochsen, der da drischt, nicht das Maul verbinden!" Ein Ochse, der drischt – das ist für uns Abendländer eine ganz unbekannte Sache. Im Morgenlande kann man zur Erntezeit allenthalben dreschende Ochsen sehen. Da sind vielleicht vier Rinder zusammengekoppelt und laufen auf der Tenne, auf welcher das Getreide ausgebreitet ist, hin und her, wobei sie freilich, wenn ihnen kein Maulkorb angelegt ist, sich zu nähren wissen. Oder die Tiere werden vor den Dreschwagen oder Dreschschlitten (Egge) gespannt und ziehen denselben im Kreise herumgehend über das so ausgebreitete Getreide. Dass hierbei das Getreide sehr leicht leidet, deutet Jes 28,27ff an. Daher denn Kümmel und Wicken nicht so gedroschen, sondern mit einem Stabe oder Stecken ausgedroschen werden.

Doch fehlt, um sich die Sache recht vorstellen zu können, noch das Bild einer morgenländischen Tenne. Denn wenn man dabei an eine Tenne in der Scheune denke wollte, wie die Tennen meistens in Deutschland sind, so würde man irren. Im Morgenlande gehört es zu den größten Seltenheiten, dass in der Erntezeit Regen kommt; (daher Salomo in Spr 26,1 sagen kann: Wie der Schnee im Sommer und Regen in der Ernte, also reimet sich dem Narren Ehre nicht; und nach 1Sam 12,17-19 gilt es als ein großes Wunder vom Herrn, dass es in der Weizenernte donnert und regnet). Deshalb nun kann man das Getreide ohne Sorge auf dem Felde stehen lassen bis Zeit ist zum Ausdreschen. Auf dem freien Felde nun befindet sich auch die Tenne, sei es, dass man jedes Mal einen Platz dafür durch die Zugtiere festtreten lässt, sei es, dass man ein für alle mal einen Platz mit hartem, etwa felsigem Untergrunde dazu benutzt.

Von letzterer Art war ohne Zweifel die Tenne Arafna (2Sam 24,18-25), auf welcher David opfern ließ bei der Pestilenz und die er dann kaufte, damit der Tempel darauf gebaut würde (vgl. 2Chr 3,1 und 1Chr 22,28, woraus ersichtlich, dass dieser Arafna auch Arnan hieß). Auf solchen freigelegenen Plätzen wird noch heute im Morgenlande gedroschen und dann auch geworfelt [d.h. das Getreide mit einer Schaufel in die Luft geworfen]. Da hat der Wind freien Zutritt und kann die Spreu verwehen, wie Ps 1,4 und an anderen Stellen dies Bild von Gottlosen gebraucht wird.

3. Wie wird nun das Getreide gemahlen, damit es gebacken werden kann? Auch damit muss es eine etwas andere Bewandtnis haben, als bei uns. Denn wir lesen Mt 24,41: „Zwei werden mahlen auf einer Mühle, eine wird angenommen, die andere verlassen werden." Da man an die Kaffeemühle doch nicht denken darf, so fragt es sich, was für eine Mühle das ist, an der zwei Mägde gemeinsam mahlen (2Mose 11,5)? Im Morgenlande sieht man dasselbe Bild noch heute. Denn dort werden nicht durch Wind, Wasser oder Dampf die Mühlsteine in Bewegung gesetzt, zwischen denen die Körner zerrieben werden, sondern lediglich durch Menschenkraft. Der untere Mühlstein ruht fest auf dem Boden; der obere hat einen Griff, den die beiden neben dem Steine auf der Erde hockenden Mägde anfassen und so durch vereinte Kraft den ziemlich schweren Stein herumdrehen, der durch sein eigenes Gewicht die Körner zerreibt. Das ist denn begreiflicherweise ein sehr mühsames Geschäft und so verstehen wir auch, wie Jes 47,2 der Tochter Babel das ihr bevorstehende Strafgericht unter anderen mit den Worten angekündigt werden kann: „Nimm die Mühle und mahle Mehl"!

4. Von dem Unterschiede der Brunnen und Zisternen im Morgenlande ist schon früher einmal die Rede gewesen (vgl. S. 156). Doch möge zu besserem Verständnis der häufigen Beziehungen auf Brunnen und Gruben in der Bibel auch hier noch einiges gesagt werden. Palästina liegt zwar noch nicht in der heißen Zone, aber doch schon derselben nahe. Daher fehlt ihm in den Sommermonaten der Wasser- und Quellenreichtum, dessen wir uns in unserem Vaterlande erfreuen. Lebendige, selbstquellende Brunnen sind eine große Seltenheit. Statt dessen hat man allgemein die Zisternen, tiefe ausgemauerte, nach oben sich verengende Gruben, in denen sich das Regenwasser sammelt und, da die Öffnung der „Grube" sorgfältig mit einem großen Steine zugedeckt wird, auch bei großer Hitze ziemlich lange erhält.

In der Nähe solcher Brunnen befinden sich die Tränkrinnen für das Vieh. Und zu festgesetzter Zeit finden sich bei demselben die Hirten mit ihren Herden ein, um den Stein wegzuheben und das Vieh zu tränken. Das Schöpfen geschieht vermittelst eines an einem Strick hinabgelassenen Eimers. Wenn man dies im Auge behält, so versteht man leicht, was von Rebekka, Rahel und Jakob, Moses und den Töchtern Jethros inbetreff des Tränkens gesagt ist, man versteht, wie hohen Wert die Knechte Abrahams darauf legen mussten, dass sie eine lebendige Quelle gefunden hatten, auch was es mit den löchrigen Brunnen auf sich hat, die kein Wasser geben. Denn es kommt erklärlicherweise nicht eben selten vor, dass solche ausgemauerte Brunnen auslaufen, weil sie löchrig sind. Und solche auslaufende oder durch allzu große, lang andauernde Hitze ausgetrocknete Brunnen sind dann die „Gruben", deren hier und da Erwähnung geschieht.

In solch eine „Grube" wurde Joseph von seinen Brüdern geworfen. In solch einen doch wohl ausgetrockneten oder wenigstens nahezu leeren „Brunnen" stiegen (2Sam 17,18ff) Ahimaaz und Jonathan, und das Weib breitete eine Decke (wohl eine Matte, wie man sie im Morgenlande vielfach hat) über das Loch des Brunnens und breitete Grütze darüber, dass mans nicht merkte. Auch dieses Ausbreiten von Grütze oder anderen Fruchtarten auf einer Decke oder Matte ist noch heute im Morgenlande so gewöhnlich, dass man versteht, wie das Weib auf diese Weise die Flüchtlinge so leicht verbergen konnte, ohne Argwohn zu erregen.

5. In Mt 24,17 heißt es: „Wer auf dem Dache ist, der steige nicht hernieder, etwas aus seinem Hause zu holen." Dieser Rat ist nur verständlich, wenn man sich erinnert, dass die Häuser im Morgenlande flache Dächer haben, auf welche man durch Treppen außerhalb des Hauses gelangt. Diese flachen Dächer gestatten es, von einem Hause zum anderen zu gehen, ohne die Treppe hinunter zu steigen, so dass man also an einem ganz anderen Punkte, ja in einer ganz anderen Straße herunterkommen kann. Wir gingen von dem Johanniterhospiz zu Jerusalem, in welchem wir wohnten, ohne die Straße zu berühren nach der Wohnung des evangelischen Pastors und von da nach dem preußischen Konsulate und gelangten von dort auf eine ganz andere Straße. Die Wohnungen, die wir dabei berührten, waren Oberstuben oder Söller, auf den flachen Dächern erbaut und nur von außen zugänglich. Auch unser Zimmer war eine solche Oberstube, zu welcher man auf einer Freitreppe vom Hofe des Hospizes aus gelangte. Bei dieser Bauart der Häuser wird auch verständlich, wie man den Gichtbrüchigen (Mt 9) durch das Dach herniederlassen konnte zu Jesu Füßen.

Übrigens sei bemerkt, dass in Jerusalem die Zimmer jetzt meist gewölbt sind, da es an Balken für die Decken fehlt. Die „flachen Dächer" sind also dort nicht ganz eben, sondern erheben sich nach der Mitte zu. Doch bleibt immer ein ziemlich breiter Rand, auf dem man gehen kann. Die meisten sind mit einer Brüstung versehen, wie dies 5Mose 22,8 geboten ist.

6. Oft wird in der Schrift der Ausdruck „anbeten" gebraucht, wo es sich um eine feierliche und unterwürfige Begrüßung handelt. Da muss man denn nicht alsbald an Erweisung göttlicher Ehre denken, wiewohl die Grenzen sich leicht verwischen, weshalb Petrus auch nicht duldete, dass Kornelius ihn in dieser Weise „anbetete" (Apg 9,25f). Der Morgenländer ist viel förmlicher als wir Abendländer. Er tut alles mit einer gewissen zeremoniellen Gemessenheit, und ist sehr sorgfältig darin, jedem die ihm gebührende Ehre zu erweisen. Vor hochgestellten Personen, seien es nun weltliche Regenten oder solche mit religiöser Würde, werfen sich noch heute geringe Leute in den Staub, indem sie sich der Länge nach auf die Erde legen. Vor anderen knien sie und berühren mit der Stirne den Erdboden. Leute, die selbst schon etwas vorstellen, verbeugen sich vor Höheren wenigstens so tief, dass sie fast die Erde berühren.

Bei dieser feierlichen und umständlichen Art der Begrüßung lässt es sich verstehen, warum denen, die ein Werk eilig ausrichten sollen, verboten wird, die Begegnenden zu grüßen (2Kön 4,29; Lk 10,4). Ja, wenn das Grüßen nur in dem Hutabnehmen oder Guten-Tag-Sagen bestünde, wie bei uns, so hätte es keine Not. Aber so schnell kann das der Morgenländer nicht abmachen, darum könnte das Grüßen der Vorübergehenden dem wichtigen Werke bedenkliche Verzögerung bringen.

7. Wiederholt wird in der Schrift geredet vom „Zu Tische liegen". Der Morgenländer sitzt nämlich selten. Auf Stühlen oder Bänken sitzen, wie wir zu tun pflegen, ist ihm etwas ganz Ungewohntes. In der Regel kauert er, wobei er mit großer Geschicklichkeit die Beine unterschlägt, oder er lehnt an einem Polster, die Beine nach hinten ausstreckend. Dies geschieht besonders bei Mahlzeiten: die niedrigen Tische (in einem Kaffeehause zwischen Jaffa und Jerusalem bekamen wir den Kaffee auf Tischchen vorgesetzt, die uns noch nicht an die Knie reichten, und wir konnten, um das ersehnte Getränk mit einiger Bequemlichkeit einzunehmen, nichts anderes tun, als uns auf die daneben ausgebreitete Matte zu strecken – ländlich, sittlich!) stehen zwischen zwei Reihen Kissen, auf welchen sich die Speisenden so lagern, dass sie sich auf den linken Arm stützen, den rechten zum Essen frei behaltend. Dabei kann man sichs denn vorstellen, wie die Sünderin und Maria, die Schwester des Lazarus, Jesu Füße salben konnten, während er zu Tische „lag". Denn gerade an die Füße konnten sie, hinter den Speisenden stehend, am leichtesten heran. So erklärt sichs auch, wie Johannes beim Abendessen an der Brust Jesu liegen konnte.

8. Wenn wir Jes 60,4, in der Epiphaniasepistel, lesen: „Deine Töchter werden zur Seite erzogen werden", so können wir uns zunächst kaum etwas dabei denken. Die Parallelstelle, Jes 66,12, gibt einiges Licht; denn dort heißt es: „Ihr sollt auf der Seite getragen werden." Aber wie das eigentlich gemeint ist, versteht man erst, wenn man sieht, wie im Morgenlande die Mütter ihre Kinder tragen, nämlich nicht auf den Armen, wie bei uns, sondern auf der Seite, so dass die Kinder auf der Hüfte rittlings sitzend und die Mutter ihren Arm um den Hals des Kindes schlingt, um ihm oben Halt zu geben. Nicht nur Kinder, sondern auch Wasserkrüge, besonders wenn sie zu schwer sind, um ohne besondere Anstrengung auf die Schulter gehoben zu werden, trägt man auf der Hüfte, und es wird kaum zu bestreiten sein, dass diese Art des Tragens leichter und am Ende auch gesünder ist als die unsere.

9. In 2Mose 3,5 lesen wir: „Zieh deine Schuhe aus, denn der Ort, darauf du stehst, ist heiliges Land." Das Wort und die damit verbundene Anschauung sind uns geläufig geworden. Aber die diesem Worte und besonders dem begründenden „denn" zu Grunde liegende Sitte kennen wir nicht. Im Morgenlande weiß man es gar nicht anders, als dass man an „heiligen" Orten die Schuhe auszieht. Die tamulischen Landprediger der Leipziger Mission stehen barfuß vor dem Altar und auf der Kanzel (die reformierten Engländer und Amerikaner pflegen die Bekehrten auch in Lackstiefel zu zwängen, weil sie zwischen nationaler und heidnischer Sitte nicht zu unterscheiden wissen). Aber nicht nur die Prediger, auch die Zuhörer kommen ohne Schuhe zur Kirche hinein; vor der Kirchtüre steht dann eine lange Reihe Schuhe oder Sandalen, und es ist dem Kalendermann immer merkwürdig gewesen, dass ein jeder Kirchgänger wieder in seine richtigen Schuhe kam. Als wir die Omarsmoschee in Jerusalem besuchten, nahmen wir auf den Rat unseres erfahrenen Begleiters unsere Hausschuhe mit, sonst hätten wir das Vergnügen gehabt, auf den Strümpfen herumzugehen. Denn dass wir mit den vom Straßenstaub beschmutzten Stiefeln an den „heiligen Ort" getreten wären, das hätten die Mohammedaner [Muslime] uns nicht erlaubt. In Kairo waren für die Besucher der Moscheen Filzpantoffeln zur Hand. Denn es handelt sich bei dieser Sitte vornehmlich darum, den Staub des Alltäglichen fernzuhalten vom Heiligtum und eben dadurch seine Ehrfurcht zu bezeugen. Das Letztere tritt auch darin zutage, dass wenn ein Geringerer einem Höheren auf der Straße begegnet, er, falls er Sandalen oder Schuhe anhat, sofort aus denselben tritt und, mit den bloßen Füßen auf dem Erdboden stehend, seine Reverenz macht. Das ginge freilich bei unserer Fußbekleidung nicht an. Aber die ist ja auch dem Morgenländer ganz fremd. Er trägt, wenn er nicht ganz barfuß geht, Sandalen oder niedrige Schuhe, die nur die Sohle schützen und höchstens den vorderen Fuß bedecken, die Ferse aber allemal freilassen.

Die Sandalen bestehen meist nur aus nach der Form des Fußes geschnittenen Brettchen, und zur Befestigung desselben an den Fuß dient entweder ein Riemen, der vorn quer über den Fuß geht oder gar nur ein aus dem Brettchen hervorstehender hölzerner Knopf, den man zwischen die große und zweite Zehe klemmt. Solchen Schuhwerks kann man sich freilich leicht und schnell entledigen.

Es schützt aber auch die Füße gar wenig. Daher kann die Schlange einen leicht in die Ferse stechen. Und der Staub haftet an den Füßen, so dass man, ehe man sich zu Tische setzt, sich die Füße waschen oder waschen lassen muss. Nun verstehen wir auch, warum der Herr spricht: „Wer gewaschen ist, der bedarf nichts, als dass ihm die Füße waschen werden; denn er ist ganz rein" (Joh 13,10). Denn die Füße werden, auch wenn man Sandalen trägt – und wer weiß, ob die armen Fischer von Galiläa welche trugen? -, durch das Gehen auf der Straße staubig. Der Herr Christus aber vergleicht mit diesem Staub die täglichen Sünden der Gläubigen, die im täglichen Vaterunser bekannt und vergeben werden. Wohl dem, der solches Waschen nicht unterlässt, und also auch täglich seine Schuhe vor Gott auszieht.

10. In Mt 9,23 lesen wir, dass, als der Herr in das Haus des Jairus trat, dessen Töchterlein soeben gestorben war, er daselbst die Pfeifer und das Getümmel des Volks sah. Das mag uns auch sonderbar vorkommen, obwohl es auch hierzulande geschieht, dass die Wohnung eines Verstorbenen sich schnell mit klagenden und tröstenden Nachbarn füllt. Aber der Morgenländer ist in solchen Fällen noch viel lebhafter, seine Klagen sind heftiger und andauernder, und wiederum viel geregelter. Wo der Tod eintritt, erscheinen alsbald die Klageweiber, die fast ein Geschäft daraus machen zu klagen, indem sie die Haare raufen, die Brüste schlagen und so dem Schmerze, den die Angehörigen des Toten empfinden, den gebührenden Ausdruck geben. Und die schaurigen Töne der Trauermusik dürfen auch nicht fehlen.

Dazu muss man nun noch bedenken, dass in jenen heißen Ländern mit dem Begräbnis viel mehr geeilt werden muss als hierzulande. Länger als 24 Stunden bleibt keine Leiche über der Erde. So wird es verständlich, dass der Herr um das kaum verstorbene Mägdlein so viel Getümmel vorfand. Indem er aber sagte: „Weichet, denn das Mägdlein ist nicht gestorben, sondern es schläft", – hat er nicht nur jene vertrieben, sondern uns alle gelehrt, um unsere Toten nicht zu trauern wie die, die keine Hoffnung haben. Darum wollen wir auch von den deutschen, abendländischen Sitten alles das abtun, was auf Trost- und Hoffungslosigkeit schließen lässt. Denn wir wissen, dass sie alle ihm leben, und dass wir, so wir glauben, die Herrlichkeit Gottes sehen werden.

(aus: Ev.-Luth. Hausfreund 1887, S. 65-72)

Anhang 4: Bethlehem

Das unten zu sehende Bild zeigt dir, lieber Leser, wie jetzt [d.h. 1873] die Stadt aussieht, die in der Heiligen Schrift klein und doch „mitnichten die kleinste“ genannt wird unter den Tausenden oder Fürsten Judas, das ist unter den Städten, die die Führung von wenigstens 1000 streitbaren Männern hatte. Dass sie klein ist, siehst du auf dem Bild, und wesentlich größer ist sie wohl auch nie gewesen. Dass sie aber mitnichten die kleinste ist, weiß jeder Christ. Denn der Name keiner Stadt wird mehr genannt, keinen lernen die Kinder früher sprechen als den Namen Bethlehem. Welcher Christ möchte nicht gern ein Bild von Bethlehem sehen, wer nicht gern hören, wie es in dieser Stadt aussieht, da unser Heiland das Licht dieser Welt erblickte.

Wir betraten die Stadt an einem heißen Julitage in der Mittagsstunde, von Hebron herkommend. Bei den Teichen Salomos hatten wir die gerade Straße, die von Hebron nach Jerusalem führt, verlassen, um uns in den Gärten von Artas zu erquicken. Diese Gärten, eine Erneuerung der Gärten Salomos, gleichen einem Paradies mitten in der Wüste. Ringsum sieht man nichts als öde Felsen, aber in diesem von den Teichen Salomos aus bewässerten Tal grünts und blühts, dass es eine Lust ist. Wir merkten daraus, dass dieses Land noch heutigen Tages ein Garten Gottes sein könnte, wenn nicht der Fluch auf ihm ruhte, der Fluch Gottes, der mit dem abtrünnigen Volk auch das Land verworfen hat um der Verachtung dessen willen, der zu Bethlehem geboren wurde.

Dass auch jetzt noch der Fluch auf diesem Land ruht, dessen sollten wir bald inne werden, als wir der Stätte nahten, wo unser Heiland geboren sein soll. Es ist die Geburtsgrotte, überbaut mit einer Kirche, mit welcher ausgedehnte Klosterräumlichkeiten in Verbindung stehen. Wie an der Grabeskirche, so behaupten auch an der Geburtsstätte des Herrn beide Parteien der sog. katholischen Kirche, die Griechen und die Römer (oder Lateiner, wie sie dort heißen) ein Anrecht zu haben. So wohnen denn die feindlichen Brüder in diesem Kloster, wiewohl in verschiedenen Räumen desselben, zusammen, aber nichts weniger als einträchtig, daher es denn auch in der Geburtskapelle oft nichts weniger als fein und lieblich ist [vgl. Ps 133,1].

Als wir die Kirche betraten, unter deren Altarraum die unterirdische Felsengrotte sich befindet, in welcher der Herr geboren sein soll, bot sich uns ein seltsamer Anblick dar. Den Blick nach dem Altar hinderte eine hohe Bretterwand, welche den Altarraum vom Schiff der Kirche trennte, und das letztere war in ein türkisches Kriegslager verwandelt. Zwischen den dicken

Steinpfeilern, die das hohe Gewölbe tragen, sah man die Gewehre zu Pyramiden zusammengestellt und auf den Steinfliesen des Fußbodens lagerten türkische Soldaten. Was war die Ursache solch sonderbaren Anblicks?

Vor längerer Zeit war zwischen den Griechen und Lateinern ein Streit über das Eigentumsrecht an dem Altar in der Geburtskapelle ausgebrochen, welches jede Partei sich zuschrieb. Um nun ihr Eigentumsrecht allem Zweifel zu entnehmen, hatten die Lateiner einen der Reparatur bedürftigen Vorhang am Altar ohne Befragung der anderen Partei und auf ihre Kosten erneuern lassen. Der griechische Pöbel, die Absicht merkend und darüber aufgebracht, hatte den Vorhang wieder abgerissen, und seitdem konnte nur durch türkisches Militär die Ruhe zwischen beiden Parteien aufrecht erhalten werden. Darum sah es denn so unheilig aus an dieser „heiligen" Stätte. Aber so ist es mit den „Heiligtümern" in Palästina oft. Ist doch selbst die Grabeskirche zu Jerusalem nicht selten der Schauplatz blutiger Schlägereien, welchen nur das energische Eingreifen türkischen Militärs ein Ende macht!

Doch sind wir denn wirklich an *heiliger* Stätte? Nun sofern an dieser Stätte nicht das lautere Wort von dem fleischgewordenen Wort gepredigt wird, ist diese Stätte nicht heiliger als ein anderer Ort der Erde. Und wer deswegen ins gelobte Land reist, weil er meint, diese Stätten seien an und für sich heilig und man sei daselbst dem Himmel näher, der ist ein Schwärmer. Denn dazu wird nach Christi Befehl das Evangelium in aller Welt gepredigt, dass die wahren Anbeter Gottes ihn allenthalben im Geist und in der Wahrheit anbeten möchten [Joh 4,24], dass jeder Ort die Pforte des Himmels sei [1Mose 28,17], wo das Wort Gottes recht und rein verkündigt wird.

Aber damit ist doch nicht ausgeschlossen, dass man das Land und die Orte gern besucht, in denen unser Heiland im Betrachten dieser Stätten besonders reizen lässt zu andächtiger Betrachtung der Geschichten, die da geschehen [sind], und erwecken lässt zu neuer Liebe zu dem, der uns zu Liebe Fleisch geworden ist und in diesen, unserer armen sündigen Erde zugehörenden Stätten und Gegenden zu weilen nicht verschmäht hat. Insofern war auch uns der Ort heilig und wir ließen uns in kein Disputieren darüber ein, ob das nun wirklich die Stätte sei, wo der Herr geboren wurde, oder nicht. Weit davon kanns ja nicht gewesen sein. Und wenn schon Hieronymus [+ 420] hier weilte als an der Geburtsstätte des Herrn, so wird ja die Überlieferung als ziemlich zuverlässig bezeichnet werden müssen.

Wie sieht nun die eigentliche Geburtskapelle aus? Hinter dem Altar der Kirche gingen wir bei einer türkischen Schildwache vorüber, mehrere Stufen hinab und gelangten so in eine natürliche Felsenhöhle. Dass Felsenhöhlen als Ställe benutzt wurden, ist bekannt, und es ist also nicht unwahrscheinlich, dass der Herr in einem solchen Felsenstall geboren ist, nicht in einem künstlich gebauten, wie mans gewöhnlich abbildet. Gleich bei der Treppe ist auf dem Fußboden ein Stern aus Silber befestigt, welcher die Stelle bezeichnen soll, auf die der Stern geschienen habe. Das ist ja Spielerei! Links davon ist in der etwas über mannshohen Grotte ein Altar an derselben Stelle, wo angeblich das Kindlein geboren wurde, und nicht weit davon eine Quelle, in deren Wasser es gebadet worden sein soll. Wie dem nun auch sein mag, die dunkle Felsenhöhle mit ihren harten, kahlen Wänden predigt uns von der Niedrigkeit des Herrn, und indem wir wegsehen von dem Aberglauben, der sich hier breitmacht, können wir mit Paul Gerhardt hier besonders sprechen:

O Jesu Christ,
dein Kripplein ist
mein Paradies, da meine Seele weidet.
Hier ist der Ort,
hier liegt das Wort
mit unserem Fleisch persönlich angekleidet.

Ja,

Du suchst im dunklen Stalle Ruh,
damit wir möchten glänzen
und ewig in der Ruhe sein.

Doch aber danken wir dabei Gott dem Herrn, dass dieser Trost nicht an *diesen* Ort gebunden ist, sondern das Wort und Sakrament noch immer und für jedermann Krippe und Windeln sind, darin Jesus sich gelegt und gehüllt hat, dass wir ihn im Glauben fassen, und dass wir mit der gewissen Zuversicht, erhört zu werden, beten dürfen:

Ach, mein herzliebes Jesulein,
mach dir ein rein sanft Bettelein,
zu ruhn in meines Herzens Schrein,
dass ich nimmer vergesse dein.

Und:

So lass mich doch dein Kripplein sein,
komm, komm und lege bei mir ein,
dich und all deine Freuden.

Ja, wir danken Gott, dass wir, um diese Freude zu erleben, nicht erst die beschwerliche und kostspielige Reise nach Bethlehem zu machen brauchen, sondern dass wir alle Weihnachten mit unseren Kindern an der Krippe knien, ja alle Tage unseren Heiland im Glauben erblicken und herzen dürfen.

In unmittelbarer Verbindung mit der Geburtsgrotte stehen andere unterirdische Räume, in welchen uns die Grabmäler des Eusebius und Hieronymus gezeigt wurden. Auch ist hier die Grotte, in welcher Hieronymus die Bibel ins Lateinische übersetzte, welche Übersetzung bekanntlich unter dem Namen „Vulgata" noch heute [1873] in der römischen Kirche allein im Gebrauch ist.

In einer anderen, den Lateinern gehörigen Kirche, kamen wir, der Führung eines lateinischen Mönchs folgend, wieder ans Tageslicht, wurden dann ins Reflektorium [= Speisesaal] des lateinischen Konvents geführt und dort durch Darreichung eines Glases Limonade daran erinnert, dass wir uns für die Führung mit klingender Münze erkenntlich zeigen sollten.

Die Gebäude des Klosters sind... sehr fest und haben von außen wirklich das Ansehen einer Festung, mögen wohl gegen die räuberischen Beduinen oft als solche gedient haben. Jetzt baute der türkische Pascha von Jerusalem ein Wachthaus davor, damit die Wachmannschaft, die den Frieden aufrecht erhalten soll, ein Unterkommen habe und nicht in der Kirche kampieren müsse.

Das jetzige Bethlehem, eine Stadt von 5000-6000 Einwohnern, deren Mehrzahl dem Namen nach Christen sind (es leben nur etwas 300 Mohammedaner [Moslems] dort, während den Juden der Aufenthalt daselbst versagt ist, wie umgekehrt den Christen in Hebron), zieht sich südwärts von dem Kloster den Berg hinan, wie das Bild zeigt. Es war da nichts Besonderes zu sehen. Auf der höchsten Spitze des Hügels steht das Missionshaus, in welchem Missionar Müller eine Schule leitet, die von etwa 20 Knaben und Mädchen verschiedenen Alters und verschiedener Konfession besucht wurde; auch etliche Beduinenkinder sahen wir darunter. Wir fanden nämlich im Missionshause freundliche Aufnahme und ließen uns von den Kindern ein arabisches geistliches Lied vorsingen. Von dem flachen Dache des Missionshauses aus genossen wir eine weite Umsicht über die Fluren Bethlehems, auf denen einst der Hirtenknabe David seines Vaters Schafe weidete und gegen Bären und Löwen mutig verteidigte, auf denen er [auch] die Harfe schlug, um danach ein Werkzeug des Heiligen Geistes und der Vorsänger aller Kinder Gottes zu werden. Von hier aus wurde uns auch das „Tal der Hirten" gezeigt, in dem die Engel den Hirten erschienen, sein lieblicher grüner Wiesengrund im Nordosten der Stadt, auf dem noch die Weihe jener heiligen Nacht zu ruhen schien. Wenigstens wird er nicht entheiligt durch den Aberglauben der Menschen, wie die Geburtsstätte.

Von den in Bethlehem selbst fabrizierten Rosenkränzen, die uns bei unserem Rückwege durch die Stadt in zudringlichster Weise angeboten wurden, konnten wir freilich keinen Gebrauch machen; doch nahmen wir etliche andere Kleinigkeiten als Andenken mit. Nicht weit vor der Stadt, gerade da, wo der Weg von Bethlehem in die Straße von Hebron nach Jerusalem mündet, wurde uns das Grabmal der Rahel gezeigt, ein unscheinbarer Bau mit einer kleinen Kuppel, der jedenfalls nicht von Jakob herrührt. Etwa auf dem halben Wege zwischen Bethlehem und Jerusalem liegt ein Kloster, Mar Elias. Von hier aus genießt man einen schönen Blick auf Bethlehem. Es soll dies die Stelle sein, wo die Weisen, als sie von Jerusalem nach Bethlehem zogen, den Stern wiedersahen. Schon der liebliche Anblick, den man hier hat, muss ja mit Freude erfüllen. Aber jener [der Weisen] Freude war eine viel höhere, da sie aus der Erscheinung des Sternes über dem vor ihnen liegenden Städtchen Bethlehem dessen ganz gewiss wurden, dass sie sich auf keinem Irrwege, sondern dem Ziele sehr nahe befänden. Daher denn der Heilige Geist [in] Mt 2,10 ihre Freude mit so vielen Worten schildert; denn er spricht: „Da sie den Stern sahen, wurden sie mit großer Freude sehr erfreut." Nun, wir haben Ursache zu gleicher Freude, wenn anders [= da doch] der Tag angebrochen und der Morgenstern aufgegangen ist in unseren Herzen; denn das Wort Gottes ist der rechte Stern, der uns zu Christus führt. Damit dies Licht uns nie verschwinde, wollen wir bitten:

Du wollst in mir entzünden
dein Wort, den schönen Stern,
dass falsche Lehr und Sünden
sein meinem Herzen fern.
Hilf, dass ich dich erkenne
und mit der Christenheit
dich meinen König nenne
jetzt und in Ewigkeit. Amen.

(aus: Hausfreund-Kal. 1886, S.67-71)

Anhang 5: Eine Hochzeitsreise

Hochzeitsreisen macht man gewöhnlich zu zweien. Zwar erzählt der bekannte Schriftsteller Renatus in seinem Buche „Allerlei aus der Oberlausitz", dass einmal ein Mann aus Bautzen in einer Höhle in der Schweiz mit einem anderen zusammengestoßen sei, den er, als sie sich besonnen und einander bekannt gemacht hatten, als einen Landsmann erkannte und nun fragte: „Was machst du denn hier?" Darauf wurde ihm die Antwort: „Ich bin auf meiner Hochzeitsreise." „So", antwortete der erste, „wo hast du denn deine Frau?" Darauf die verblüffende Antwort: „Die hab' ich zu Hause gelassen. Für beide hätte es zu viel gekostet!"

An diese Geschichte muss ich denken, wenn ich darangehe, von der Hochzeitsreise nach und in Indien zu erzählen. Denn ein gutes Stück davon, und zwar das interessanteste, wurde von einem Teil des glücklichen Paares allein gemacht.

Wenn der Bräutigam in Indien und die Braut in Sachsen lebt, lässt sichs nicht anders machen, als dass eins zum anderen reist, wenn sie zusammenkommen wollen. Und zwar wird es in der Regel so sein, dass der Bräutigam die Reise allein macht, um die Braut zu holen, sie *heimzuführen*, wie die deutsche Sprache es so sinnig ausdrückt; denn er bietet ihr nun sein Heim dar. Bei Missionaren aber geht es meist anders zu: Da werden die Bräute ihnen nachgesandt, müssen also die Hochzeitsreise, d.h. die Reise zu ihrer Hochzeit, allein machen. So ging es meiner lieben Braut, und von dieser ihrer Reise will ich zuerst erzählen.

1. Die Reise nach Indien

Am 25. November 1874 verließ meine Braut ihre Geburts- und Heimatstadt Leipzig und reiste, begleitet von ihren Eltern, über Dresden und Wien nach Triest. Auf der letzten Strecke Wien-Triest sah sie für lange Zeit zum letzten Male Schnee- und Eisberge; denn nun ging es nach dem sonnigen Süden! In Triest bestieg sie den österreichischen Dampfer „Castor", der durch den Suezkanal nach Bombay fuhr. Diese Route und dieser Dampfer waren gewählt worden, weil mit demselben auch zwei Missionarsehepaare und noch eine Missionarsbraut einer anderen Mission reisten, so dass sie an diesen einen Anhalt und Schutz gegen die Zudringlichkeiten von Passagieren und Schiffsbeamten, denen alleinreisende junge Damen leicht ausgesetzt sind, haben sollte. Dieser Schutz war freilich, da die beiden Herren der Schöpfung, die ihn ausüben sollten, stark unter der Seekrankheit litten, gering, und es bedurfte der ganzen Energie einer ihrer Stellung und Würde bewussten christlichen Jungfrau, um unbehelligt vier Wochen lang auf den engen Räumen eines Dampfschiffes unter sehr gemischtem Publikum sich zu behaupten. Nachdem der schwere Abschied von den innigst geliebten Eltern, die ihre Tochter nur schweren Herzens in das ferne fremde Land ziehen ließen, mit Gottes Hilfe überstanden war, genoss sie die Fahrt durch das Adriatische Meer bei herrlichem Wetter mit offenen Augen und empfänglichen Sinnen.

An der Insel Korfu und den übrigen Ionischen Inseln vorüber ging die Fahrt um die Südspitze Griechenlands herum geraden Wegs nach Port Said. Das Wetter war dabei sehr schön und das Meer im Ganzen ruhig, so dass sie zuzeiten auf Deck Briefe schreiben konnte. In Port Said trat ihr zum ersten Male das bunte Leben des Morgenlandes entgegen. Denn an diesem Platze trafen schon damals wie noch heute die verschiedensten Völkerschaften aus drei Erdteilen zusammen, und jedes Schiff wird umschwärmt und bestürmt von Bootsleuten und Händlern aller Art. Ein Gang aber durch die Stadt und auf der weit ins Meer hinausragenden Mole, zu der die Passagiere Zeit hatten, bot viel Interessantes. Dann ging es in langsamer Fahrt durch den damals erst seit fünf Jahren in Betrieb befindlichen Suezkanal, vorbei an großen Baggern, welche die Wasserstraßen immer freimachen müssen von dem Wüstensand, der sie zuzuschütten droht, und mit mehrmaligem Aufenthalt an den Ausweichstellen. Denn die Fahrtrinne war damals – ob es jetzt anders ist, weiß ich nicht – so schmal, dass sich begegnende Dampfschiffe nicht aneinander vorbeifahren konnten. Daher sind in gewissen Abständen Ausweichstellen geschaffen und ein Signalsystem eingerichtet worden, durch welches das Warten an diesen Stellen reguliert wird. An Stelle der jetzt über den Kanal gebauten Brücke gab es damals nur eine Fähre, auf welcher die von Asien (Palästina und Arabien) kommenden Karawanen übergesetzt wurden. Die am südlichen Ende des nach ihr genannten Kanals gelegene Stadt Suez liegt von der Mündung des Kanals ziemlich weit ab, so dass wenig von ihr zu sehen war; es gab auch dort keinen Aufenthalt. Und nun gings hinein in das berühmte und wegen seiner Hitze gefürchtete Rote Meer, wobei sich zunächst im Meerbusen von Suez rechts die Felsen des östlichen Gebirges von Ägypten und links die Berge der Sinaihalbinsel zeigten, dann aber nur wenig Land zu sehen war, bis man im Süden der arabischen Küste nahe der bei Kaffeetrinkern in hohem Ansehen stehenden Stadt Mokka – nicht zu verwechseln mit der im Innern des Landes liegenden Stadt Mekka – und schließlich dem von den Engländern festgehaltenen Wachtposten, der Insel Perim und der Hafen- und Festungsstadt Aden kam. Die Hitze war der Jahreszeit entsprechend erträglich, doch freute man sich nach kurzem Aufenthalt in Aden, der zur Abgabe von Briefen benutzt wurde, durch die als Tal der Tränen (Bab el Mandeb) bekannte Meeresenge hinauszusteuern in den Indischen Ozean. Freilich gabs dort noch bewegte See, wodurch manchen Reisenden arg mitgespielt wurde, aber es ging doch ohne weiteren Aufenthalt dem Ende zu, dem Ende der Seereise in Bombay, welches für die einsame Braut auch das Ende der 1 1/2-jährigen Trennung, das Wiedersehen mit dem Bräutigam bringen sollte.

Am 29. Dezember [1874] erreichte das Schiff, das am 1. Dezember in Triest abgefahren war, Bombay, das Ziel seiner Reise, während man gehofft hatte, schon zu Weihnachten landen zu können. Das Schiff hatte schwache Maschinen und konnte sich mit den größeren Schiffen der *Peninsular and Oriental* (P&O) der britischen Handelsmarine, aber auch mit den von Marseille ausfahrenden französischen Schiffen nicht messen. Bombay, die damals zweitgrößte Stadt und der beste Hafen des indobritischen Reiches, trägt, von den Portugiesen gebaut, mit seinen hohen Häusern, noch etwas den Charakter der südeuropäischen Städte; daneben freilich ist es doch eine echt indische Stadt mit niedrigen Häusern und Hütten, Palmen und Bananengärten. Und die Wohnstätten der britischen Beamten, Offiziere und Kaufleute sind, in Gärten gelegen, meist kleine Paläste. In der Neuzeit sind dort viele Baumwollspinnereien entstanden, und ein gewaltiges Heer von Arbeitern bevölkert und beunruhigt die Stadt, wie eben jetzt (Februar 1929), wo ich dies schreibe, von Arbeitseinstellungen und dadurch veranlassten Unruhen in den Zeitungen zu lesen ist. Der [1.] Weltkrieg hat ja die asiatischen Völker zum Bewusstsein ihrer Macht gebracht, und sie haben schnell gelernt, diese Macht wenigstens in den Arbeitskämpfen anzuwenden. Der Hafen, durch eine davorliegende Insel gleichen Namens geschützt, bietet einer großen Anzahl von Schiffen Raum und ist der größte Umschlagplatz der Westküste Indiens sowohl für die Schifffahrt an der Westküste entlang und nach den Häfen des Fünfstromlandes und des Persischen Golfs als auch für die Landbeförderung nach Norden, Nordosten und Südosten, wohin schon damals die Bahnlinien nach Allahabad, Kalkutta und Madras gebaut und in Betrieb waren, jetzt aber noch viel mehr entstanden sein werden.

Doch für alles das hatte meine Braut damals wenig Sinn. Denn sie erlebte in Bombay bei ihrer Ankunft eine große Enttäuschung. Es wäre ja meine Pflicht und mir selbst am liebsten gewesen, wenn ich meine Braut hätte in Bombay erwarten können. Aber dann hätten wir uns gleich in Bombay trauen lassen müssen. Denn nach Auffassung der Inder wäre es höchst unschicklich, ja für unsere eingeborenen Christen geradezu ein Ärgernis gewesen, wenn wir als Brautleute mehrere Tage und Nächte allein zusammen gereist wären. Da nun in Bombay kein lutherischer deutscher Pastor war, der uns hätte trauen können, so mussten wir uns darein finden, dass ein anderer meine Braut abholte. Die Missionarsfamilien, die mit auf dem Schiffe waren, reisten von Bombay aus gleich nach ihrem im Norden gelegenen Arbeitsfeld. Den Liebesdienst, die nun vereinsamte deutsche Braut abzuholen, erzeigte uns der Missionssenior Schwarz mit seiner Frau, was mir eine große Beruhigung war, da diese lieben alten Leute sehr vertraut mit den Verhältnissen des Landes waren. Und doch ergaben sich daraus ungeahnte Schwierigkeiten. Die erste war die, dass Frau Schwarz eine Ostindierin war, d.h. aus einer Mischehe eines Europäers mit einer Eingeborenen stammte, was an ihrer dunklen Gesichtsfarbe erkennbar war, und beim Einsteigen in den Wagen erster Klasse eine Engländerin veranlasste, dagegen zu protestieren. Meine Braut musste sich dagegen wehren und erzwang die Duldung der mütterlichen Freundin durch den Hinweis darauf, dass sie – die Landfremde – ihre Begleiterin nicht entbehren könne. (Herr Schwarz fuhr bescheiden in der zweiten Klasse.) Die zweite Schwierigkeit ergab sich daraus, dass die beiden alten Leute den Strapazen dieser anstrengenden Reise nicht gewachsen waren und unterwegs so krank wurden, dass Mitreisende rieten, sie in einer der berührten Städte in ein Krankenhaus zu bringen. Darauf gingen freilich die Kranken nicht ein, sondern setzten ihre Reise fort, konnten aber natürlich ihrem Schützling wenig nützen.

Dass aber diese Reise so beschwerlich und anstrengend war, hatte folgenden Grund. Bombay war erst im Jahre zuvor mit Madras, der Hauptstadt der südlichsten Präsidentschaft des indischen Britenreiches, durch eine Eisenbahn verbunden worden. Diese Bahn übersteigt zunächst durch liebliche Gebirgsgegend führend die Ghats, das westliche Gebirgsland des südlichen Indiens, und hat dann auf dem Plateau des Dekkhans mehrere Flüsse zu kreuzen, den Kistna mit seinem fast ebenso großen Nebenfluss Tungabadra und weiter südlich den Ponnar. Diese Flüsse, deren Quellgebiete in den westlichen Bergen liegen, waren im Herbst 1874 durch ungewöhnlich starke Monsunregen zu wilden Strömen geworden und hatten an drei Stellen die Eisenbahnbrücken teils umgerissen, teils doch so stark beschädigt, dass die Züge nicht darüberfahren konnten. So musste die Reise, die sonst in etwa 40 Stunden erledigt war, in vier Abschnitten gemacht und die Flüsse auf behelfsmäßigen Transportmitteln überschritten werden, so dass drei Tage und vier Nächte vergingen, ehe die Reisenden ans Ziel kamen.

Das hatten Senior Schwarz' schon auf der Hinreise durchgemacht und mussten es nun nochmals durchmachen, wobei sie überdies die Sorge um ihre des Klimas ungewohnte Schutzbefohlene bedrückte. Die Überschreitung der Flüsse, die sonst einer Sandwüste gleichen mit etlichen schmalen Rinnsalen in der Mitte, damals aber noch voll Wasser waren, geschah das erste Mal in Sänften, in denen auf Bambusstangen jeder einzelne Passagier der ersten und zweiten Klasse von zwei braunen Trägern getragen wurde; das zweite Mal musste jede Person einzeln auf einem aus Bambusstangen gefertigten mit Matten bedeckten Floss Platz nehmen, welches von nebenhergehenden Leuten durch die seichter gewordene Flut gezogen wurde; beim dritten Fluss standen die landesüblichen zweirädrigen Ochsenkarren zur Verfügung. Aber es ist ja verständlich, dass es lange Zeit nahm, ehe alle Passagiere übergesetzt waren und den am anderen Flussufer bereitstehenden Zug wieder besteigen konnten, sowie dass diese Beförderung, besonders die Fahrt auf dem Floss bei brennender Mittagssonne, Gefahren für die Gesundheit mit sich brachte. Denn selbst in der kühlen Jahreszeit darf man sich in Indien der Mittagssonne nicht ohne Schutzmittel aussetzen. So kam es denn, dass dieser Teil der Reise meiner Braut sich sehr verlangsamte und ich auf der Kreuzungsstation, wohin ich geeilt war, nachdem ich das Telegramm mit der Meldung von der Ankunft des Dampfers erhalten hatte, noch zwei Nächte und einen Tag warten musste, ehe am Morgen des 3. Januar 1875 der Nachtzug die sehnlichst Erwarteten brachte. Nun war bei meiner Braut alle Angst und Sorge verschwunden und auch ihre Begleiter lebten wieder auf. Ging es doch nun ihrer Heimat zu! In rascher Fahrt erreichten wir das Ende der Bahnlinie an der Ostküste (Negapatam) und fanden zunächst im Hause des dortigen Missionars [Grubert] gastliches Unterkommen und die den Reisenden so nötige Ruhe und Erquickung. Als aber der Abend herankam, standen drei Ochsenwagen vor der Tür, die uns die Nacht hindurch nach dem etwa 18 englische Meilen entfernten Tranquebar, dem Wohnort von Senior Schwarz, bringen sollten.

Im ersten nahm Senior Schwarz Platz, im zweiten, einem etwas besseren Gefährt, die beiden Damen, und im dritten machte ich mirs zwischen den Gepäckstücken bequem, so gut es ging. Diese Fahrt verlief glatt, nur dass eine zweimalige Zollrevision nötig war. Denn zwischen Negapatam und Tranquebar liegt ein kleines Gebiet (Karikal), welches den Franzosen verblieben ist. Als der Morgen graute, kam Tranquebar, die alte ehemals dänische Festung, in Sicht, wo im Jahre 1706 die ersten deutschen Missionare Bartholomäus Ziegenbalg und Heinrich Plütschau auf Anregung des Dänenkönigs Friedrich des IV. die Missionsarbeit unter den Tamulen begonnen hatten. Freudig von eingeborenen Christen und Schulkindern begrüßt, fuhren wir durch das alte Festungstor und verließen vor des Seniors Wohnung unseren Wagen, Gott preisend, der uns glücklich bis hierher geleitet.

2. Die Hochzeit und die eigentliche Hochzeitsreise

Im Seniorat fand meine Braut liebreiche Aufnahme, während ich bei meinem Freunde, dem damaligen Missionar Friedrich Zucker, Wohnung nahm, der später als Professor am Gymnasium in Fort Wayne [IND.] lange Zeit tätig war und 1927 heimgegangen ist. Und nun wurde unser Hochzeitstag auf den 7. Januar [1875] bestimmt und die Trauringe dem Goldarbeiter gegeben, damit er dieses Datum hineingraviere. Dies haben sie auch immer getragen, bis ich, zehn Jahre nach dem Heimgang meiner lieben Frau, sie dem von seinen Feinden eingeschlossenen deutschen Vaterlande zur Verfügung stellte [1915]. Aber das Datum war falsch, obwohl wirs nach Leipzig telegraphiert hatten und dort an diesem Tage im Verwandtenkreise die Hochzeit der fernen Tochter festlich begangen wurde. Diese aber lag an diesem Tage sterbenskrank im Bett, und ich musste selbst in der Nacht im Seniorat bleiben und dort im Parlour [Salon] auf einer Matte liegen, damit man mich rufen könne, wenn es mit meiner Braut zu Ende gehen sollte. Die ungewohnten Strapazen der Reise, verbunden mit der Angst um ihre alten Begleiter, waren doch zu viel für den zarten, des heißen Klimas nicht gewöhnten Körper gewesen. Dazu hatte sie auch Hunger gelitten, weil sie nicht Bescheid wusste mit den fremden Gewohnheiten des indischen Bahnbetriebs, bei dem nur an bestimmten Dinerstationen etwa Essbares für Europäer zu haben war. Dies alles brachte ihr am Abend des 5. Januar einen in jenem Lande so häufigen Anfall von Dysenterie [Ruhr], und zwar von solcher Heftigkeit, dass man das Schlimmste befürchten musste. So verlebten wir den 7. Januar, der unser Freudentag werden sollte, in großer Traurigkeit und banger Sorge. Sollte meine liebe Braut wirklich den schweren Abschied von der Heimat und die beschwerliche Reise nur dazu gemacht haben, um hier im fremden Lande zu sterben? Wir riefen Gott an, dass er helfen möge. Und er half! Am 8. Januar war das Schlimmste vorüber, und am 10. Januar konnte die freilich sehr geschwächte Patientin aufstehen und sogar gegen Abend mit mir einen kurzen Spaziergang am nahen Meeresufer machen, wo eine kühle Brise, die allabendlich dort von der See herweht, sie erquickte. Weil sie aber noch der Pflege bedurfte, beschlossen wir, die Hochzeit nicht länger zu verschieben, damit ich selbst die Pflege übernehmen könne. So wurde also der 11. Januar zu unserem Hochzeitstag bestimmt.

Mittags um 12 Uhr zogen wir, nachdem die Braut von befreundeter Hand mit dem aus Deutschland mitgebrachten Brautkleid, Kranz und Schleier geschmückt worden war, geleitet von den befreundeten Missionarsfamilien, vom Seniorat in die gerade gegenüberliegende Jerusalemkirche und wurden dort von meinem Freunde Zucker getraut, wobei derselbe auf unseren Wunsch über den 23. Psalm sprach. Nach der Einsegnung erscholl vom Orgelchor der Kirche der Gesang: „Danket dem Herrn, wir danken dem Herrn, denn er ist freundlich" usw., ausgeführt von den Studenten des Predigerseminars in dem nahe bei Tranquebar gelegenen Poreyar, welche unter Missionar Handmanns Leitung auch die deutsche Sprache lernten und deswegen uns mit diesem Gesang in unserer Muttersprache, die aus ihrem Munde etwas fremd klang, erfreuen konnten. Nachdem wir noch in der Sakristei das von der indischen Regierung geforderte Eheprotokoll unterzeichnet hatten, kehrten wir ins Seniorat zurück, empfingen die Glückwünsche der Teilnehmer an dem Fest und hatten dann einige Stunden der Ruhe für uns, in welcher wir die zahlreichen Briefe aus der Heimat, die in Voraussicht unserer Hochzeit schon vier Wochen zuvor abgesandt waren, lesen konnten. Um 6 Uhr abends aber fand das von Frau Senior Schwarz wohl vorbereitete Hochzeitsmahl statt, bei welchem es neben den nach englisch-indischer Sitte bereiteten leiblichen Genüssen an Reden und Gesängen nicht fehlte. Eine der letzteren begann mit den sehr zur Situation passenden Worten:

Keine Ros', keine Ros'
blüht im Garten dornenlos.
Willst du kühnlich sie abbrechen,
wird sie in die Hand dich stechen.

Von den Reden aber war besonders bemerkenswert der Toast, den Zucker ausbrachte, und zwar auf einen Leipziger Postbeamten, dem wir besonderen Dank schuldig seien. Wie ging das zu? Ich hatte, als ich ein Wohnhaus für uns an meinem neuen Wohnort Madura gefunden hatte, meinen Schwiegereltern dieses telegraphisch mitgeteilt. Dies Telegramm trug die Adresse: Mr. Ewald, Leipzig. Da es aber wiederholt umgesetzt [d.h. nach dem Gehör abgetippt] werden musste – weil eine direkte Verbindung zwischen Indien und Deutschland nicht bestand – so war unter den Händen englischer Beamter aus „Ewald" wahrscheinlich zunächst „Iwald" und schließlich „Twold" geworden. Ein Herr Iwold war nun freilich weder im Adressbuch zu finden, noch bei der Polizei bekannt, und das Telegraphenamt war in größter Verlegenheit. Einem der Beamten tats aber doch leid, dass dieses teure Telegramm (es kostete, irre ich nicht, 20 Rupien = 40 Mark nach damaligem Wert), sein Ziel nicht erreichen sollte, und er fing an zu überlegen. Er sagte sich: Die teure Depesche kommt aus Indien. Aus Indien kommt auch Gummi. Mit Gummi handelt Herr Ewald (er war Großkaufmann in Schuhwaren, hatte also auch Gummischuhe und dergleichen). Fragen wir einmal, ob er etwa ein Telegramm von einem Herrn Otto aus Indien erwartet. Und damit hatte ers getroffen. Wir hatten also allen Grund, bei unserem Hochzeitsmahl ein Hoch auf ihn auszubringen.

Nachdem um 9 Uhr das Mahl beendet war, rüsteten wir uns zur Abfahrt, also zur eigentlichen Hochzeitsreise. Dafür stand uns aber wieder nichts anderes zu Gebote, als zunächst ein Ochsenwagen, der, von zwei weißen kleinen Rindern gezogen, uns bis zu der schon berührten Bahnstation Negapatam bringen sollte. Wie sieht solch ein Wagen aus? Das interessiert vielleicht manchen der lieben Leser, zumal in einer Zeit, wo selbst in Indien die übrigens meist sehr guten Landstraßen von Automobilen und Krafträdern befahren werden und die Missionare Strecken, für die wir damals lange Nachtfahrten benötigten – am Tage kann man nur ganz kurze Strecken fahren wegen der Hitze –, in wenigen Stunden zurücklegen. Ein Ochsenwagen (Bandi) hat zwei hohe Räder, auf deren Achse ohne Federn ein Boden aus 2 bis 2 1/2 Meter langen Balken und Brettern befestigt ist, auf die – je nach Bedarf – Strohmatten oder Seegrasmatratzen gelegt werden. Darüber ist mit dünnen gebogenen Bambusstengeln eine Plane aus Segelleinen oder – bei den ganz gewöhnlichen – aus Matten gespannt, die vorn nach dem Kutschersitz zu mit einem Vorhang abgeschlossen, hinten aber offen ist. Von hinten steigt man hinein. Doch müssen, ehe man das tut, die Ochsen angespannt sein, da sonst der Wagen nach hinten umkippen und die Deichsel hochfahren würde. Das Anspannen der Ochsen erfolgt so, dass das am vorderen Ende der Deichsel befestigte Joch, ein starkes Querholz, den beiden Ochsen auf den Nacken gelegt und mit Stricken oder Riemen unter ihren Hälsen befestigt wird. Solch ein Bandi stand um 10 Uhr vor der Tür und wir bestiegen mit Hilfe eines Schemels, welcher meiner Frau das Einsteigen erleichterte, das Gefährt. Von der Öffnung aus winkten wir den Zurückbleibenden unsere Abschiedsgrüße zu und betrachteten dann den bestirnten Himmel, unter dessen glänzenden Sternen wir freilich nur gegen Norden alte Bekannte aus Deutschland erblickten. Aber was war das? Als wir in die von Tulpenbäumen flankierte Landstraße einbogen, leuchtete uns von dieser eine Menge kleiner Lichter entgegen! Hatte man, unsere

Hochzeit zu feiern, die Straße illuminiert? Ja und nein! Nicht Menschen hatten das getan, sondern eine Unmenge von Glühwürmchen saßen auf den Bäumen und erfreuten uns so auf unserer Hochzeitsfahrt. Dieselbe verlief im übrigen, die beiden Zollrevisionen abgerechnet, ohne jeden Aufenthalt und brachte uns, als der Morgen graute, ans Ziel, nämlich in das Haus des Missionars G[rubert] in Negapatam. Dort konnten wir uns ausruhen und wurden freundlich bewirtet. Danach fuhren wir mit der Eisenbahn nach meinem derzeitigen Wohnorte Trichinopoly[4], jener Stadt Südindiens, die durch die von vielen Götzentempeln bebaute Insel Srirangam berühmt und deren mit einem Tempel gekrönter Fels weithin sichtbar ist. Freilich war dies noch nicht unser eigentliches Heim. Das lag vielmehr noch etwa 100 Meilen [1 engl. Meile = 1609 m] südlich in dem schon erwähnten Madura, einer ebenfalls durch einen großen Tempel berühmten Stadt in der Südspitze Indiens. Dort sollte ich eine neue Station organisieren. Aber das Haus, welches ich dort gemietet hatte, lag in der Eingeborenenstadt und hatte keine Veranda, war daher für meine eben erst ins Land gekommene Frau ungeeignet, wie mir von erfahrenen älteren Missionaren versichert wurde. So mussten wir, bis ich eine passendere Wohnung gefunden hatte, ein anderes Unterkommen suchen. Denn auch in Trichinopoly war unseres Bleibens nicht lange, da der Missionar Sch[äffer] , welcher diese Station, die ich nur provisorisch verwaltet hatte, nun dauernd übernehmen sollte, das Missionshaus mit seiner zahlreichen Familie für sich brauchte. Da lud mich denn mein lieber, den Lesern wohlbekannter Freund C. M. Zorn (der am 12. Juli 1928 in East Cleveland heimgegangene bekannte Schriftsteller) ein, die nötige Wartezeit bis zum Einzug im eigenen Heim bei ihm in Pudukottah zu verbringen. Junge Ehepaare, die bei der jetzt herrschenden Wohnungsnot oft in große Verlegenheit kommen, weil sie nicht wissen, wo sie ihren Hausstand gründen sollen, werden mirs nachfühlen, wie dankbar wir für dieses Anerbieten waren. Weil aber damit noch mehrere Reisen verknüpft sind, muss ich noch einen dritten Abschnitt anfügen, ehe ich schließen kann mit dem Rufe: „Endlich daheim!"

3. Endlich daheim – im fremden Lande!

Meine Frau hatte sich seit dem 25. November, dem Tag ihrer Abreise aus Leipzig, mit ihrem Kabinenkoffer behelfen müssen. Sie hatte ja gehofft, ihren größeren Koffer, der unter anderem auch ihr Brautkleid enthielt, von Bombay aus mit nach Tranquebar nehmen zu können. Aber das war unmöglich, da die

[4] Die Stadt hat mit Trichinen nichts zu tun, der Name lautet auf Indisch Tirutschinapalli und bedeutet eine heilige Stätte. Die Engländer sprechen es „Tritchinopoly" oder kurz: „Trichy" aus.

Eisenbahn infolge der Unterbrechungen der Linie nur Handgepäck zuließ. So musste sie in aller Eile vor der Abreise aus Bombay das Allerwichtigste für etwa drei Wochen in den kleinen Koffer packen und den großen samt der ihre sonstige Ausstattung enthaltenden Kiste auf dem Seeweg an der Westküste hinunter bis Calicut (nicht zu verwechseln mit der großen Stadt Kalkutta in Nordindien) und von dort mit der Bahn nach Trichinopoly gehen lassen. Daselbst trafen sie denn auch etwa zwei Wochen, nachdem wir dort eingezogen waren, ein, und nun konnten wir Missionar Zorns Einladung folgen, nachdem wir alles Weitere mit dem Gepäck geordnet hatten.

Pudukottah aber ist zwar die Residenz eines indischen Königs [Rajah], liegt aber abseits von den großen Verkehrswegen und ist von Trichinopoly 33 englische Meilen entfernt. So stand uns denn wieder eine Ochsenwagenfahrt bevor, und zwar nicht auf einer guten Landstraße wie zwischen Negapatam und Tranquebar, sondern auf wenig gepflegten Landwegen. Als ich gerade sechs Monate zuvor den Weg in umgekehrter Richtung zurücklegte, musste ich einen fremden heidnischen Fuhrmann mieten und machte dabei die Erfahrung, wie unzuverlässig diese Leute sind. Denn obwohl mich der König in seiner Pferdekutsche die ersten zehn Meilen fahren ließ, so dass der Ochsenwagen, der bis zu diesem Punkte vorausgeschickt war, mich nur noch 23 Meilen zu befördern hatte, was in acht Stunden gut bewerkstelligt werden konnte, kamen wir doch erst 1/2 9 Uhr vormittags in Trichinopoly an. Mitten in der Nacht nämlich erwachte ich aus meinem unruhigen Schlaf dadurch, dass die polternde und stoßende Bewegung des Karrens aufhörte (wie der Müller aufwacht, wenn das Mühlwerk stillsteht und nicht mehr klappert, oder der Kirchenschläfer, wenn der Prediger aufhört zu reden). Als ich mich nun besann und umsah, fand ich den Kutschersitz leer und die Ochsen stillstehend, vom Kutscher aber keine Spur, auch nicht unter dem Wagen, wohin sie sich mitunter zu legen pflegen. Bei weiterer Umschau aber entdeckte ich einen Sattiram (ein Rastort für Reisende) und auf dessen Veranda lag neben anderen Schläfern mein Fuhrmann, dem ich mit lautem Zuruf und mit Hilfe meines Schirmes Beine machte, so dass auch die Ochsen bald wieder in Trab kamen oder doch wenigstens in ihren langsamen Trott, in dem sie etwa drei Meilen in einer Stunde zurücklegten.

Solche Unannehmlichkeiten hatten wir diesmal nicht zu befürchten. Denn ich hatte inzwischen, da die Verwaltung der mir übergebenen Station mich nötigte, oft über Land zu fahren, einen Fuhrmann angestellt, der unserer Gemeinde angehörte und mir treu und gewissenhaft diente; Michele war sein Name. Und der hatte auch auf den anderen Fuhrmann, der das

Gepäck zu befördern hatte, so viel Einfluss, dass er gleichen Schritt mit uns hielt. So kamen wir nach einer Fahrt von zehn bis elf Stunden am frühen Morgen vor dem gastlichen Missionshaus in Pudukottah an, von unseren lieben Freunden herzlich begrüßt.

Dort verlebten wir eine besonders für meine liebe Frau sehr angenehme Zeit, in der sie Gelegenheit hatte, sich in indische Verhältnisse einzuleben, auch zu sehen, in welcher Weise sich die Hausfrau dort an der Führung des Haushalts beteiligt und denselben in Ordnung halten kann, obwohl sie nicht am Kochherd steht, ja die außerhalb des Wohnhauses in einem besonderen Gebäude befindliche Küche nur selten betritt. Auch die Gefahren und Unannehmlichkeiten des indischen Leben lernte sie kennen. So geschah es einmal, dass während des auch in Indien nötigen „Großreinemachens" das Harmonium auf der Veranda stand und das eineinhalbjährige Söhnlein bei demselben unbesorgt herumlief und sein Spiel trieb. Als aber dann seine Mutter das Instrument aufklappte, lag eine Brillenschlange darin, die erst dort auf der Veranda durch die Öffnung bei den Pedalen hineingeschlüpft sein konnte. Ein andermal wollte meine Frau sich nachts ein Glas frischen Wassers holen. In einem der allezeit offenen Fenster stand eine tönerne Flasche mit weitem Halse (Gusa), in welcher durch den Luftzug des Nachts das Wasser sich abkühlte. Als sie aber Wasser aus der Flasche ins Glas gießen wollte, plumpste etwas Dickes hinein, dass sie vor Schreck das Glas fallen ließ. Und was war's? Ein Frosch, der von der Decke in die Flasche gefallen war. Es kam gerade dort häufig vor, dass diese an die ägyptischen Plagen erinnernden Tiere in die Häuser eindrangen, bis an die Decke hinaufkrochen und dann gelegentlich herabfielen. Wir erlebten auch sonst dort manches Interessante. Denn unser Aufenthalt in Pudukottah fiel zum Teil in die Zeit, die C. M. Zorn in seinem Buche „Dies und das aus dem Leben eines ostindischen Missionars"[5] (in den Kapiteln 13 und 14: „Ein Blick hinter den Vorhang" und: „Der Blick hinter den Vorhang bringt noch mehr Enttäuschung") erzählt[6]. Wir nahmen da teil an dem Verkehr des Missionars mit dem König und dem englischen Kollektor [Verwalter], sowie an verschiedenen dort erwähnten Festlichkeiten. Doch musste ich selbst sehr bald wieder auf die Reise, um meine Gemeinde in und um Madura zu bedienen. So machte ich mich denn Anfang März mit meinem getreuen Michele wieder auf den Weg und gelangte in zwei Nachtfahrten über Tripatur und Melur nach dem

[5] C. M. Zorn, Dies und das aus dem Leben eines ostindischen Missionars, St. Louis/MO. 1895.

[6] Dieses Buch, sowie das als zweiter Teil zu ihm gehörige „Dies und das aus früherem Amtsleben" bietet so viel Interessantes - viel Interessanteres als meine Erzählung -, daß diese Bücher nicht genug empfohlen werden können. Erschienen im Concordia Publishing House, St. Louis/MO. 1912.

70 Meilen entfernten Madura. In Melur erreichten wir die von Trichinopoly nach dem Süden führende Hauptstraße und hätten auf derselben das Ziel unserer Reise schneller erreichen können. Aber da gerieten wir in einen uns endlos erscheinenden Zug von Frachtbandis, die in ihrem gemütlichen Schritt einherfuhren und schwer zu überholen waren.

Die Fuhrleute halten sich dort gern in großen Trupps zusammen, weil diese Gegend von *Kallern* bewohnt und daher unsicher ist. Das ist eine Sudrakaste, deren Glieder hauptsächlich Ackerbau treiben, aber auch bei Nacht auf Raub ausgehen. Sie versetzen das ganze Land in Schrecken und erzwingen selbst von den dort wohnenden Europäern einen Tribut, wie ich bald erfahren sollte. Ich hatte, als ich im Herbst 1874 ein kleines Haus gemietet hatte, auch einige Möbel, Bett, Tisch und Stühle und Kisten mit Büchern und Wäsche hingeschickt und den in Madura angestellten Lehrer beauftragt, das Haus samt Inhalt zu behüten. Als wir nun ankamen, erzählte er mir, die Kaller wären fast jede Nacht gekommen, um etwas zu stehlen. Er habe sich nicht anders helfen können, als dadurch, dass er zum Häuptling der Bande oder des Dorfes gegangen sei und zu ihm gesagt habe: „Du denkst wohl, mein Herr sei ein Knauserer, der nichts geben werde? Da irrst du. Er ist so anständig wie irgendeiner." Darauf hatten die nächtlichen Besuche aufgehört. Ich aber bekam, als wir wirklich in unser Haus eingezogen waren, bei Tage den Besuch eines sehr anständig gekleideten Mannes, den der Lehrer bei mir einführte mit den Worten: „Dies ist der Mann, von dem ich Ihnen sagte." Darauf sagte ich zu dem Manne: „Es freut mich zu hören, dass Sie auf Ordnung gehalten haben. Ich bitte mir einen der Ihrigen als Wächter für dieses jetzt von mir gepachtete und bewohnte Grundstück zu senden und dafür zu sorgen, dass nichts aus demselben wegkommt. Der Mann bekommt vier Rupien im Monat. Sind Sie damit einverstanden?" Die Antwort lautete: „Das ist gut." Und ich entließ ihn mit den Worten: „Sorgen Sie dafür, dass nichts passiert." Und es passierte nichts. Als aber doch einmal, während ich auf einer Amtsreise war, nachts ein Geschrei: „Diebe, Räuber" entstanden war, und einige Sachen von der Veranda verschwunden waren, brachte der Wächter, als ich ihn nach meiner Rückkehr zur Rede stellte, alles wieder.

Da das kleine Haus, das ich im Herbst gemietet hatte, mitten im Eingeborenenviertel lag und keine Veranda hatte, mietete ich jetzt ein freier gelegenes mit Veranda und Obergeschoss. Da dasselbe aber schon längere Zeit leer gestanden hatte, bedurfte es in den Räumen des Erdgeschosses einiger Reparaturen. Es war einst von einem Ostindier gebaut, von dem es wohl seinen Namen „Murton Battery" hatte, jetzt aber im Besitz eines

Heiden, der die nötigen Reparaturen vorzunehmen und rechtzeitig fertigzustellen versprach. So konnte ich denn, nachdem ich noch die vier zur Station gehörigen Außenplätze besucht und die Christen daselbst mit Gottes Wort und Sakrament versorgt hatte, frohgemut wieder nordwärts ziehen, um meine liebe Frau nun endlich „heimzuholen".

Das verzögerte sich allerdings noch um etwa einen Monat. Denn erst mussten wir, Missionar Zorn und ich, zu einer Konferenz reisen, und Zorn war es lieb, dass seine Frau in der Zeit seines Fernseins die Gesellschaft meiner Frau genießen konnte, wie natürlich auch ich froh war, dass ich meine Frau nicht alsbald nach unserem Einzug allein lassen musste. Aber Ende April waren wir wieder zurück, und nun nahmen wir Abschied von unseren lieben Gastfreunden, die es verstanden hatten, der oft heimwehkranken jungen Frau die Fremde zur Heimat zu machen.

Unsere Reise ging zunächst wieder nordwärts nach Trichinopoly. Denn der langen Bandifahrt mit Übernachtung bzw. Tagesaufenthalt in einem Sattiram, zumal die größte Hitze schon eingesetzt hatte, konnte ich meine Frau nicht aussetzen. Und von Trichinopoly aus konnten wir die im Bau begriffene Bahn nach dem Süden benutzen, da der leitende Ingenieur uns gestattete, in einem Güterwagen eines Bauzuges mitzufahren. Auch das war eine Strapaze; denn der Zug brauchte zehn Stunden und der Güterwagen hatte natürlich nur eine einfache Holzdecke, durch welche die Hitze der damals gerade senkrecht über dieser Gegend stehenden Sonne in keiner Weise gehindert wurde. (Die Personenwagen haben doppelte Decken und Jalousien an den Fenstern.) Doch konnten wir beide Seitentüren des Wagens offen lassen und hatten bequeme Stühle, Trinkwasser, Limonen und sonstige Erfrischungsmittel bei uns. Meiner Frau machte die Frau des Kochs, den wir in Pudukottah engagiert hatten (er hieß Joseph und hing mit begeisterter Verehrung an meiner Frau), öfter kühlende Umschläge auf den Kopf, und so kamen wir, ohne an der Gesundheit Schaden gelitten zu haben, gegen Abend in Madura an, wo uns am Bahnhof der Lehrer samt dem Fuhrmann mit dem für die Fahrten in der Stadt angeschafften besseren Wagen erwartete. Wir waren wohl die ersten Passagiere, die diese Strecke befuhren, die über Dindigul und dann zwischen zwei Bergketten hin nach Madura und weiter bis Tuttikorin an der Südspitze Indiens führt und so den in Colombo auf Ceylon das Schiff verlassenden Indienfahrern den Eintritt ins Land von dieser Seite ermöglicht.

Wie aber fanden wir unser Heim in *Murton Battery*? Das gab eine arge Enttäuschung, zwar auch für mich, am meisten aber für meine liebe Frau, die, in Erinnerung an das traute Elternhaus in Leipzig, sich danach sehnte, nun endlich – nach mehr als fünf Monate währender Reisezeit – in ihrem eigenen Heim sich einzurichten und dasselbe traulich zu gestalten. Im Erdgeschoss, wo der Fußboden erneuert werden sollte, lagen Schutthaufen, da die Arbeiten kaum begonnen waren, und nur das Obergeschoss war bewohnbar. Dasselbe wurde durch eine Freitreppe von der hinteren Veranda aus erreicht und bestand aus zwei Räumen, einem kleineren, dessen Wände aus Ziegeln bestanden, die aber nicht dicht aneinander gefügt, sondern gitterartig verbunden waren, um die Luft durchzulassen, und einem größeren Raum mit je drei Fenstern (ohne Glas, nur mit Holzstäben und Läden) an jeder Seite, der durch einen nicht sehr sauberen Vorhang in zwei Hälften geteilt war.

In dem Raum hinter dem Vorhang, an den sich das Badezimmer anschloss, waren unsere Betten aufgestellt, vor dem Vorhang die Möbel aus meiner Junggesellenwirtschaft, der Esstisch und etliche Stühle. So sah unser „Haus" diesen Abend aus, und es war der jungen Frau nicht zu verübeln, dass ihr zunächst etliche Tränen kamen. Woher aber kam diese Enttäuschung? Die Heiden in Madura hatten um die Zeit, da wir Christen Ostern feiern, auch ein Fest; und die Götzenfeste der Heiden dehnen sich, wohl weil sie keinen wöchentlichen Feier- und Ruhetag kennen, auf mehrere Wochen aus. So war denn die Arbeit, die vornehmlich darin bestand, den Fußboden im Erdgeschoss zu erhöhen, festzustampfen und dann zu glätten (Holzdielen gibt es nicht), liegengeblieben. Sie konnte aber nun, da das Fest vorüber und wir selbst anwesend waren, bald erledigt werden, so dass wir uns, nachdem auch die neuen Möbel aus Madras angekommen und die Kisten ausgepackt waren, auch in den unteren Räumen wohnlich einrichten konnten. Der Vorhang im Oberzimmer wurde bald durch eine saubere Tapetenwand ersetzt, und meiner lieben Frau geschickte Hand wusste bald alles so zu ordnen, dass wir ein uns anheimelndes Heim bekamen. Und in Voraussicht dessen, sowie im Rückblick auf alles, was sie in der zurückliegenden Reisezeit durchgemacht und erfahren hatte, konnte sie doch auch an jenem ersten Abend im eigenen Heim mit mir einstimmen in das Lied: „Lobe den Herren, den mächtigen König der Ehren", besonders in die Worte:

In wieviel Not
hat nicht der gnädige Gott
über dir Flügel gebreitet!

(aus: Ev.-Luth. Hausfreund-Kalender 1930, S. 65-81)

Vier Generationen:
Otto Willkomm mit Sohn Martin, Enkelsohn Heinrich und Urenkel Martin Georg

Anhang 6: Amerikanische Reisebilder

Den alten Freunden des „Hausfreundes" [Hausfreund-Kalender] ist es in Erinnerung, und manche neue Freunde desselben wissen es aus Erfahrung, dass der Kalendermann im vergangenen Jahre auf Reisen war. Nun sagt der alte Wandsbeker Bote [Matthias Claudius]: *„Wenn einer eine Reise tut, so kann er was erzählen."* Habe ich nun auch meine Reise nicht deshalb getan, um etwas erzählen zu können, so will ich mich doch nicht weigern, weil ich gereist bin, auch zu erzählen, um so mehr, als ich den alten Freunden es schon versprochen habe und den neuen Freunden – ich meine damit nämlich die, welche ich in Amerika gewonnen zu haben glaube – einen kleinen Tribut des Dankes schuldig bin.

So will ich mich denn ans Erzählen machen. Zuvor aber erinnere ich daran, dass alles das Merkwürdige und Herrliche, das man auf Reisen sieht, einen Christen an das Wort des Psalmisten erinnert: „Groß sind die Werke des Herrn; wer ihrer achtet, der hat eitel Lust daran!" [Ps 111,2]. So möge auch die Erzählung darum meine lieben Leser achten lehren auf die großen und wunderbaren Werke des Herrn. Und wenn es Werke des Menschengeistes sind, von denen ich mit zu erzählen haben werde, so wollen wir nicht vergessen, was ein gottseliger, gebildeter Mann, der kürzlich entschlafen ist, von diesen sagte, nämlich: „Wären die Menschen nicht Gottes Werk, so könnte ihr kleiner Geist nicht solche Werke schaffen, wie wir sie unter uns und um uns sehen. Ich sehe unseres treuen Gottes Hand in allen großen Werken des menschlichen Geistes" (Kirchliches Ehrengedächtnis des Herrn Karl Hauselt). Also dient alles zu Gottes Ehre und stimmt und ermuntert uns zum Lobe Gottes, was wir sehen oder hören von großen Werken Gottes oder der Menschen in fremden Ländern. – Weiter erinnere ich daran, dass einem Christen jede Reise ein Bild ist seiner Reise ins ewige Vaterland. Dazu möge auch diese Reisebeschreibung meinen Lesern dienen.

1. Überfahrt und Landung in New York

An eben demselben Monatstag, an welchem einst Kolumbus den Hafen von Palos verließ, um westlich steuernd, den Weg nach Indien zu finden, am 3. August [1889], hatten wir uns auf dem Dampfer „Werra" vom Norddeutschen Lloyd eingeschifft und Bremerhaven verlassen. Am 4. August hatten wir die englische und deutsche Kriegsflotte auf der Reede von Spithead passiert und zugleich das letzte Land gesehen. Dann am Morgen des 5. August erblickte das Auge nichts mehr als Wasser und Himmel. Und das genossen wir gerade sieben Tage. Ich nenne es „genießen" und zwar ohne Spott. Denn mir ist es ein Genuss, der Leib und Seele erquickt. Ich kenne keinen großartigeren Anblick, als den des Meeres; es ist mir ein Bild der Unendlichkeit Gottes und zugleich ein Zeuge von seiner Allmacht und majestätischen Kraft; es mahnt mich aber auch an die Wandelbarkeit menschlichen Wesens, menschlichen Dichtens und Trachtens. Und die rastlose Eile, mit welcher das Schiff, die Flut durchschneidend, Tag und Nacht weitereilt, dem Ziele entgegen, erinnert mich daran, wie unser Leben ununterbrochen, wir schlafen oder wachen, seinem Ende entgegeneilt. „Es fähret schnell dahin, als flögen wir davon" [Ps 90,10]. Ja, dies Eilen des Schiffes, dessen Maschine man Tag und Nacht arbeiten und keuchen hörte, das Welle auf Welle durchschnitt, dass sie rauschend und brausend sich aufbäumten, es mahnte mich daran, wie die Welt mit all ihrer Kraftentfaltung, mit all ihrer Intelligenz und hochentwickelten Kultur dem Kampfe entgegeneilt, dem jüngsten Gericht, dessen Nahen auch der Wasserwogen Brausen uns verkünden sollen.

Unsere Fahrt bot nicht besonders viel Interessantes und währte nicht lange. Einige „Schweinefische", die mit ihren possierlichen Sprüngen uns ergötzten, und täglich einige Schiffe, Dampfer und Segler, die uns begegneten oder die wir überholten, das war alles; nur zweimal, einmal mitten auf der hohen See, einmal an der Bank von Neufundland, wollte der Nebel, der gefährliche Feind der Schifffahrt, uns den Weg versperren. Doch wich er schnell und am Morgen des 12. August konnten wir schon nach Land ausschauen. Nicht lange schauten wir vergeblich. Einige dunkle Spitzen, ein gelblicher Streifen, ein blauer Rücken, wie ferne Berge, – das war die Küste von Long Island, der langen Insel, welche den Staaten New York und Connecticut vorgelagert ist und durch den Sound (Sund), der am Südende, zwischen den Städten Brooklyn und New York *East River* oder Ostfluss heißt, vom Festlande getrennt ist. Etwa in der Mitte dieser lang gestreckten Insel liegt weiter vorgeschoben die kleine Feuerinsel (*Fire Island*), bei deren Leuchtturm eine Beobachtungsstation ist. Von hier wird es telegraphisch nach New York gemeldet, wenn ein Dampfer sich naht, so dass man es dort schon Stunden vorher weiß und ziemlich genau berechnen kann, wann derselbe landen wird.

Nun wurde es lebendig an Bord unseres Schiffes und jedermann bemühte sich, möglichst genau zu sehen, was bei der Einfahrt in den Hafen von New York zu sehen ist. Und es war viel zu sehen! Zuerst wurde unsre Aufmerksamkeit durch das Lotsenschiff in Anspruch genommen, – ein großes Segelboot, dessen Segel weithin die Zahl 19 zeigte. Von diesem stieß ein kleines Ruderboot ab, in welchem sich der Lotse befand. Als dasselbe an die Seite unseres Dampfers gekommen war, hielt letzterer an und auf einer Leiter, die herabgelassen wurde, stieg der Lotse an Bord, während das Ruderboot zu dem Lotsenschiffe zurückgerudert wurde. Diese Lotsenschiffe fahren den großen Dampfern oft weit in die See hinaus entgegen – bei der Rückfahrt trafen wir noch eins am dritten Tage der Reise, also weit draußen auf hoher See – und bei stürmischem Wetter ist es oft sehr schwierig, an Bord der Schiffe zu gelangen.

Außer der Küste von *Long Island*, die wir zur Rechten sahen, erblickten wir nun auch vor uns die blauen Berge, die *Highlands*, d.i. das Hochland von New Jersey. Ihre nördliche Spitze verläuft flach ins Meer und trägt den Namen Sandy Hook; dieser Punkt bezeichnet die Einfahrt nach dem Hafen von New York. Zwischen Sandy Hook und der mit Seebädern und Gasthäusern besetzen Südspitze von *Long Island* hindurch fuhr unser Dampfer bei prachtvollem Wetter in die äußere Bucht des New Yorker Hafens hinein: über uns der klare blaue Himmel, unter uns die blaue Flut des Meeres, glatt wie ein Spiegel, rings umher an den belebten Ufern grüne Matten und in der Ferne waldige Höhen – es war ein köstlicher Anblick. Indem wir uns der durch den sogenannten Engpass (*narrows*) abgeschlossenen inneren Bucht von New York näherten, sahen wir vor uns und zur rechten Hand das Häusermeer der Riesenstädte New York und Brooklyn auftauchen; und als wir die Forts, die den Engpass schirmen, passiert hatten, lag die innere Bucht vor unsren entzückten Augen.

Soll ich den Hafen von New York beschreiben? Ich fühle mich dazu nicht geschickt. Aber das will ich sagen, er ist einer der schönsten Häfen der Welt und er ist das Tor der neuen Welt. Zwar zeugt jeder Seehafen mehr oder weniger von dem allgemeinen Weltverkehr, der sich in unserem Jahrhundert so großartig entwickelt hat, aber keiner von den Häfen, die ich gesehen habe, hat mir so sehr den Eindruck eines Welthafens gemacht, als dieser New Yorker Hafen. Long Island zur rechten, Staten Island zur linken Hand fuhren wir an der kleinen Felseninsel Bedlow Island vorbei, auf welcher die große Freiheitsstatue steht, welche die Franzosen den Amerikanern geschenkt haben – von vielen törichterweise *The Goddess Of Liberty*, die Freiheitsgöttin genannt, nach der Mündung des Hudsonflusses, der dort *North River* oder Nordfluss genannt wird (im Unterschiede von dem *East River* oder Ostfluss, welcher die Städte Brooklyn und New York trennt).

Hier liegt zur Rechten die Stadt New York auf der Insel Manhattan, zur

Linken auf dem Festlande die Städte Jersey City und Hoboken. In Hoboken sind die Docks des Norddeutschen Lloyd; dahin steuerte also auch unser Schiff, auf welchem sich inzwischen der Arzt und die Zollbeamten eingefunden hatte, ersterer, um die Zwischendeckspassagiere Revue passieren zu lassen, letztere, um von den Kajütpassagieren Erklärungen über ihr Gepäck zu fordern. Es wird hierbei leider nach amerikanischer Art ein Eidesformular zur Unterschrift vorgelegt, wobei viele gar nicht wissen, dass sie schwören und was sie beschwören. Es sollte daher diese Unterschrift nur der leisten, der wirklich nur sein Reisegepäck bei sich hat. Übrigens hat diese Unterschrift wenig Zweck, da die Zollbeamten am Lande dann doch noch das Gepäck untersuchen.

Sobald das Schiff angelegt hatte, strömten die Kajütpassagiere, mit ihrem Handgepäck versehen, über die schmalen Bretter nach der Gepäckhalle, während die Mannschaften das größere Gepäck auf einer gewaltigen Rutschbahn dorthin beförderten, wobei denn mancher schwach gebaute Koffer einen Stoß erhielt, von dem er sich vielleicht nie wieder erholt. (Die Zwischendeckspassagiere müssen hier in einen kleineren Dampfer umsteigen und werden in demselben nebst ihrem Gepäck nach *Castle-garden*, neuerdings nach dem *Barge-Office*, welches unserem lutherischen Pilgerhause gerade gegenüberliegt, befördert, wo ihre Papiere und ihr Gepäck untersucht werden, von wo sie auch, wenn sie nicht gleich weiterreisen, in ihre Gasthäuser abgeholt werden.) Mein und meines Begleiters Gepäck kam reichlich spät zum Vorschein, wurde auch, da die Namen darauf nicht recht deutlich zu lesen waren, nicht an die richtige Stelle befördert. (Es werden nämlich in jener großen Halle die Gepäckstücke nach den Buchstaben des Alphabets, welche groß an den Wänden zu lesen sind, verteilt, damit jeder sein Gepäck schnell finden kann, eine sehr praktische Einrichtung, die aber das zur Voraussetzung hat, dass jedes Gepäckstück den Namen seines Eigentümers deutlich an sich trägt, auch nicht auf einem angebundenen Brettchen, sondern auf der Kiste selbst, da solch ein Brettchen beim Ausladen in der Regel abgerissen wird.)

Da wir nun etwas in Not waren, erschien als Retter in der Not der liebe Herr Pastor Stephanus Keyl[7], der Emigrantenmissionar der [Evangelisch-Lutherischen] Synodalkonferenz, der, von unserer bevorstehenden Ankunft benachrichtigt, sich alsbald nach Ankunft des Dampfers in der Lloydhalle eingefunden hatte und unseren Nöten bald ein Ende machte, auch bei der

[7] St. Keyl war der Schwiegersohn von C. F. W. Walther. Er arbeitete jahrelang im Auftrag der Missourisynode in New York, um deutschen Einwanderern den Start in Amerika zu erleichtern.

Revision unseres Gepäcks durch die Zollbeamten uns zur Seite stand. Von ihm geleitet, erreichten wir nach 7 Uhr abends das lutherische Pilgerhaus (State Street Nr. 8), wo wir die nach der Aufregung und Anstrengung der letzten Stunden sehr erwünschte Erquickung und Ruhe fanden. Doch bereitete mir die Freundlichkeit des Herrn Pastor Keyl noch denselben Abend den Genuss einer Fahrt durch den Hafen, der in Hunderten von Lichtern strahlte, und der Einkehr in seiner Privatwohnung zu Port Richmond auf Staten Island, wo ich denn von seiner Gattin, einer Tochter des seligen Dr. Walther[8], aufs herzlichste bewillkommnet wurde. So verlebte ich den ersten Abend im fremden Lande in einer echt deutschen Pfarrfamilie und bekam damit eine Vorahnung von den vielen heimatlichen Erinnerungen, die ich in diesem fremden Lande finden sollte.

2. Eisenbahnfahrten

Es wird von einem Mütterchen erzählt, welches einem Auswanderer den Auftrag gab, ihren Sohn in Amerika zu grüßen, auf die Frage aber, wo, in welcher Gegend oder an welchem Orte sich derselbe denn aufhalte, keine andere Antwort hatte als die: „Ach, Sie werden ihm schon begegnen!" Wer einen Begriff von der Ausdehnung des Landes hat, von dem ich erzähle, der lächelt über solche Einfalt. Und doch glaube ich, dass viele von denen, die da lächeln, sich trotzdem keine rechte Vorstellung machen von den Entfernungen, die man zurücklegen muss, wenn man auch nur einige Hauptstädte dieses Landes besuchen will. Meine Reise in den Vereinigten Staaten, auf welcher doch kaum der dritte Teil des Landes berührt wurde, erforderte doch von New York aus hin und zurück die Zurücklegung von 5000 engl. Meilen, das macht 8000 km oder eine Entfernung, viermal so groß als die Entfernung von Paris nach St. Petersburg. Dass bei solcher Ausdehnung des Landes die Eisenbahnen eine bedeutende Rolle spielen, leuchtet jedem ein. So ist denn auch das Eisenbahnwesen in ganz anderer Weise entwickelt als in Europa.

Es gibt drüben allerdings keine Staatsbahnen, vielmehr ist das ganze Eisenbahnwesen in den Händen von Privatgesellschaften bzw. einzelnen Personen, welche letzteren durch die Eisenbahnen zu geradezu fabelhaften Reichtümern gekommen sind. Alle Entwicklung der Bahnen beruht auf freier schrankenloser Konkurrenz. Folge davon ist, dass fast zwischen allen Hauptorten zwei, drei, auch mehr verschiedene Bahnverbindungen herge-

[8] Carl Ferdinand Wilhelm Walther (1811-1887), 1836-1838 Pf. in Bräunsdorf (b. Chemnitz), 1838 Auswanderung nach Nordamerika, seit 1841 Pastor und Professor der Missourisynode in St. Louis/MO.

stellt sind, die im Preise, in der Fahrgeschwindigkeit, in der den Reisenden gewährten Bequemlichkeit einander zu überbieten bzw. zu unterbieten trachten. Wer gerade zur Zeit eines sog. Eisenbahnkrieges reist, kann für einen sehr billigen Preis große Strecken zurücklegen; z.B. kostete eine Zeit lang das Billet [Fahrkarte] von New York nach St. Louis [Missouri], für welches gewöhnlich 24 Dollar bezahlt werden müssen, nur 1 Dollar. Doch war von solcher Billigkeit, als ich reiste, nichts zu spüren, im Gegenteil fand ich die Preise sehr hoch. Man rechnet bei einem gewöhnlichen Billet 3 Cents auf die engl. Meile, das macht etwa 2 Cents auf den Kilometer, der in Deutschland 1 Cent kostet. Dafür sind die Wagen in mancher Hinsicht bequemer eingerichtet, auch hat man mehr Freigepäck als in Deutschland. Lokomotiven und Waggons sind in Amerika größer als bei uns, die Waggons viel länger und höher. Sie sind alle nach der süddeutschen Art eingerichtet, mit nur zwei Eingängen am Anfang und am Ende, einem Gang in der Mitte und gepolsterten Sitzen zu beiden Seiten dieses Ganges. Die Abteilung in Coupés kennt man nicht. Ein Nachteil dieser sonst viele Vorteile und Annehmlichkeiten bietenden Einrichtung ist, dass Ruß und Staub unaufhörlich und unaufhaltsam durch die Waggons fliegen, so dass man längere Reisen, besonders in staubiger Gegend und bei trockenem Wetter ohne Staubmantel kaum machen kann. Es gibt auf den amerikanischen Bahnen eigentlich nur eine Klasse. Da aber für die Raucher ein besonderer Wagen da ist, bei dessen ausschließlicher Benutzung manche Bahnen billigere Preise machen, und die Schlafwagen, die sich in jedem Zuge befinden, der weitere Strecken zurücklegt, am Tage in bequeme Sitzwagen umgewandelt und dann auch nur von denen benutzt werden, die den Extrapreis für den Schlafwagen bezahlt haben, so kommen auch etwa 3 Klassen heraus; nur fährt die Mehrzahl aller Reisenden danach zweite Klasse.

Das Benehmen der Reisenden während der Fahrt ist ein durchaus anständiges. Selten hört man auch nur lautes Gespräch; von dem Geschrei, Zanken und Singen, durch das man auf deutschen Bahnen, wenigstens in dritter Klasse, oft belästigt wird, keine Spur! – Es wurde mir gesagt, dass in den Vereinigten Staaten noch 1/2 mal so viel Frauen als Männer reisen, und das in voller Sicherheit und ohne jemals irgendwelcher Belästigung ausgesetzt zu sein. Nun wird es ja auch in Amerika ungeschliffene, rohe Leute geben. Aber die Macht der öffentlichen Sitte ist so stark, dass sie selten jemand zu durchbrechen wagt.

Viel hört und liest man in Deutschland von der Unsicherheit und Gefährlichkeit der Eisenbahnen in Amerika. Und wenn man die Bauart mancher

Strecken, besonders mancher Brücken, betrachtet und bedenkt, dass es eine solche Bahnbewachung, wie sie in Deutschland die Regel ist, nicht gibt, so dürfte man sich ja nicht wundern, wenn dem wirklich so wäre, dass in Amerika viel mehr Unglücksfälle vorkämen, zumal die gewöhnlichen Personenzüge in der Regel mit der Geschwindigkeit unserer Schnellzüge fahren. Aber ich habe von besonderen Gefahren nichts gemerkt. Ein einziges Mal ist es bei meinen vielen Reisen vorgekommen, dass ein Wagen ausrangiert werden musste, weil die Achse in Brand geraten war: Das war an einem sehr heißen Tage bei einer ungewöhnlich schnellen Fahrt zwischen Washington und Cumberland; sonst ist mir kein Unfall bewusst, auch ereigneten sich in der Zeit meines Aufenthalts drüben nur zwei größere Eisenbahnunfälle – ebenso viele als in derselben Zeit in Deutschland vorfielen! Das ist um so mehr zu verwundern, als die meisten Bahnen eingleisig sind und die Kreuzung nicht nur der meisten Straßen, sondern auch verschiedener Bahnen im [gleichen] Niveau stattfindet, also dass Zusammenstöße schier unvermeidlich sind. Muss ich nun meine Bewahrung vor Unfällen Gottes besonderer Güte zuschreiben, so darf doch übrigens die große Achtsamkeit und Sorgfalt der Beamten nicht verschwiegen werden, wobei es natürlich auch Ausnahmen gibt. Und wo es dann an der nötigen Sorgfalt fehlt, da sind die Unglücksfälle um so schrecklicher.

3. Amerikanische Städte

Mein Besuch galt hauptsächlich größeren Städten. Das Städtemeer New York zuerst berührend, eilte ich über Philadelphia nach Baltimore, von da nach Washington, Pittsburgh, Cleveland, Fort Wayne, Chicago, Minneapolis, St. Paul, Milwaukee, Indianapolis, Cincinnati, St. Louis und dann zurück über Detroit und Buffalo wieder nach New York. So sah ich eine ziemliche Anzahl Städte in sehr verschiedenen Teilen des Landes. Fast allen – mit Ausnahme der eigentlichen City von New York und den Geschäftsteilen der anderen Großstädte – ist gemeinsam, dass sie auf weitem Raum gebaut sind, und daher breitere Straßen und nicht so viele hohe Häuser haben als unsere Städte. Wo freilich die Häuser, weil Grund und Boden zu teuer sind, hoch gebaut sind, da geht's auch gleich sehr hoch hinauf. Acht-, zehn-, ja zwölf- und fünfzehnstöckige Häuser kommen in New York und Chicago vor, und sechs- bis achtstöckige sind auch in anderen großen Städten keine Seltenheit. Im übrigen aber breiten sich die Städte mit lauter ein- bis zweistöckigen Häusern an breiten, zum Teil mit schattigen Bäumen bepflanzten Straßen weit aus, und Straßen von 3, 4 und mehr englische Meilen [1 engl. Meile = 1609 m] sind keine Seltenheit. Der Verkehr wird durch Pferdebahnen, denen jetzt die Kabel- und elektrischen Bahnen Konkurrenz machen, vermittelt; denn es wäre ja ganz unmöglich, so große Entfernungen zu Fuß zurückzulegen.

Einen eigenartigen, freundlichen Anblick gewährt die Stadt Baltimore, die erste, in welcher ich längere Zeit weilte, durch die roten Ziegelhäuser mit den weißen Treppen vor den Haustüren, die an warmen Abenden zugleich als Sitze dienen. Einen besonderen Reiz gewährt hier die Nähe der Meeresbucht, die man vom *Federal Hill* – einem mit Anlagen geschmückten Hügel, der in dem Bürgerkriege der sechziger Jahre historische Berühmtheit erlangt hat, – überblickt. Außerdem ist der *Druid Park* bei dieser Stadt von den Parks anderer Städte durch seine große Anlehnung an die natürlichen Schönheiten der Gegend ausgezeichnet. Auf trefflichen Wegen fährt man durch hügeliges Land bergauf, bergab an prächtigen Baumgruppen, saftigen Wiesen, klaren Wasserbecken vorbei, dann wieder durch dichtes Gebüsch über murmelnde Bächlein – und das alles in nächster Nähe der großen Handelsstadt, so dass man deren Gewühle schnell entfliehen kann. Das ist überhaupt ein Vorzug der größeren amerikanischen Städte, dass sie viele und schöne öffentliche Parkanlagen haben. Die größte dieser Parkanlagen ist der *Central Park* in New York, der 900 Acres Landes bedeckt und das Häusermeer dieser Weltstadt in angenehmster Weise unterbricht. Chicago, die Gartenstadt, rühmt sich besonders ihres *Lincoln Parks*, dem sich aber noch eine Anzahl anderer würdig an die Seite stellen. St. Louis hat seinen *Shaw Garten*, seinen *Tower Grove Park*, *Forest Park* u.a., Cincinnati, die Königinstadt, hat seine *Clifton Avenue*, deren Ende und Krone die weit in das Land schauende, auf waldigen Höhe gelegene schlossartige Villa eines hervorragenden Bürgers der Stadt ist. Fast in allen größeren Städten wurde ich stundenlang in diesen Parks und Avenuen umhergefahren, und musste gestehen, dass die amerikanischen Städte, so unsauber und unvollendet sie oft im Innern aussehen, sich zu schmücken wissen.

Es haben nämlich diese Städte in ihrem Innern gar manche Mängel, die wenigstens einem deutschen Besucher sofort auffallen. Da stehen die Telegraphen- und Telephonstangen in den Straßen, da verpesten offene Gossen die Luft in den heißen Tagen, während man bei Regengüssen durch kleine Bäche waten oder über Schrittsteine schreiten muss, um von einer Seite der Straße auf die andere oder auch nur um bis zum Pferdebahngleis zu gelangen; das Trottoir [Fußweg] ist sehr ungleichmäßig, bald aus hölzernen

Pfosten, bald aus Backsteinen, bald aus Steinplatten oder durch Zementguss hergestellt, und das wechselt auf ein und derselben Straße. Neben den schönsten Gebäuden neuesten Stils finden sich alte Holzhäuser kläglichster Gestalt, neben asphaltierten Straßen bodenlose Wege an beiden Seiten mit hohem Unkraut bewachsen!

Aber all diese Unregelmäßigkeiten und Unvollkommenheiten erklären sich leicht aus dem verhältnismäßig geringen Alter dieser Städte. Oder ist es ein Wunder, dass eine Riesenstadt wie Chicago, die vor 70 Jahren noch ein elendes Fischerdorf war, jetzt aber über eine Million Einwohner zählt, in Straßenanlagen usw. mit dem riesigen Wachstum nicht Schritt zu halten vermag? Seit eine große Anzahl Vororte zum Stadtbezirke gezogen worden sind, ist der Flächenraum, den Chicago einnimmt, 24 Meilen lang und 9 Meilen breit; da gibt es denn freilich noch Felder und Sümpfe und Viehweiden innerhalb des Stadtgebietes. Und ähnliches, wenn auch in geringerem Maße, findet sich allenthalten.

Eine eigene, sehr praktische Weise haben die Amerikaner in der Bezeichnung und Zählung der Straßen. Von einem gegebenen Punkt, gewöhnlich dem Courthouse [Gericht] oder dem Fluss, dem Seeufer und dergleichen ausgehend, zählt man die Straßen und nennt sie oft geradezu nur mit Zahlen, als 1., 2., 3. usw. Straße. Und danach richtet man auch die Nummerierung der Häuser, so dass die Häuser zwischen der 1. und 2. Straße mit 101, 102 usw., die zwischen der 2. und 3. mit 201, 202 usw. bezeichnet werden. Dies erleichtert das Auffinden der Adressen ungemein. Wer 1515 in der 10. Straße wohnt, zu dem hat man also, wenn man am Anfang der 10. Straße sich befindet, noch 15 Blocks oder Häusergevierte weit zu gehen. Überdies werden, vom Mittelpunkte der Stadt aus, die Straßen nach den Himmelsgegenden bezeichnet, um das Zurechtfinden zu erleichtern. So ist das Haus *213 N. Fremout Str.* im nördlichen Teil dieser Straße und zwar zwischen der 2. und 3. Querstraße, vom Mittelpunkt aus gerechnet, gelegen, und zwar, da rechts die geraden, links die ungeraden Zahlen laufen, an der linken Seite der Straße.

Von der großartigen Entwicklung der Industrie und des Handels, zumal in den Großstädten zu berichten, fehlt es mir an Zeit und Fähigkeit. Ich bin hier und da in etliche der großen Geschäftshäuser geführt worden, habe die ausgedehnten und zahlreichen Etablissements wenigstens von außen gesehen, welche in allen größeren Städten von dem großen Gewerbefleiß, der die Amerikaner beseelt, Zeugnis geben. Aber es lag zu sehr abseits von dem eigentlichen Zwecke meiner Reise, hierauf viel Zeit zu verwenden.

Daher kann ich denn aus eigener Anschauung wenig berichten. Nur so viel will ich sagen, dass Amerika zwar ein reiches Land ist, aber auch dort der Reichtum des Landes nicht ohne Arbeit gehoben wird. Wer da meint, dass dort das Geld auf der Straße liegt, irrt sich. Wer zu etwas kommen will, bedarf auch dort des Segens Gottes und großen Fleißes und zäher Ausdauer. Damit kommt dann freilich manch einer viel weiter, als er in der Heimat etwa gekommen wäre. Dem großen Gewinn aber stehen auch große Verluste gegenüber, und niemand kann gewiss sein, ob er nicht davon betroffen wird.

4. Das Gebiet und die Organisation der Missourisynode

Wie mein Reisezweck der war, mit den Glaubensbrüdern in Nordamerika persönlich bekannt zu werden und dadurch die Einigkeit im Glauben und in der Liebe zu stärken, so kann ich auch vornehmlich von kirchlichen Dingen und Verhältnissen erzählen. Die Glaubensbrüder, die ich besuchte, finden sich vornehmlich in der Deutschen evangelisch-lutherischen Synode von Missouri, Ohio u.a.St. Mit derselben sind zur Evangelisch-lutherischen Synodalkonferenz verbunden: die Synode von Wisconsin und die Synode von Minnesota. Das Bekenntnis dieser Synoden ist kein anderes als das lutherische, nur dass sie damit vollen Ernst und dem Zeitgeiste keinerlei Konzession machen.

Mit diesem Ernst im Festhalten und Geltendmachen der alten Bibelwahrheit ist den anderen Synoden die sogenannte Missourisynode unter Führung des am 7. Mai 1887 selig entschlafenen Dr. Walther vorangegangen. Diese Synode besteht seit dem Jahre 1847. Gepflanzt als ein schwaches Reis [d.h. Zweiglein] von 12 Pastoren und Gemeinden, welche durch ihren Zusammenschluss zu einer Synode ihrer Glaubenseinigkeit Ausdruck geben, zugleich aber auch dieselbe fördern, vertiefen und ausbreiten wollten, ist sie im Laufe der Jahrzehnte zu einem mächtigen Baume erwachsen, dessen Äste sich über fast sämtliche Staaten der [nordamerikanischen] Union ausbreiten. Damals waren es nur wenige Gemeinden in den Staaten Missouri, Indiana, Ohio, Michigan und New York, welche dieser alten strengen Weise, über Gottes Wort und Bekenntnis zu halten [d.h. darauf zu achten], beipflichteten, und viele meinten, mit dieser Weise sei in einem freien Lande wie Amerika gar nichts anzufangen. Jetzt aber sind über 1000 Gemeinden in dieser Synode vereinigt und durch alle Staaten der Union ist es bekannt, dass die „Missourier", wie man die Glieder und Bekenntnisgenossen dieser Synode kurzweg nennt, am eifrigsten und erfolgreichsten am Bau der lutherischen Kirche in Amerika arbeiten. Solchen Erfolg hat Gottes lauteres Wort, wo es frei verkündet werden kann.

Der gesamten Synode, welche jetzt aus 13 Distrikten besteht, steht ein allgemeiner Präses mit zwei Vizepräsides vor. Der erstere hat den Verhandlungen der sämtlichen Distrikte beizuwohnen, die Lehranstalten zu inspizieren, die Missionare zu überwachen und in Gemeinschaft mit den Vizepräsides darauf zu sehen, dass in Lehre und Leben alles recht zugehe. Die 13 Distrikte sind, von Osten nach Westen gezählt, folgende: 1. der östliche Distrikt, umfassend die Staaten New York, New Jersey, Pennsylvanien, Maryland und die sog. Neuenglandstaaten (Massachussets, Connecticut, Rhode Island; Vermont, New Hampshire, Maine); 2. der Kanada-Distrikt, gebildet aus den in der kanadischen Provinz Ontario befindlichen Gemeinden; 3. der mittlere Distrikt, umfassend die Staaten Ohio, Indiana und Kentucky; 4. der Michigan-Distrikt, der nur den Staat umfasst, dessen Namen er trägt; 5. der südliche Distrikt, die Staaten Louisiana, Alabama und Texas umfassend; 6. der Wisconsin-Distrikt; 7. der Illinois-Distrikt, beide nach den Staaten genannt, in denen ihre Gemeinden sind; 8. der westliche Distrikt, zu dem die Staaten Tennessee, Missouri, Arkansas und Colorado gehören; 9. der Minnesota- und Dakota-Distrikt; 10. der Iowa-Distrikt; 11. der Nebraska-Distrikt; 12. der Kansas-Distrikt und 13. der California- und Oregon-Distrikt. Mit letzterem Distrikt hat die Missionsarbeit der Missourier die fernste westliche Grenze erreicht. Doch bleibt zwischen den mittleren Staaten und diesem fernsten Westen noch ein weites Gebiet, das erst in der letzten Zeit der Ansiedelung erschlossen ist.

Jedem der 13 Distrikte steht ein Präses vor, der das Ganze in Bezug auf Lehre und Leben zu überwachen, die Rechtmäßigkeit der Berufe und Amtswechsel zu prüfen, Streitigkeiten zu schlichten und – je nach der Größe des Distrikts – in Gemeinschaft mit einem oder mehreren Visitatoren die Pastoren, Lehrer, Gemeinden und Schulen des Distrikts regelmäßig zu besuchen hat. Jeder Distrikt tritt jährlich zu einer Synodalversammlung zusammen, zu welcher jede Synodalgemeinde außer ihrem Pastor und Lehrer einen aus der Zahl der übrigen stimmberechtigten Gemeindeglieder, einen Deputierten sendet. Bei diesen jährlichen Versammlungen, welche mit einem feierlichen Predigtgottesdienst eröffnet und vom Präses geleitet werden, haben die Pastoren und Deputierten der eigentlichen Synodalgemeinden Stimmrecht, die Lehrer und Professoren aber und die Pastoren derjenigen Gemeinden, welche der Synode nicht angehören, das Recht der Beratung. Es werden vornehmlich Lehrverhandlungen gepflogen, daneben aber auch die Geschäfte erledigt. Das Gleiche geschieht auf der außerdem meist halbjährig oder auch öfter zusammentretenden Pastoren- und Lehrerkonferenz, sowie auf der in jedem dritten Jahre sich versammelnden Delegatensynode, welche seit 1874 an die Stelle der allgemeinen Synode getreten ist, da die letztere, d.i. eine Versammlung sämtlicher Pastoren, Lehrer und Gemeindedeputierten, nirgends mehr unterzubringen war, auch überhaupt ein zu großer Körper wäre, um erfolgreich verhandeln zu können. Zur Delegatensynode wählen je 2 bis 7 Pastoren und Gemeinden je einen Delegaten.

Die regelmäßigen Lehrverhandlungen auf Synoden und Konferenzen sind ein Hauptmittel zur Erhaltung der Einigkeit im Geist, der Einhelligkeit im Glauben, Lehre und Bekenntnis. Es werden aber dabei nicht allerlei neue Lehren erfunden, sondern vielmehr die alte Bibel- und Bekenntnislehre wird immer wieder aufs neue durchgesprochen, gegen neue Irrtümer verteidigt und auf die besonderen Verhältnisse der Gegenwart angewandt. So bleibt die Lehre kein toter Buchstabe, steht nicht nur auf dem Papier, sondern ist lebendig und regiert das kirchliche Leben.

Solche Synodalgemeinschaft mag denen, welche nur das deutsche Landeskirchentum kennen, fremd vorkommen, es ist aber die natürlichste und zugleich der Heiligen Schrift und dem Vorbilde der ersten Kirche entsprechende Weise, die an sich selbständigen Gemeinden zu größeren Kirchenkörpern zusammenzufassen, damit sie übereinander wachen und die allgemeinen Zwecke des Reiches Gottes fördern können. Und dass sich dabei die Synode keinerlei Herrschaft anmaßt, sondern nur eine beratende Stellung einnimmt, das ist der Erhaltung wahrer Einigkeit nicht hinderlich, sondern förderlich gewesen. Gott segne die Synode ferner und erhalte sie in bisheriger Einigkeit!

5. Von Ost nach West

Es war an einem heißen Augustabende, als ich mit vielen Pastoren des Östlichen Distrikts auf dem Bahnhof in Baltimore ankommend, zuerst die Bekanntschaft des allgemeinen Präses der Missourisynode, Henry C. Schwan[9] aus Cleveland, der dies Amt seit dem Jahre 1878 verwaltet, machte und von ihm aufs Herzlichste willkommen geheißen wurde. Das gastliche Haus des Pastor Johannes nahm uns beide auf, und wenn mir an jenem ersten Abende auf einmal das Gefühl kam, dass ich in der Fremde sei, so schwand dasselbe doch sehr bald durch das völlige Vertrauen, das mir von allen Seiten entgegengebracht wurde, und die in Baltimore verlebte Woche steht mir in sehr angenehmer Erinnerung.

Baltimore macht schon einen etwas südländischen Eindruck: die helle Kleidung der Frauen – viele gehen im Sommer nur weiß -, das Sitzen auf

[9] Henry C. Schwan (1819-1905), seit 1851 Pastor der Missourisynode, 1978-1899 Allgemeiner Präses dieser Kirche.

den Vortreppen der Häuser bis spät in die laue Sommernacht hinein, das Kaufen und Verkaufen auf offener Straße und freien Plätzen, welches am Sonnabend Abend auf dem mit den mannigfachsten Erzeugnissen des reichen Landes gefüllten Lexington Market unter beständigem dichtesten Menschengewühl bis Mitternacht dauert, und vor allem die dunklen Gesichter der zahlreichen Neger versetzten mich zurück in vergangene Zeiten, wo ich in Ägypten, Palästina und Ostindien ähnliche Bilder gesehen und Eindrücke empfangen hatte. Von besonderem Interesse war mir hier die Landungshalle der europäischen Dampfer, welche dem fremden Einwanderer alle Bequemlichkeit und durch den zugleich mit der städtischen Aufsichtsgewalt betrauten Missionar der lutherischen Synodalkonferenz, Herrn W. Sallmann, allen Schutz gewährt, die er nur im fremden Lande erwarten kann. Da die Züge der Baltimore- und Ohio-Bahn gleich vom Landungsplatz abgehen, so hat der Einwanderer hier den Vorteil, dass er ohne erst in das Gewühl und die Gefahren der großen fremden Stadt eingetaucht zu werden, dem Ziele seiner Reise zusteuern kann, nachdem er in der Landungshalle selbst mit allem Nötigen, Bahnbillet und Lebensmitteln versorgt, auch sein Reisegepäck untersucht und weiterexpediert worden ist. Wem es auf ein paar Tage Seefahrt mehr oder weniger nicht ankommt, tut am besten, wenn er auswandert, von Bremen nach Baltimore zu reisen, vorausgesetzt, dass das Ziel seiner Reise nicht in den nordöstlichen Staaten gelegen ist; denn für die mittleren, westlichen und nordwestlichen Staaten ist die Bahnverbindung von Baltimore aus ebenso günstig wie von New York, für die südlichen und südwestlichen noch günstiger.

Von Baltimore ging meine Reise nach **Washington**, der Hauptstadt des Landes. Hier wurden mir unter liebenswürdiger und kundiger Führung die Sehenswürdigkeiten gezeigt, welche diese Stadt vor anderen zum Reiseziel vieler Fremden machen. Vor allem wurde das Kapitol besichtigt, dessen gewaltiger Bau sich auf einer durch Freitreppen zugänglichen Terrasse über die durch zahlreiche wohlgepflegte Gärten und Baumalleen einem großen Garten gleichende Stadt erhebt. Es umfasst außer den Sitzungssälen des Senats und des Repräsentantenhauses den Sitzungssaal des Obersten Gerichtshofes (Supreme Court), eine Reihe Amtszimmer und die 500.000 Bände enthaltende Nationalbibliothek. In der Rotunde unter der Kuppel sind interessante Gemälde zu sehen. Die Besteigung der obersten Durchsicht [Aussichtsplattform] der, irre ich nicht, gegen 250 Fuß hohen Kuppel, auf schmalen eisernen Treppen, war bei der Augusthitze unter dem 39. Grade nördlicher Breite (also etwa in gleicher Polhöhe mit dem südlichsten Teile

Unteritaliens) eine anerkennenswerte Leistung. Sie wurde aber auch belohnt durch einen herrlichen Umblick über Stadt und Land. Leichter wurde die Besteigung des 410 Fuß [1 Fuß = ca. 30cm] hohen Washington-Monuments am entgegengesetzten Ende der Stadt. Denn in demselben – es ist ein nichts weniger als schöner viereckiger Turm mit stumpfer Spitze – geht ein sogenannter Elevator, ein Fahrstuhl, der durch eine im Keller befindliche Dampfmaschine bewegt wird, von unten bis oben, und befördert alle halben Stunden sämtliche Besucher, welche es nicht vorziehen, die Treppen zu steigen, nach oben. Die Auffahrt dauert 11 Minuten, zum Umsehen bekommt man 10 Minuten und in 8 Minuten ist der Fahrstuhl wieder unten. Der Genuss der umfassenden Aussicht von diesem höchsten Bauwerke in ganz Amerika wurde mir bis zuletzt aufgespart. Vorher besichtigte ich noch das „Weiße Haus", d.i. das Wohnhaus des Präsidenten, der gerade nicht zu Hause war, weshalb wir auch etliche der inneren Gemächer zu sehen bekamen. Danach wurde ich durch die Gebäude geführt, welche das State, Navy & Army Department enthalten (entsprechend unserem Ministerium des Äußern und des Krieges), ferner durch das Treasury (Schatzamt), das Patentamt mit seinen vielen Tausenden Modellen neuer Erfindungen, desgleichen durch das Anatomische und Nationalmuseum. Es war das ja etwas ermüdend und noch mehr würde den Leser die Aufzählung alles dessen ermüden, was ich da gesehen. Aber es gab mir dieser Gang durch die Hauptstadt dieses großen Landes doch einen Begriff von dem geistigen Reichtum desselben und von der Strebsamkeit und dem rastlosen Schaffen des Volkes, das dieses Land in der Zeit von kaum 100 Jahren aus einer Indianerwildnis zu einem hochkultivierten Lande gemacht hat. – Die der Missourisynode angehörende lutherische Kirche in Washington liegt sehr günstig an einem freien Platze ziemlich in der Mitte der Stadt; doch ist die Gemeinde verhältnismäßig klein.

Von Washington gings in 12-stündiger, zum Teil in rasender Eile zurückgelegter Fahrt, zunächst in dem landschaftlich wunderschönen Potamaktale, das auch voll historischer Merkwürdigkeiten ist, hinauf bis Cumberland und von da auf einer Seitenbahn über die Alleghany-Mountains nach Pittsburgh, jener am Zusammenfluss der Flüsse Alleghany und Monongahela, die von da an den Ohio bilden, gelegenen großen Industriestadt, deren zum Teil von frei brennendem Naturgas beleuchteten Werkstätten und Hochöfen einen fast unheimlichen Eindruck machten, als wir bei dunkler Nacht dort ankamen. Leider litt es die Zeit nicht, mich dort umzusehen, sondern ich musste, nachdem ich in dem gastlichen Pfarrhause eines Landsmannes die Nacht über geruht hatte, weitereilen. Ich fuhr erst ein Stück am Ohio hinunter, dann hinüber nach dem Ufer des Eriesee, wo in **Cleveland** alte Freunde meiner warteten und mich aufs herzlichste willkommen hießen. Hier gibt es acht Gemeinden der Missourisynode mit regem kirchlichen Leben; hat doch hier lange Zeit der als besonders eifriger Evangelist Nordamerikas weithin bekannte Pastor Wyneken[10], welcher auch eine Zeit lang das Amt des Allgemeinen Präses der Missourisynode bekleidete, gewirkt, dem dann sein Neffe, der jetzige allgemeine Präses, folgte, dessen Stelle, als er um der sich häufenden Präsidialgeschäfte willen die Verwaltung des Pfarramtes aufgeben musste, der ehemalige Missionar, Pastor Zorn übernahm! Im Hause des letzteren verlebte ich in Gemeinschaft mit dem zum Besuch gekommenen Professor Zucker schöne Tage, reich an alten Erinnerungen und neuer Anregung. Von der am Ufer des Eriesees sich lang hinstreckenden Stadt sah ich vornehmlich die hervorragend schöne, sieben Meilen lange, Euklid-Avenue, „die schönste Straße der Welt", wie die Cleveländer sagen, und den sehr schön gelegenen, aber jetzt etwas verwahrlosten Friedhof, in dessen Mitte sich auf einer Anhöhe das herrliche Garfield-Monument erhebt; denn der vor etlichen Jahren kläglich ermordete Präsident Garfield stammte aus Cleveland.

Weiter ging es über Fort Wayne und Chicago, welche Städte ich für diesmal nur kurz berührte, nach **St. Paul** im Staate Minnesota. Denn dort wollte ich einer Konferenz beiwohnen. War die Fahrt von Cleveland bis Chicago – durch die Ebenen des nördlichen Ohio und Indiana – ziemlich uninteressant und durch Hitze und Staub angreifend gewesen, so wurde die Fahrt über Chicago hinaus durch die Staaten Wisconsin und Minnesota von Stunde zu Stunde interessanter, besonders seit wir bei La Crosse das Ufer des oberen Mississippi erreicht hatten, dessen auch dort schon bedeutende Wasserfläche wir bis nach St. Paul kaum mehr aus dem Auge verloren, da sich die Bahn (die Chicago-, Milwaukee- und St. Paul-Eisenbahn) dicht am rechten Ufer des von teils lieblichen, teils grotesken Bergen eingerahmten Stromes hinzieht. Doch währte die Fahrt infolge von Zugverspätungen, an denen wohl vornehmlich die von einem großen Fest der *Grand Army* (Militärverein) aus Milwaukee heimkehrenden Veteranen schuld sein mochten, ziemlich lange, und ich war recht froh, als ich abends 7 Uhr (ich war seit Mittag des vorangegangenen Tages unterwegs) in dem gastlichen Hause des lieben Pastor Rolf freundliche Aufnahme und gewünschte Ruhe fand. Auch dort oben im hohen Norden war es damals (Ende August) ziemlich

[10] Friedrich Conrad Wyneken (1810-1876), seit 1838 lutherischer Pastor in Nordamerika, 1847 Mitbegründer der Missourisynode, 1850-1864 Allgemeiner Präses dieser Kirche.

heiß; doch stellte sich mit Ende meines dortigen Aufenthalts kühleres Wetter ein, welches mit geringen Unterbrechungen während der ganzen Zeit meiner Reise anhielt. Die beiden hier in dem schönen Mississippital nahe beieinanderliegenden Schwesterstädte St. Paul, die Staatshauptstadt, und Minneapolis sind Zeugen davon, wie auch der Nordwesten der Vereinigten Staaten emporblüht. Denn obwohl sie erst auf einige Jahrzehnte zurückblicken können, wetteifern sie doch mit den Städten des Ostens von gleicher Größe, indem sie ebensowohl als jene ihre großen Geschäftshäuser, ihre Kabelbahn und ihre prächtig angelegten Villenstraßen haben, von denen in St. Paul die Summit-Avenue durch ihre schöne Lage auf dem Antoniushügel (*Anthony-hill*) besonders ausgezeichnet ist. Hier im Nordwesten haben sich besonders viele nordische Lutheraner angesiedelt, und gerade zu der Zeit meines Besuches stand die Norwegische Synode, welche, obwohl der Synodalkonferenz nicht mehr gliedlich angehörend, doch mit derselben in Glauben, Lehre und Bekenntnis einig ist, im Begriff, ihr neues prächtiges Predigerseminar einzuweihen. Einer mir durch Professor Stub, dessen Bekanntschaft ich hier wieder erneuern konnte, übermittelten Einladung, an dieser Feier teilzunehmen, konnte ich leider nicht entsprechen, da meine Reisedispositionen ein so langes Verweilen in jenen Städten nicht gestatteten. So reichte auch meine knapp bemessene Zeit nicht dazu aus, um die in der Nähe der Stadt St. Paul liegenden Minnehahafälle (lachende Wasser) zu besuchen.

In St. Paul und Minneapolis hatte ich wenigstens im Norden den westlichsten Punkt meiner Reise erreicht. Ich befand mich bei dem 93° westlicher Länge von Greenwich oder reichlich 100° westlich von meiner Heimat. Der Zeitunterschied betrug etwa 8 Stunden; wenn ich mich also abends um 11 zur Ruhe legte, konnte ich mir sagen, dass die Meinigen daheim schon wieder an ihr Tagewerk gegangen waren. – Innerhalb der Vereinigten Staaten beträgt dieser Zeitunterschied im ganzen 4 Stunden und sind zur Regulierung des Durchgangsverkehrs auf den Bahnen 4 Normalzeiten festgestellt, welche je 1 Stunde voneinander differieren, die östliche Zeit, die mittlere Zeit, die Bergzeit und die Zeit der Pazifikküste (*eastern time, central time, mountain time, pacific time*). Wer also quer durchs Land reist, hat seine Uhr viermal zu stellen. Kommt er von Osten her etwa in Pittsburgh um 8 Uhr an, so ist es dort erst um 7 [Uhr]; das Gleiche wiederholt sich in Kansas City, dessen Zeit also schon 2 Stunden von der östlichen differiert, dann etwa in Denver und nochmals beim Übergang über die Felsengebirge. Man beabsichtigt ja auch in Europa eine ähnliche Zeiteinteilung vorzunehmen und ohne

Zweifel wird dieselbe, je mehr der durchgehende Verkehr zunimmt, zur Notwendigkeit werden. Daneben wird dennoch, wie es auch in Amerika der Fall ist, die Ortszeit in Kraft bleiben, und scheint das Nebeneinander beider Zeitrechnungen auch da, wo eine Differenz von 1/2 Stunde besteht, keine besonderen Schwierigkeiten zu machen.

Von St. Paul ging meine Reise zunächst wieder ostwärts, um sich dann nochmals nach Westen zu wenden. Das nächste Ziel war Milwaukee.

6. Am Michigansee

An vier verschiedenen Stellen habe ich die blauen Fluten dieses herrlichen Binnensees, des zweitgrößten unter den 5 großen Binnenseen Nordamerikas, die diesen gewaltigen Kontinent im Norden unterbrechen, gesehen: in Sheboygan, wo ich mich, da der Vater meines Gastfreundes, Herr Köhn sen., gerade einen reichen Fang getan hatte, von dem Fischreichtum dieses Sees überzeugen konnte; in Milwaukee, welches sich amphitheatralisch am See und den beiden dort zusammenkommenden und in den See mündenden Flüssen, dem Milwaukee- und dem Menomoneefluss, aufbaut; in Racine, wo ich in prachtvoller, stiller Mondnacht einen jener großartig eingerichteten Seedampfer bestieg, der mich, in rascher Fahrt die südwestlichste Ecke des Sees durchschneidend, am frühen Morgen nach Chicago brachte; und endlich in Chicago, wo man besonders im Lincolnpark einen freien Blick über den See und zugleich die durch den Gegensatz der staubigen und rußigen Weltstadt dort besonders angenehme und erquickende Seeluft genießt. Am längsten hielt ich mich in der fast deutschen Stadt **Milwaukee** auf, wo Pastor Lochner[11] und seine Gemahlin mit anderen Freunden, die ich bald gewann, wetteiferten, mir den Aufenthalt so angenehm als möglich zu machen. Ich nenne Milwaukee eine fast deutsche Stadt. Denn das deutsche Element tritt hier so in den Vordergrund, dass z.B. in Straßenbahnwagen neben dem englischen: *„No smoking!"* auch das deutsche: „Das Rauchen ist nicht gestattet!" zu lesen ist. Auch hört man in den Läden und auf den Straßen wohl ebenso viel Deutsch als Englisch sprechen. So hat denn auch die Stadt Milwaukee die größte Anzahl deutscher lutherischer Kirchen und ein vortrefflich eingerichtetes deutsch-englisches Schulwesen. Letzterer Umstand ließ es unseren Glaubensbrüdern dort besonders hart erscheinen, dass durch das sog. Bennetgesetz den deutschen Kirchschulen ein so harter Schlag versetzt werden sollte, befähigte sie aber auch in hervorragendem

[11] Friedrich Lochner (1822-1900), 1845 als Sendbote W. Löhes nach Nordamerika, seit 1847 Pastor der Missourisynode; bekannt u.a. durch seine gedruckte Liturgie für den Christnacht-Gottesdienst.

Maße, gegen diese Vergewaltigung aufzutreten, indem sie denen, die ihnen Vernachlässigung des englischen Unterrichts oder dergleichen vorwerfen wollten, einfach zurufen konnten: „Kommt und seht!"

Milwaukee hat 18 deutsche Kirchen, die den Namen lutherisch tragen, und außerdem noch 3 evangelische. Von den ersteren gehören 17 der Synodalkonferenz an, nämlich 8 der Missouri- und 9 der Wisconsinsynode. Von den Pastoren der letzteren lernte ich Pastor Bading, welcher gegenwärtig Präses der ganzen Synodalkonferenz ist, kennen. Die Schulen, welche diese Gemeinden unterhalten, werden von ca. 5.000 Schülern besucht, welche daselbst einen vortrefflichen Unterricht erhalten. Von höheren Schulen besuchte ich das Predigerseminar der Wisconsinsynode, welches, in einem schattigen Garten in der Stadt gelegen, den Studenten einen herrlichen Aufenthalt gewährt, wo sie unter der Leitung tüchtiger Professoren ungestört ihren Studien obliegen können, und das Progymnasium der Missourisynode, das im Westen vor der Stadt gelegen ist und schon eine große Schülerzahl in seinen Räumen vereinigt, die, nachdem dasselbe bei der Delegatensynode 1890 zu einem vollen Gymnasium erhoben worden ist, ohne Zweifel jährlich zunehmen wird.

Besonders interessant war mir außer den Kirchen und Schulen das schön gelegene *Soldiers House*, eine Heimstätte für 1500 invalide Soldaten aus dem Bürgerkriege, die dort eine sehr gesunde Wohnung und treffliche Verpflegung haben. Das Haus enthält außer den Schlafräumen für die Invaliden einen herrlich luftigen Speisesaal nebst äußerst praktisch eingerichteten Wirtschaftsräumen, einen Betsaal, ein Bibliothek- und Lesezimmer und mehrere Unterhaltungszimmer. Von dem Turme des Gebäudes genossen wir eine herrliche Rundsicht über Stadt und Land, hinein in die Waldberge Wisconsins und hinaus nach dem blauen Spiegel des Sees. Von dort ging unsre Fahrt nach einer anderen Heim- und Ruhestätte [weiter], dem Friedhofe in *Forest home*, wo ich einige stille Augenblicke an dem von schattigen Bäumen umgebenen Grabhügel meines seligen Vorgängers verweilte, des auf einer Reise in Amerika verunglückten Pastor Ruhland[12], von ernsten Gedanken bewegt.

Das freundliche Milwaukee, die *Cream-City* oder Rahmstadt, wie es die Amerikaner wegen der gelblichen Backsteine nennen, mit denen die meisten seiner Häuser gebaut sind und die der Stadt ein besonders freundliches Ansehen verleihen, verschwindet freilich nahezu vor seiner stolzen

[12] Carl Friedrich Theodor Ruhland (1836-1879), seit 1859 Pastor der Missourisynode in den USA, 1872-1879 erster Pastor und Präses der Ev.-Luth. Freikirche in Sachsen (Planitz).

Nachbarin, der Weltstadt **Chicago**. Wollte ich nun von dieser ausführlich berichten, so möchte der Raum des Kalenders kaum genügen, selbst wenn ich mich nur auf das wenige beschränken wollte, was ich in den 5 Tagen meines Aufenthalts daselbst gesehen habe. So will ich denn nur einiges kurz erwähnen.

Vor allem ist auch Chicago ein wichtiger Platz für die Arbeit der lutherischen Kirche an den Deutschen. 17 lutherische Kirchen mit 20 Pastoren, der Missourisynode angehörend, ziehen gleichsam ein Netz über die ganze Stadt und laden die deutschen Landsleute ein, über dem irdischen Gewinn, dem die Chicagoer mit so besonderem Eifer und Geschick nachjagen, nicht das Eine zu vergessen, was not tut, und die himmlischen Güter, die doch viel mehr unsres Eifers wert sind, vor allen Dingen zu erjagen. Da waltet denn Präses Wunder, „der deutsche Pastor von Chicago", nun schon über 30 Jahre seines Amtes, indem er die riesenhafte Entwicklung der Stadt mit durchgemacht und Freud und Leid der Stadt geteilt, auch den schrecklichen Brand im Jahre 1871 mit erlebt hat, durch welchen fast die Hälfte der Stadt in einen Aschenhaufen verwandelt wurde. Wenn man freilich jetzt diese Stadt durchwandert, so hält man es nicht für möglich, dass hier vor 19 Jahren nichts als Schutt und Asche war und rauchende Trümmer. Denn wie ein Phönix ist sie verjüngt aus der Asche erstanden. Zwei Denkmäler des Brandes aber habe ich gesehen. Am Eingange des Lincolnparkes liegen etliche Haufen geschmolzenen Eisens, wie man solches beim Wegräumen des Schuttes in den Kellern der aus Stein und Eisen erbauten Häuser gefunden hat, die dennoch der erschrecklichen Glut nicht hatten widerstehen können. Und nicht allzuweit davon steht an einer der Hauptstraßen der Nordseite, die dem rasenden Elemente sämtlich zum Opfer gefallen sind, unter Bäumen versteckt ein altes Holzhaus, welches, während ringsumher das Feuer alles auffraß, wunderbarerweise verschont blieb. Hierbei muss man denken an den Spruch: „Schaue an die Güte und den Ernst Gottes!" [Röm 11,20]. Nach seiner Güte blieb das Holzhaus verschont, nach seinem Ernst konnten Stein und Eisen der Flamme nicht widerstehen, sondern mussten bersten und schmelzen.

Durch den Fluss, dessen beide Arme sich erst in der Stadt vereinigen, wird Chicago in drei Teile geteilt, die Südseite, die Westseite und die Nordseite. Zahlreiche Brücken verbinden diese 3 Teile, doch sind dieselben sämtlich durch ein drehbares, ganz aus Eisen hergestellte Mittelstück zum Öffnen eingerichtet, um den Schiffsverkehr auf dem Fluss zu ermöglichen, durch welchen besonders den großartigen Holzhöfen im Süden der Stadt die

Holzvorräte zugeführt werden, die in großen Flößen vom oberen Michigansee und weiter her kommen, desgleichen die in Chicago, der Getreidebörse des Westens, zusammenfließenden Getreidemassen ausgeführt werden. Da die neue Kabelbahn, die zur Zeit hauptsächlich den Verkehr zwischen der Nord- und Südseite vermittelt, eine solche Unterbrechung nicht vertragen kann, so hat man ihr Gleis samt dem Kabel in einen unter dem Fluss hindurchführenden Tunnel verlegt, der durch elektrische Lampen erleuchtet wird.

Auf dem Heumarkte (*hay market*) sah ich mitten im Marktgewühl das Denkmal der vor etlichen Jahren bei dem Bombenattentate der Anarchisten umgekommenen Polizisten, wodurch mir die Tatsache ins Gedächtnis gerufen wurde, dass Chicago eine Hauptbrutstätte des anarchistischen Wahnwitzes ist. Nebenher erinnerten mich die täglichen Zeitungsberichte über den damals in Vorbereitung befindlichen Croninprozess an die geheimen Umtriebe der Fenier [ein Geheimbund zur Befreiung Irlands].

Doch nicht mit diesem dunklen Bilde will ich von den Ufern des Michigansees scheiden, sondern mit der Erinnerung daran, dass hier ein rechter Garten Gottes ist. Denn nicht nur in der Stadt selbst, sondern auch auf dem Lande ringsum gibt es zahlreiche lutherische Gemeinden und nur wenige Meilen westlich in der Nähe der Station Elmhurst an der Chicago- und Northwestern-Eisenbahn befindet sich das Schullehrerseminar von **Addison**, das durch Ausbildung treuer lutherischer Schullehrer großen Segen über das ganze Land verbreitet. Im Kreise der Professoren dieser Anstalt und im Hause ihres Direktors, E.A.W. Krauß[13], verlebte ich einen angenehmen Tag und besichtigte dabei auch das dicht neben dem Seminar befindliche Waisenhaus, in welchem schon Hunderte von verlassenen Waisen Aufnahme, Versorgung und christliche Erziehung erhalten haben. Gott wolle diese Anstalten fernerhin segnen!

7. Eine Kirchweih

Große Scharen strömten am 15. Sonntag nach Trinitatis nach der im nördlichen Indiana am Maumeefluss gelegenden Stadt **Fort Wayne**, deren Name unter den Lutheranern diesseits und jenseits des Ozeans einen guten Klang hat. War doch in der Nähe dieser Stadt, in *Adams County*, das erste

[13] Eugen Adolf Wilhelm Krauß (1851-1924), 1873 Austritt aus der Bayerischen Ev.-Luth. Landeskirche, seit 1874 Pastor der Missourisynode in Nordamerika und zeitweise Deutschland; 1880-1905 Prof. am Lehrerseminar in Addison (USA) und seit 1905 Prof. am Concordia-Semi -nar in St. Louis/MO.

[14] Wilhelm Sihler (1801-1885), 1843 als Sendbote W. Löhes nach Nordamerika, dann Prof. am Praktisch-Theologischen Seminar der Missourisynode in Fort Wayne/IND.

Wirkungsfeld des ehrwürdigen Pastor Wyneken, hat doch in dieser Stadt selbst der bekannte Dr. Sihler[14] bis in sein hohes Greisenalter gepredigt und gearbeitet, steht doch hier das Concordia-Gymnasium, das eben im Jahre meines Besuchs sein 50-jähriges Jubiläum gefeiert hatte! Was gab es nun in dieser Stadt Besonderes, dass zu jenem Sonntage so viele Menschen dahin kamen, selbst – mit Extrazug – von dem viele Meilen entfernten Indianapolis her? Es galt die Einweihung der neuerbauten St. Paulskirche! Für die angewachsene Gemeinde, an welcher der ehrwürdige Dr. Sihler so lange gewirkt hatte, war die alte Kirche zu klein geworden, und man hatte, entgegen der sonst in amerikanischen Städten innegehaltenen Praxis, von einer Abzweigung einer neuen Parochie abgesehen und den Bau einer neuen größeren Kirche, die für die ungeteilte Gemeinde ausreichenden Raum böte, beschlossen. Diese Kirche nun war vollendet und sollte eingeweiht werden. An einer Hauptstraße so gelegen, dass eine andre auf diese mündende Straße gerade auf das Portal der in [neu-]gotischem Stile erbauten Kirche zuläuft, bietet sie mit ihrem himmelanstrebenden Turme einen prächtigen Anblick und kann sich mit der nicht weit davon gelegenen römisch-katholischen Kirche mindestens messen. Das Innere entspricht dem Äußern und hat dabei den großen Vorzug vor vielen Kirchen dieser Größe, dass der für 2000 Zuhörer bequem ausreichende Raum akustisch sehr vorteilhaft gebaut ist. Ohne besondere Anstrengung kann der Prediger den ganzen Raum mit seiner Stimme ausfüllen, und er wird überall gleich gut verstanden, wie man ihn denn auch fast von jedem Sitzplatz sowohl im Schiff als auch auf der Empore sehen kann. Auch die schöne Orgel und Musikaufführungen kommen gut zur Geltung.

In den Vereinigten Staaten halten nur die geheimen Gesellschaften der Freimaurer, Odd Fellows, Forestiers und wie sie sonst heißen mögen, und die Römisch-Katholischen öffentliche Umzüge und Prozessionen ab – ich sehe natürlich ab von den beim Wahlkampf üblichen Aufzügen -; die andren religiösen Denominationen sind keine Freunde davon. So ging es denn auch bei der Eröffnung und Einweihung dieser Kirche etwas weniger zeremoniell zu, als wir es in Deutschland gewöhnt sind. Wir versammelten uns zwar im Pfarrhause und gingen gemeinsam nach dem Portale der nahen Kirche, aber es geschah das in mehr formloser Weise. Keiner der Pastoren trug dabei den Chorrock [Talar]. Denn mit dem lässt sich in Amerika, soweit meine Kenntnis reicht, kein Pastor auf der Straße sehen. Auch bei öffentlichen Leichenbegängnissen wird er nicht angelegt und zu Hauskommunionen gar nicht mitgenommen; auch bei den so häufigen Haustrauungen, deren Mehrzahl in den großen Städten wenigstens in der Studierstube des Pastors vor sich gehen, wird der Chorrock nie angelegt. Er ist eben das Amtskleid lediglich für das Amtieren innerhalb des Kirchengebäudes. Die rechte Feierlichkeit aber fehlte dieser Kirchweih keineswegs, nämlich Gottes lauteres Wort, welches in vier besonderen Gottesdiensten verkündet wurde, am Sonntag vormittags und nachmittags in deutscher und abends in englischer Sprache und am Montag abends noch einmal in deutscher Sprache; desgleichen Gesang und Gebet, auch fanden bei sämtlichen Gottesdiensten treffliche Musik- und Chorgesangs-Aufführungen statt. Und die Zahl der Kirchgänger war eine enorme; sie wurde bei den einzelnen Gottesdiensten auf über 2500 geschätzt.

Das war nun ein überaus erfreulicher Anblick für mich, der ich aus den kleinen und engen Verhältnissen der separierten Gemeinden Deutschlands kam, wo wir zwar, Gott Lob, auch gefüllte, und bei unseren Missionsfesten und Synodalsonntagen selbst übervolle Kirchen haben, aber die Kirchgänger doch immer nur nach Hunderten zählen, während hier Tausende herzuströmen; es erweckte mich zu herzlichem Lobpreise Gottes, dass Er in Amerika die Kirche des reinen Worts und Sakraments, die im alternden Europa einem Nachthüttlein in den Kürbisgärten gleicht [Jes 1,8], auf einen weiten Raum gestellt hat und ihr Gnade gibt, vielen Tausenden eine Führerin zum ewigen Leben zu werden.

Ein belebtes Bild bot bei dieser Kirchweih auch das benachbarte große Schulgebäude der St. Paulsgemeinde. Dort wurden nämlich die Festgäste gespeist und getränkt. Schon tags zuvor waren daselbst Frauen der Gemeinde beschäftigt, um Schinken und anderes Fleisch zu kochen und zu braten, welches dann am Festtage selbst kalt aufgeschnitten und mit Butter und Brot den hungrigen Gästen gereicht ward, während in großen Töpfen Kaffee gekocht und herbeigebracht wurde, den Durst zu stillen. Freigebigkeit und Gastfreiheit ist ein besonders hervortretender Zug der amerikanischen Christen. – Möge denn die St. Paulskirche, an deren Einweihung ich teilzunehmen die Freude hatte, lange zu Gottes Ehre stehen und vielen eine Pforte des Himmels werden [1Mose 28,17].

Dass in Fort Wayne das Gymnasium der Missourisynode ist, habe ich schon erwähnt. Es liegt etwa 20 Minuten von der St. Paulskirche entfernt, zu deren Parochie es gehört, und verfügt über ein ziemlich großes Grundstück, auf welchem neben dem eigentlichen Anstaltsgebäude ein Wirtschaftsgebäude mit geräumigem Speisesaal und mehrere Professorenwohnungen stehen, auch ein großer Spielplatz für die Schüler und ein schattiger Hain sich befinden. Die Schüler wohnen mit alleiniger Ausnahme derer, deren Eltern in Fort Wayne leben, sämtlich in der Anstalt, in Studierzimmern, wo 6-10 zusammen arbeiten müssen, und in großen luftigen Schlafsälen und Schlafzimmern. Wasch- und Badezimmer befinden sich in der Nähe der Schlafräume im oberen Stock, die Lehrzimmer sind zumeist im Parterre gelegen. Über das Anstaltsleben habe ich mich anderwärts ausführlicher ausgesprochen. Hier will ich nur erwähnen, dass das Verhältnis der Professoren und Schüler zueinander im wesentlichen ein sehr gutes zu nennen ist.

Noch sei hier meines Besuchs in der Hauptstadt des Staates Indiana, in **Indianapolis** gedacht, wo ich nicht nur das Staatsgebäude, dessen hoher Bau die meisten Gebäude der Stadt überragt, sondern auch etwas zu sehen bekam, was in Gottes Augen ohne Zweifel noch höher steht, obwohl es die wenigstens Besucher von Indianapolis aufsuchen werden, – das Waisenhaus der lutherischen Gemeinden von Indianapolis und Umgegend. In einem von einem braven Schimmel gezogenen Gefährt fuhr ich mit drei lieben Amtsbrüdern bis ziemlich an die Grenze des Stadtgebietes und besuchte dort die sich lieblich entwickelnde Anstalt, in welcher die armen Waisen von treuen Pflegern erzogen werden, und freute mich des regen Eifers und der fleißigen Arbeit der Pfleger, wovon die Kinder, das Haus und der Garten Zeugnis ablegten. Es gibt außer diesem und dem schon erwähnten Addisoner Waisenhause noch drei solche in der Missourisynode, das bei St. Louis, das in Boston und das bei Pittsburgh. Denn über dem Kämpfen um den Glauben vergessen unsre Brüder nicht die Werke der Liebe. Gott segne sie darin!

Indianapolis berührte ich auf der Reise zum Missionsfeste in **Cincinnati**. Dort trägt die lutherische Kirche Knechtsgestalt, weil die freien Protestanten von alters her obenauf sind. Und ein Jammer ist es zu sehen, wie deutsche Landsleute, die neu ins Land kommen, diesen Wölfen ohne Schafskleider in den Rachen laufen, weil sie leider in ihrer Heimat zu wenig gelehrt worden sind, zwischen rechten Predigern und falschen Propheten zu unterscheiden. Cincinnati ist sehr schön am Ohiofluss gelegen und ist eine bedeutende Industriestadt. Ich konnte nur zwei Tage dort verweilen, um dann nochmals nach dem Westen zu eilen.

8. St. Louis und Perry County

Wer die Kirchengeschichte der letzten fünf Jahrzehnte kennt, hat auch die Namen schon gehört. Denn nach **St. Louis** am Mississippi und nach dem etwas über 100 Meilen südlich davon gelegenen Perry County wanderten im Jahre 1838 die sächsischen Lutheraner unter der Führung des Pastors

Martin Stephan[15] aus; in der in Perry County gegründeten Ansiedelung entlarvte der damals noch jugendliche Pastor Ferdinand Walther den zum falschen Propheten, Betrüger und Verführer gewordenen Mann, zu dem die Ausgewanderten als zu einem Abgott emporgesehen hatten; von St. Louis aus erscholl dann durch Walthers Mund und Feder das Zeugnis der rechten lutherischen Lehre über ganz Nordamerika und über die ganze Christenheit. So war denn St. Louis ein Hauptziel meiner Reise. Wohl konnte ich den Mann nicht mehr dort finden, der nahezu 50 Jahre dort so segensreich gewirkt hat und dessen Antlitz ich so gern gesehen hätte. Aber doch ist auch nach D. Walthers Tode St. Louis der geistige Mittelpunkt der Synode geblieben, besonders durch das Predigerseminar, das unter Leitung tüchtiger Professoren zu immer größerer Blüte gelangt ist.

Auf der Rückreise nach Deutschland kam ich mit einem Architekten aus St. Louis zusammen, der, als er hörte, dass ich in dieser Stadt gewesen sei, sagte, dann sei ich jedenfalls auch in dem Hause gewesen,in dem er wohne und das er mit gebaut habe, nämlich im Cafe Faust, das sei ja das berühmteste Cafe der Welt. Dass ein Fremder St. Louis besuchen und dies Cafe nicht aufsuchen könne, schien ihm allerdings unfasslich; ich musste aber bekennen, dass ich nicht hineingekommen sei, obgleich ich mich erinnerte, das ziemlich auffällige Gebäude gesehen zu haben. Mein Besuch galt eben auch in St. Louis, und dort besonders, der Kirche. So wohnte ich denn auch während der Zeit meines Aufenthalts dort in nächster Nähe des fast am Südende der am westlichen Ufer des Mississippi viele Meilen lang hingestreckten Stadt gelegenen Concordia-Seminars, in dem gastlichen Hause meines alten Freundes, des Professor Stöckhardt[16], und hatte da, im Mittelpunkte des theologischen und kirchlichen Lebens der Stadt, ja, fast möchte ich sagen, der Synode stehend, die beste Gelegenheit, die Weise der „Missourier", ihre theologischen und kirchlichen Grundsätze kennenzulernen. Ich fand aber nur bestätigt, was ich aus ihren Schriften schon kannte, wie ich mich darüber anderwärts des weiteren geäußert habe.[17]

Das Seminargebäude kennen die älteren Leser unseres „Hausfreundes" schon. Es ist ein imposantes Bauwerk und innen aufs Trefflichste eingerichtet,

[15] Martin Stephan (1777-1846), 1810-1838 Pastor der böhmischen Exulantengemeinde in Dresden, 1838/39 Auswanderung nach Nordamerika, 1839 Ausschluß aus den Gemeinden der sächsischen Auswanderer.

[16] Karl Georg Stöckhardt (1842-1913), 1873-1876 Diakonus in Planitz, 1876 Übertritt zur Ev.-Luth. Freikirche, seit 1878 Pastor und Prof. der Missourisynode in St. Louis/MO. Vgl. Otto Willkomm, Von der Anklagebank zum Katheder (Lebensbild Stöckhardts), Zwickau 1914.

[17] Vgl. „Evang.-Luth. Freikirche" 1890, Nr. 1ff: „Reiseeindrücke", auf welche ich überhaupt hiermit diejenigen verwiesen haben möchte, welche ein Mehreres über die kirchliche Stellung und Arbeit der Missourisynode zu wissen begehren.

hat auch eine gesunde und ruhige Lage, ohne doch allzu entfernt zu sein von den Verkehrsstraßen der Stadt. Ihm schräg gegenüber liegt das *Concordia-Publishing-House*, welches sämtliche zum weltbekannten Concordia-Verlag gehörigen Geschäfts- und Arbeitsräume umfasst. Da wurden mir im Kellergeschoss nicht nur die Dampfmaschine, welche außer dem Elevator sämtliche Maschinen der Buchdruckerei und Buchbinderei in Bewegung setzt, sondern auch die Stereotyp-Platten der zahlreichen Verlagswerke dieser um die rechtgläubige Literatur hochverdienten Verlagsanstalt gezeigt, unter denen mich besonders die Platten der neuen Lutherausgabe [Walch[2]] interessierten. Im Erdgeschosse befinden sich Geschäftsräume für Versendung der Bücher, dann folgen die Setzerei und Druckerei, die Buchbinderei und das Bücherlager samt dem Packraum. Um einen Begriff von der Ausdehnung des Geschäfts, das im Buchgeschäft 9, in der Buchbinderei 33, in der Setzerei 17 und in der Druckerei 7 Angestellte hat, zu geben, will ich nach dem statistischen Jahrbuche mitteilen, dass im Jahre 1889 45.000 Gesangbücher, 6.000 Bibeln, sowie 200.000 Schreibhefte hergestellt wurden; von den Zeitschriften werden gedruckt: 21.000 Exemplare des „Lutheraner", 2.000 von „Lehre und Wehre", 28.000 vom „Luth. Kinderblatt". In den letzten 3 Jahren wurde ein Überschuss von 60.000 Dollars erzielt, welcher der Synode zugute kam. Der große Reingewinn erklärt sich zum Teil daraus, dass die Verfasser der im Synodalverlag erscheinenden Bücher kein Honorar für ihre Arbeiten bekommen. Es ist dies eine Eigentümlichkeit der missourischen Schriftsteller, die vielleicht einzig dasteht. Sie folgen darin dem sel. D. Walther, der mit der Begründung des „Lutheraner" 1844 diese reiche und reich gesegnete Literatur eröffnete und dafür nichts nahm, sondern all die Tausende von Dollars, die seine in allen Weltteilen verbreiteten Schriften abwarfen, der Synode zugute kommen ließ, wodurch dieselbe vornehmlich in den Stand gesetzt wurde, ihre Lehranstalten auf die Höhe zu bringen, auf welcher sie Gott Lob stehen; und noch sind diese Einnahmen aus dem Buchgeschäft ein Hauptmittel zur Erhaltung derselben.

Hier in St. Louis sind die ältesten Gemeinden, die von Anfang an tatkräftig an dem Aufbau der lutherischen Kirche mitgewirkt haben. Die Dreieinigkeitsgemeinde, deren große neue Kirche zu den schönsten der ganzen Synode gehört, hat im Jahre 1889 ihr 50-jähriges Jubiläum gefeiert. Es leben hier auch noch etliche alte Glieder, die seinerzeit mit M. Stephan aus Deutschland ausgewandert sind und alle die Leiden und Kämpfe mit durchgemacht haben, welche die Gründung einer wahrhaft freien rechtgläubigen Kirche im Westen Nordamerikas begleiteten. Etliche von diesen alten Bekennern leben auch in der Grafschaft **Perry**, wo die lutherischen Gemeinden das gleiche Alter haben, wie in St. Louis.

Um diese Gegend zu besuchen, musste ich einen großen Umweg machen. Der Mississippi, dessen Dampfer man sonst in der Regel benutzt, um dorthin zu gelangen, hatte infolge anhaltender Trockenheit einen sehr niedrigen Wasserstand. Dadurch wurde, wie man mir sagte, die Fahrt der Dampfer sehr verlangsamt. Dazu kam noch, dass gerade in der Woche, wo ich diese Reise unternahm, die St. Louiser Fair (etwa unserem deutschen Vogelschießen zu vergleichen) im Gange war, wodurch die Fahrtzeiten der Dampfer sich auch veränderten. Ich konnte daher den Wasserweg nicht wählen, sondern musste in einem großen Bogen auf dem Landwege mit der Eisenbahn durch Illinois fahren. So machte ich mich denn Montag, den 7. Oktober, frühzeitig auf, erst mit der – streckenweise von Mauleseln gezogenen – Pferdebahn nach dem Bahnhofe von St. Louis, dann mit der Bahn hinüber nach East St. Louis. Diese Bahn geht zunächst durch einen Tunnel unter der Stadt hinweg, dann in der untern Etage einer Gitterbrücke, die in drei großen Bogen den Fluss überspannt, auf das linke Flussufer hinüber, und verlässt, nach Südosten sich wendend, schnell das Stromtal, um durch die *Bluffs* (bewaldete Hügel, die des Tales Grenze bilden) die Ebene von Südillinois zu erreichen. Über Belleville kam ich nach Du Quoin, von dort, mich südlich wendend, nach Carbondale, wo ich mit meinem von einem Missionsfeste in der Nähe hergekommenen Führer, Pastor Köstering[18], den Zug einer kleinen, aufs primitivste eingerichteten und betriebenen Lokalbahn bestieg, der uns nach mancherlei Aufenthalt etwa nachmittags 2 Uhr in Grand Tower, einem am linken Ufer des Stroms gelegenen winzigen Fabrikorte absetze. Nun gings in ein Boot, welches uns in etwa einer Stunde nach Wittenberg brachte. Die Fahrt über den dort ziemlich breiten Strom war angenehm und interessant. Das Ufer wird von bewaldeten Hügeln eingerahmt. Einer derselben auf dem rechten Ufer, gerade gegenüber von Grand Tower, hat diesem Orte den Namen gegeben; denn er heißt wegen seiner eigentümlichen Form der große Turm (*grand tower*). Er springt in den Strom etwas vor und hinter ihm verliert sich ein Teil des Wassers in den Abgrund; man weiß nicht, wo und ob überhaupt dieses Wasser sich mit dem Strome wieder vereinigt. Auf dem linken Ufer, etwas oberhalb Grand Tower und ziemlich gegenüber von Wittenberg, befindet sich eine Felspartie, welche im Volksmunde den Namen „Teufels Backofen" führt. Hierhin wurde der als Ehebrecher und Betrüger entlarvte

[18] J. F. Köstering (gest. 1908), Pastor der Missourisynode; bekannt durch sein Buch „Die Auswanderung der sächsischen Lutheraner im Jahre 1838...", St. Louis/MO. ^{2}1867.

„Bischof" Stephan von den entrüsteten Sachsen, die er tyrannisiert und verführt hatte, in einem kleinen Nachen [Boot] übergesetzt und seinem Schicksale überlassen. Er wandte sich weiter ins Land, sammelte bei *Horse Prairie* eine Gemeinde und starb trotz mehrerer von etlichen Pastoren der Sachsen gemachten Versuche, ihn zur Erkenntnis seiner schweren Sünden zu bringen, ohne erkennbare Zeichen rechtschaffener Buße.

Mit der Landung in **Wittenberg** betrat ich ein Gebiet, das mich recht an die Heimat erinnerte. Das taten schon die Namen der Ortschaften; denn von Wittenberg ging es in einem uns dort freundlichst zur Verfügung gestellten *buggy* (Wagen) auf leidlichem Landwege nach Altenburg, und dabei wurde mir rechts Seelitz und links Dresden gezeigt; später besuchte ich noch Frohna, hatte aber nicht Zeit, auch Paitzdorf aufzusuchen. Sodann sieht die hügelige Gegend, in welcher Wald und Feld und Ortschaften lieblich abwechseln, dem mittleren Sachsenlande, der Gegend zwischen Chemnitz, Glauchau und Penig recht ähnlich. Ferner ist die Bauart der Häuser und Dörfer, zum Teil wenigstens, eine ganz deutsche. In Amerika gibt es nämlich eigentlich keine zusammengebauten Dörfer. Jeder Farmer baut sich sein Haus auf seinem Feld, und höchstens in der Nähe des Bahnhofs, wenn es einen gibt, stehen etliche Häuser zusammen, ein Gasthaus, ein oder mehrere Kaufläden, eine Trinkstube (*Saloon*) und etwa die öffentliche Schule. Hier aber, in Perry County, tragen die Dörfer das Gepräge mitteldeutscher Bauerndörfer. Endlich mutete mich auch die Sprache der Leute heimatlich an, besonders sprachen etliche ältere Leute ein so unverfälschtes Sächsisch, dass man zu träumen meinte mitten in dem fremden Amerika.

Es war keineswegs die fruchtbarste Gegend, welche jene sächsischen Lutheraner sich aussuchten; die gegenüber auf dem linken Ufer des Mississippi liegende Ebene hätte ihre Arbeit rascher und reicher belohnt. Aber unter Gottes Segen hat auch auf diesem ungünstigeren Boden deutscher Fleiß und deutsche Ausdauer den wohlverdienten Lohn gefunden; während die meisten amerikanischen Farmer die Gegend verlassen haben, sind die deutschen Lutheraner zu einem ziemlichen Wohlstand gekommen.

Eine Fahrt von etwa einer Stunde durch das bewaldete Hügelland, dessen Bäume den glänzenden bunten Blätterschmuck des amerikanischen Herbstes angelegt hatten, brachte uns nach **Altenburg**, dem Hauptorte jener Ansiedlung, in dessen Kirche ich abends den aus allen Orten der Umgegend herbeigekommenen Nachkommen der alten Sachsen von dem Heimatlande ihrer Väter und den Leiden und Freuden der lutherischen Freikirche in demselben erzählen konnte.

Dann ging es bei Mondschein noch hinüber nach **Frohna**, wo Pastor Zschoches gastliches Haus sich mir öffnete. Am anderen Morgen wurden die drei Kirchen des Dorfes, die älteste, alte und neue, besichtigt, an denen man recht die Entwicklung der Gemeinde aus den kleinsten Anfängen beobachten konnte, auch ein Blick in die Weinholdsche Mühle geworfen, deren praktische Einrichtung einem „Laien", wie ich in diesem Fach bin, sehr imponierte, und dann ging es wieder zurück, über Altenburg nach Wittenberg, über den Strom nach der Bahn, mit der Lokalbahn, die uns auf freiem Felde absetzte, damit wir den Hauptzug noch erreichen könnten, nach der Hauptbahn, welche gleichfalls auf freiem Felde hielt, um uns aufzunehmen, und dann in fliegender Eile nordwärts, um bei sinkender Nacht St. Louis zu erreichen, **St. Louis**, welches an jenem Tage schier auf dem Kopfe stand; denn es war der Haupttag der Fair und die „verschleierten Propheten" (*veiled prophets*) hielten ihren phantastischen Umzug durch die Straßen der Stadt. (Es ist dies eine Art Karnevalszug, bei welchem diesmal allerlei Szenen aus beliebten Theaterstücken dargestellt wurden). Nur durch die Freundlichkeit eines unserer sächsischen Studenten, der sich durch das Gewühl bis zum Bahnhofe hindurchgearbeitet hatte, gelangte ich auf einem Umwege wohlbehalten in meine Wohnung.

Die missourischen Pastoren in St. Louis halten wöchentlich – am Mittwoch Nachmittag – eine Konferenz, an welcher sich auch die Professoren des Seminars beteiligen. Da war es mir denn eine besondere Freude und Förderung, dass ich während meines Aufenthaltes dort zweimal an dieser Konferenz teilnehmen durfte. Außerdem hatte ich Gelegenheit, den Vorlesungen im Seminar beizuwohnen, und freute mich herzlich daran. Auch machte ich von St. Louis aus noch einen Abstecher nach Springfield, Ill., wo sich das von dem greisen Professor Crämer[19] geleitete praktisch-theologische Seminar der Synode befindet, und lernte dort ebenfalls Professoren und Studenten, sowie die Unterrichtsweise und Hauseinrichtung kennen.

Damit ich jedoch auch etwas von der Stadt St. Louis zu erzählen wisse, wurde ich, nachdem ich in einem großen Geschäftshause und in der permanenten Industrieausstellung gewesen war, in der Stadt und Umgegend spazieren gefahren, und muss demnach bezeugen, dass auch diese Stadt sich gewaltig entwickelt und besonders in den neueren Teilen einen gar prächtigen Eindruck macht. Da diese Fahrt an einem Nachmittage unternommen wurde, an welchem die Geschäfte geschlossen waren, damit die

[19] Friedrich August Crämer (1812-1891), 1845 als Sendbote W. Löhes nach Nordamerika, 1845-1850 Pastor in Frankenmuth/MI., seit 1850 Prof. am Praktisch-Theologischen Seminar der Missourisynode in Fort Wayne/IND.

Angestellten die Fair besuchen könnten, so wimmelte es in den Parks und Avenuen von Pferdewagen. Denn drüben *geht* man nicht spazieren, sondern fährt: Jeder einigermaßen wohlhabende Mann hat Pferd und Wagen, und an solchen Tagen wird dann ausgefahren. Da kutschieren denn meist die Besitzer oder auch Besitzerinnen selbst und entfliehen schnell dem Qualm und Schmutz der Stadt, um in den wohlgepflegten Parks die frische Luft und freie Natur zu genießen.

9. Eine Synode und eine Konferenz auf dem Lande

Von St. Louis gings zunächst noch einmal westlich, 234 Meilen am Missourifluss aufwärts, nach Concordia, einem Landstädtchen im Missourital, wo am 16. Oktober die Synode des Westlichen Distrikts zusammentrat. Es war eine etwas lange, aber durch die Gemeinschaft so vieler Brüder und stellenweise auch durch landschaftliche Schönheit der Gegend angenehme Fahrt, durch die wir am 15. Oktober abends nach Concordia gelangten. Das Bahnhofsgebäude war beim trüben Schein einer Öllampe – denn von elektrischem Licht wusste man hier noch nichts – kaum zu sehen, aber gastfreie Glaubensgenossen machten es entbehrlich und führten uns in die Stadt. Zunächst ging es in eine Apotheke, in welcher freilich neben ärztlichem Rat und Arzneien auch Photographiealbums, Muschelkästchen und hunderterlei andre Dinge zu haben waren. Unser Wirt, ein Landsmann, geboren „zwischen Zweie und Viere", nämlich in Dreie (d.h. in Treuen im Vogtland), wie die Vogtländer sagen, war nämlich der Doktor und Apotheker Bröcklein. Nachdem derselbe seinen Laden geschlossen, gings auf den hölzernen *side-walks* (Seitenwegen, Trottoirs) durch zwei ziemlich dunkle Nebenstraßen nach dem freundlich in Gärten gelegenen Wohnhause, wo wir uns bald behaglich fühlen lernten.

Am anderen Tage bot sich mir, als wir zu der etwa 1/4 Stunde vor der Stadt gelegenen Kirche kamen, ein eigenartiger Anblick. Auf dem freien Platze vor der Kirche stand ein großer Wagenpark, der sich fort und fort noch vermehrte. Hier banden Farmer die Pferde an den dazu angebrachten Pfosten fest, dort reichte eine auf dem Wagen stehende Farmersfrau ihrem Manne das kleine Kind herunter, um sich dann selbst in kühnem Schwunge von dem hochräderigen offenen Wagen zu schwingen, dazwischen kommen etliche, auch Frauen, geritten und neben den Pferden sieht man auch Maulesel zur Bespannung der Wagen verwendet. Weit in das flache Land hinaus sieht man die Staubwolken sich hinziehen, welche die Wege bezeichnen, auf denen die Synodalen von ihren Gastfreunden aus einer Entfernung von

2, 3, 5, auch 7 englischen Meilen herbeigefahren worden sind. Denn um über 200 Synodalglieder und -gäste unterzubringen, mussten, da in dem Städtchen Concordia verhältnismäßig nur wenige Gemeindeglieder wohnen, nicht nur alle zur Gemeinde gehörigen Farmer, sondern auch die Nachbargemeinden herangezogen werden. Vor der Kirche begrüßten sich dann die Synodalen, die zum Teil weit voneinander wohnen und nur bei diesen Jahresversammlungen Gelegenheit haben, sich zu sehen. Und dann füllte sich die geräumige Kirche zur Abhaltung des Eröffnungs-Gottesdienstes, bei welchem der Allgemeine Präses über 2Petr 1,19 predigte.

Am Nachmittage wurde die erste Sitzung gehalten. Die Verhandlungen wurden über das Thema „Zeichen der letzten Zeit" geführt, und gab der Referent, Herr Professor **Gräbner**[20] aus St. Louis, eine höchst interessante Charakteristik unserer letzten betrübten Zeit, die in einer Warnung und Ermunterung gipfelte, zu wachen, unsre Christenpflicht zu tun und unsrer Christenhoffnung uns zu trösten.

An einem Abende folgte ich der freundlichen Einladung des Pastors Demetrio von einer der Nachbargemeinden, die nach der nächstgelegenen Bahnstation den Namen Emma trägt, um dort in der Kirche einen Vortrag zu halten. Da tauchte ich denn auch in die Staubwolke ein, die jedes Mal nach Schluss der Sitzungen von der Kirche aus sich erhob und fuhr auf offenem Gefährt hinaus in das Land, 4 bis 5 Meilen weit. Der Weg, dessen Beschaffenheit einem unserer Vicinal- oder Kommunikationswege noch nicht gleichkommt, der aber doch, da trockenes Wetter war, in schnellem Trab befahren werden konnte, ging zwischen den durch Holzzäune (Fenze) eingefriedigten Feldern hin, die jetzt schon sämtlich abgeerntet waren. Das Land hier im Missouritale ist sehr fruchtbar, und da sich auch Kohlenlager (z.B. bei dem nur 13 Meilen [1 engl. Meile = 1609 m] nordwestlich von Concordia gelegenen Higginsville) in der Gegend befinden, ist die Gegend reich zu nennen. Nach einer Fahrt von kaum einer Stunde, bei der wir nur wenige Farmen passierten und die durch einen gerade von Norden nach Süden laufenden Hohlweg bezeichnete Grenze der Grafschaft überschritten, kamen wir bei sinkender Nacht bei dem einsam gelegenen Pfarrhause an, welches in seinen kleinen Räumen nicht nur eine zahlreiche Familie, sondern auch noch vier Synodalgäste beherbergte, deren einer für diese Nacht mir Platz machte. Man hat in Amerika meistens breite, „zweimenschige" Betten und ist es fast die Regel, dass zwei Gäste in einem Bett untergebracht werden. Das schön geschnitzte und mit feinen, auch wohl gestickten Decken

[20] August Ludwig Gräbner (1849-1904), seit 1887 Prof. am Concordia-Seminar in St. Louis/MO.

belegte Gastbett steht vielfach im besten Zimmer. – Bei Fackelschein gings nach dem Abendessen in die nicht weit entfernte Kirche, wo sich aus den zunächst gelegenen Farmen eine Anzahl Zuhörer eingefunden hatte. Am anderen Morgen sah ich, dass hier das Land bewohnter ist, als es mir am Abend zuvor erschienen war; denn man konnte von dem etwas erhöht gelegenen Pfarrhofe eine Anzahl Farmen sehen. Doch ist von einem eigentlichen Dorfe immerhin nicht die Rede, und die Abgrenzung der ländlichen Parochien nimmt auf die politische Abgrenzung vielfach gar keine Rücksicht. Eine angenehme rasche Fahrt durch die frische Morgenluft brachte uns vor Beginn der Sitzung wieder zur Kirche bei Concordia.

Pastor von Concordia ist schon seit vielen Jahren der Präses des Westlichen Distrikts, Biltz[21], der hier schon zur Zeit des Bürgerkrieges stand und da einmal in Gefahr war, erschossen zu werden, weil die Soldaten Rache nehmen wollten an dem Orte, wegen einer da geschehenen Untat, an der er aber natürlich völlig unschuldig war. Nur die Fürbitte seiner Frau rettete ihm das Leben. Präses Biltz, ein geborner Sachse, war einer von den ersten Zöglingen des in Altenburg in einem Blockhause, das die Lehrer selbst gebaut hatten, eröffneten College, aus welchem alle höheren Lehranstalten der Missourisynode hervorgegangen sind. Gegenwärtig befindet sich nun in Concordia selbst auch ein Progymnasium, welches im fröhlichen Aufblühen begriffen ist. Es liegt zwischen der Stadt und der Kirche und wird, zumal nach Vollendung des von der Synode beschlossenen Neubaues, den Schülern einen sehr angenehmen und gesunden Aufenthalt bieten. Dass unter den Schülern ein frischer Geist herrschte, schien aus ihren munteren Gesichtern hervorzugehen, und als sie am Sonnabend Nachmittag mit etlichen der jüngeren Pastoren auf dem freien Platze neben dem College das so beliebte Baseball-Spiel machten, blieben sie Sieger, was ihren Mut nicht wenig gehoben haben wird.

Schon am Sonntag Nachmittag musste ich mich im Pfarrhause von den Präsides Schwan und Biltz verabschieden und dann am Bahnhofe von den Professoren und anderen Glaubensbrüdern und Freunden, in deren Kreise ich mich so wohl gefühlt hatte. Denn ich sollte noch einer Konferenz auf dem Lande beiwohnen, aber in einer ganz anderen Gegend, nämlich in Frankenlust bei Saginaw im Staate Michigan. Um dorthin zu gelangen, reiste ich in der Nacht vom Sonntag zum Montag nach St. Louis, packte dort mein Gepäck und verabschiedete mich und fuhr dann mit der Wabash-Bahn die ganze Nacht durch nach Toledo und von da noch den halben Tag mit der

[21] Präses Biltz (1825-1908); einer der ersten Studenten nach der Gründung des Concordia-Seminars in St. Louis/MO., um 1880 Präses des Westlichen Distrikts der Missourisynode.

Flint&Pere Marquette-Bahn bis Saginaw City, – nebenbei bemerkt, eine Strecke von insgesamt ca. 800 engl. Meilen – wo ich am späten Nachmittag ankam. Auf der langen Nachtfahrt hatte ich natürlich nichts gesehen, dagegen im Schlafwagen recht gut geruht. Die Fahrt von Toledo nach Saginaw aber führte mich zuerst durch die hügelige Landschaft des südlichen Michigans, die mir einen recht freundlichen Eindruck machte, dann aber zeigte sie mir etwas ganz Neues, wovon ich bisher nur gelesen hatte, nämlich brennende Wälder. Ein penetranter Geruch machte mich zuerst darauf aufmerksam; als ich hinaussah, bemerkte ich, dass die ganze Gegend in blauen Dunst gehüllt war, sah aber auch hier und da an den Bäumen Flämmchen züngeln. Es war offenbar, der Wald, durch den wir fuhren, brannte, noch nicht in hellen Flammen, aber er brannte, und es bedurfte nur eines frischen Windes, um die helle Lohe anzufachen. Am nächsten Abend sah ich von der Veranda des Pfarrhauses in Frankenlust aus den Himmel weithin gerötet, und die Leute erzählten, dass in einer Nachbargemeinde schon eine Scheune abgebrannt sei. Wodurch diese Waldbrände entstehen, konnte ich unschwer erkennen. Schon vorher war es mir aufgefallen, dass das Gras neben der Bahn ganz schwarz und stellenweise ganz weggesengt war. Es sind also vornehmlich die Funken der Lokomotiven, welche diese Brände, die dem Lande großen Schaden machen, verursachen. Und wenn dann einmal solch ein Wald brennt, ist er schwer zu löschen; denn das viele alte, dürre Holz, das zwischen den hohen Stämmen liegt, da es niemand wegräumt, bietet dem Feuer zu viel Nahrung.

In Saginaw City 1/2 5 Uhr angekommen, wurde ich alsbald, so lange es das Tageslicht noch gestattete, von Präses J. Schmidt in der Stadt umhergefahren. Dieselbe ist ein Mittelpunkt des Holzhandels und enthält demgemäß viele Holzhöfe, Schneidemühlen und Möbelfabriken. Stellenweise waren die Straßen nur mit losen Planken belegt und mit Sägespänen dicht bestreut, welches freilich nicht ausreichte, die Unebenheit dieser Art Pflasterung völlig auszugleichen.

Nachdem ich in dieser Stadt einen auch von den Farmern der großen fränkischen Missionskolonie Frankenmut besuchten Vortrag gehalten hatte, fuhr ich am anderen Morgen mit mehreren Pastoren und Lehrern mit der Bahn nach Salzburg, wo uns der ehrw. Pastor Sievers[21], eines der ältesten Glieder der Synode, erwartete, um uns nach seinem nur eine halbe Stunde entfernten Pfarrhause in **Frankenlust** zu fahren. Das ist ein recht deutsches

[21] Ferdinand Sievers (gest. 1893), 1847 als Sendbote W. Löhes nach Nordamerika, seither Pastor der Missourisynode in Frankenlust/MI.

Pfarrhaus mitten in der amerikanischen Fremde, selbst in der Bauart deutsch: Während die meisten amerikanischen Häuser schmal und tief gebaut sind, so dass in den meisten Parlor (Empfangszimmer), Esszimmer und Küche hintereinander liegen, so ist dies nach deutscher Art in die Breite gebaut, mit Hausflur und Treppe in der Mitte. Für solche, die sich dafür interessieren, gebe ich hier den ungefähren Plan (s. Bild) eines amerikanischen Wohnhauses in der Stadt, dem viele gleich oder doch sehr ähnlich sind.

Aber vor allem heimelte mich die deutsche Gemütlichkeit und Herzlichkeit an, mit welcher ich Fremder hier empfangen wurde. Die Konferenz wurde in der englischen Schule gehalten, die hier, wo alles deutsch ist, unter der Aufsicht des deutschen Pastors steht. Die Konferenzgenossen, Pastoren

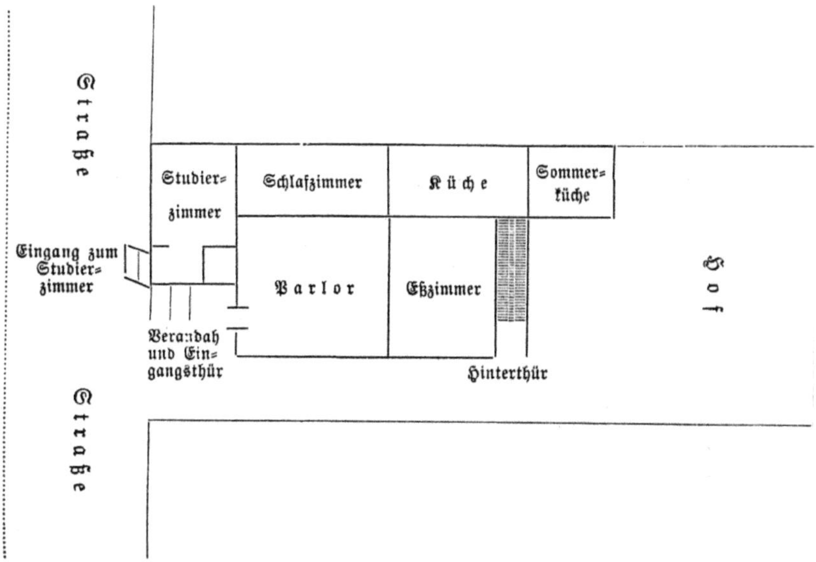

und Lehrer, etwa 40 an der Zahl, fanden hier, da Frankenlust mehr wie ein deutsches Dorf gebaut ist, leichter Unterkommen. Ich ward in ihrem Kreise bald heimisch und bedauerte nur, dass ich schon nach zwei Tagen weiterreisen musste.

Doch meine Zeit war abgelaufen, und ich eilte nun nach dem Osten, Detroit nur flüchtig berührend, den Eriesee in dunkler Nacht kreuzend (dabei passierte ich auch die Stelle, wo am kanadischen Ufer des Detroitflusses mein sel. Vorgänger, Pastor Ruhland, ums Leben kam), in Cleveland von den alten Freunden Abschied nehmend. Am Sonnabend Abend erreichte ich Buffalo und damit die letzte Station meiner Reise im Lande; denn das nächste Reiseziel war New York.

10. Amerikanisches

Diese Überschrift mag manchem Leser wunderlich vorkommen. Er wird sich fragen: Ist denn nicht alles, was hier erzählt wird, amerikanisch? Dagegen möchte aber nun ich fragen: Ist es den Lesern nicht aufgefallen, dass so wenig Besonderes, Merkwürdiges, Fremdartiges erzählt wird? Ist es ihnen beim Lesen dieser Reisebilder nicht vorgekommen, als könne man durch Amerika reisen, wie durch Deutschland? – Da will ich denn nun auf einiges hinweisen, was einem doch fremd oder „spanisch" vorkommt; ich könnte also etwa auch die Überschrift gewählt haben: „Spanisches".

Recht spanisch kam es mir erstlich vor, als ich in Baltimore während einer Sitzung der Synode die Karte eines Zeitungsberichterstatters (*reporter*) erhielt mit der Bitte um ein Interview (Zusammenkunft). Ich hatte wohl in den Zeitungen gelesen, dass politisch berühmte Persönlichkeiten interviewt werden, aber dass mir so etwas passieren könnte, davon hatte ich auch noch nicht einmal geträumt. Noch spanischer aber kam mir das Gespräch mit dem Manne selbst vor und was daraus folgte. Schärfer kann ein Untersuchungsrichter den Delinquenten nicht ausfragen, als dieser Reporter mich ausfragte. Sorgfältiger kann ein Transporteur seinen Gefangenen nicht bewachen, als er mich bewachte, damit ich ja nicht einem Reporter einer anderen Zeitung in die Hände fiele, ehe er seinen Bericht fertig und gedruckt hätte. Die Unterredung fand abends in der sechsten Stunde statt; am anderen Morgen las das erstaunte Baltimore eine genaue Beschreibung meiner Persönlichkeit, Herkunft und Familienverhältnisse nebst einem teilweise verwirrten Bericht über die Verhältnisse der deutschen Freikirche. Es war – das will ich nebenbei bemerken – die sogenannte „Saure-Gurkenzeit", aber es ist eben auch amerikanisch, von allem und von jedermann zu berichten und besonders auch die kirchlichen Versammlungen nicht unbeachtet zu lassen. Waren doch bei den Sitzungen des Östlichen Distrikts fast immer drei Berichterstatter weltlicher Zeitungen zugegen. Überhaupt ist es eine Eigentümlichkeit Amerikas, dass man kirchliche Dinge und Personen mit viel größerer Achtung und Rücksicht behandelt als in Deutschland, wo durch das Staatskirchentum die Achtung besonders der Pastoren sehr gelitten hat, weil man sie für bezahlte Staatsdiener ansieht, die predigen *müssen*, was der Staat haben will. Zum äußerlichen Ausdruck kommt diese Achtung unter andrem dadurch, dass man Pastoren Preisermäßigung gewährt auf Eisenbahnen (wo auch ich streckenweise für den halben Preis fahren konnte) und in Läden, wo der Pastor in der Regel 10% Rabatt bekommt. Dass einem Pastor dafür, dass er seinen Konfirmanden ein Hutgeschäft empfiehlt, jährlich ein neuer Hut nach eigener Wahl überreicht wird, das ist auch „amerikanisch".

Noch „amerikanischer" ist folgende Geschichte, die ich erst nach meiner Rückkehr nach Deutschland hörte. Ich hatte in Chicago in mehreren Kirchen über die kirchlichen Zustände in Deutschland Vorträge gehalten, und dabei war für die armen Pastoren und Gemeinden kollektiert worden, wie das in der Regel geschah, wo ich Vorträge hielt. Am Tage nach dem letzten Vortrage erscheint bei mehreren wohlhabenden Geschäftsleuten der Stadt ein Herr, der sich mit den Worten einführt: „Ich bin Präses Willkomm aus Sachsen und sammle für die deutsche Freikirche." Und als ihm an einer Stelle geantwortet wird: „Sie können Präses Willkomm nicht sein, denn Sie haben einen Bart; der aber hat keinen, ich habe ihn ja in der Kirche gesehen!" – da hat der Schwindler auch noch die Frechheit zu sagen: „Da müssen Sie eben doch nicht genau zugesehen haben; denn wie Sie sehen, habe ich einen Bart!" – Hoffentlich hat er aber doch durch diesen Misserfolg den Mut verloren, weiter zu „kollektieren"; unsre Glaubensbrüder aber mögen sich dadurch nicht abschrecken lassen, ihre Gaben für die deutsche Freikirche an die rechte Stelle zu befördern.

Sehr amerikanisch erscheint dem deutschen Besucher die Vermengung deutscher und englischer Sprache bei den Deutschamerikanern. Dass die Verkehrs- und Geschäftssprache Englisch ist, das ist nicht weiter auffällig; dafür ist man eben in einem fremden Lande. Auch das ist nicht so sehr auffällig, dass für gewisse technische Ausdrücke, die wir etwa aus andren Sprachen entlehnen, besonders aus dem Französischen, auch von den Deutschen in Amerika der entsprechende englische Ausdruck gebraucht wird. So löst man kein Billet, sondern ein Ticket, geht nicht ins Büro, sondern in das *office*, spricht nicht vom Trottoir [Fußweg], sondern vom *side-walk*. Aber man tut noch mehr, man braucht englische Ausdrücke, wo doch ganz gute deutsche zur Verfügung stehen, ja, man mengt Deutsch und Englisch in ganz abscheulicher Weise durcheinander. Und das tun nicht nur Ungebildete, sondern auch Leute von ganz guter Bildung. Dass, wer mit der *Railroad* (Eisenbahn) oder mit dem *steamer* (Dampfschiff) angekommen ist, nur mit der *street-car* (Straßenbahnwagen) in die Stadt gelangen kann, oder wenigstens dem *track* der *horse-car* (d.h. dem Geleise der Pferdebahn) folgen muss, versteht sich für den Deutschamerikaner von selbst; der deutsche Einwanderer aber, dem solcher Bescheid zuteil wird, sperrt wohl Mund und Nase auf; und es wird ihm nicht wohler zumute, wenn ihm etwa noch gesagt wird, er solle sich vom *baggage-master* seinen *trunk* holen, wenn er aber weiterwolle, solle er sich sputen, denn die *bell* habe schon „gerungen" und der *train* werde gleich starten (*baggage-master* = Gepäckmeister, *trunk* = Koffer, *bell* = Glocke, gerungen = *to ring* = läuten, *train* = Zug, *to start* = abfahren). Noch schlimmer wird's, wenn die *wizzle* bloht (die Pfeife pfeift), die Häuser „gemuvt" werden (fortgeschafft) und man, um solch einem auf Rollen fortbewegten „Främehause" (holzverschlagenen) auszuweichen, über die „Fenz tschumpen" muss (*fence* = Zaun, *to jump* = springen). Da darf man sich denn nicht wundern, wenn solch einer endlich, nachdem er etwas von dem Mischmasch kapiert hat, erklärt, er habe das Land nicht „geglichen" (das englische *to like* = gern haben, verwandeln die Deutschen in „gleichen" und sagen von etwas, was sie gern haben, „ich habe es geglichen") und fühle sich nicht gut bei solch einem Kauderwelsch. Was der deutsche Einwanderer sich am schnellsten angewöhnt, ist das *No*, *Yes* und *Well*. Letzteres vertritt völlig die Stelle unseres sächsischen „Nun" oder „Nu", und wenn sich jemand mit der Wendung *„Well*, gute Nacht" oder *„Well goodbye"* verabschiedete, so musste ich unwillkürlich an unser schönes vogtländisches „Nussegutenacht" oder „Nussehadjeh" denken.

Dass die Pferde in Amerika kein Deutsch verstehen, ist natürlich; so muss denn auch der deutscheste Deutsche dort mit ihnen Englisch reden. Der gewöhnliche Ermunterungszuruf lautet *„get up"*, es klingt aber bei den meisten wie „giddap"; ich musste einige Zeit nachdenken, bis ich heraus hatte, welcher Sprache das Wort angehörte.

Hiermit sei's genug gescherzt! Und nun zu etwas anderem, was auch echt amerikanisch ist.

11. Der Niagarafall

Ich hatte leider nicht das Glück, an einem hellen Tage mit freundlichem Sonnenschein an den Niagara zu kommen. Habe ich dadurch manches eingebüßt, was die Szenerie lieblich erscheinen lassen mag, so ist von der überwältigenden Großartigkeit des Schauspiels kaum etwas verlorengegangen. Von Buffalo fuhren wir, mein freundlicher Wirt und Begleiter, Pastor Senne, und ich, gegen 10 Uhr vormittags ab, in weitem Bogen um die jetzt schon mindestens 250.000 Einwohner zählende Stadt Buffalo herum, bei dem wichtigen Holzhandelsplatz Tanawanda vorbei und erreichten, die Bahnstation Niagarafalls ohne Aufenthalt passierend, die Station Suspension-

Bridge (zu deutsch „Hängebrücke") gegen 11 Uhr vormittags. Nur einige 100 Schritte vom Bahnhof ist der Eingang zu der weltberühmten Hängebrücke, welche das tiefe, nicht sehr breite Tal des Niagara etwa eine (englische) Meile unterhalb der Fälle überspannt. Oben auf der Brücke liegen die Bahngeleise, darunter ist eine Straße für Fuhrwerke nebst zwei Fußwegen. Die auf beiden Seiten fast senkrecht ca. 150 Fuß [50 m] aufstrebenden Felsmassen – augenscheinlich Sandstein oder Schiefer – haben den Strom so eingeengt, dass er sich schier durchzwängen muss. Noch fließt er unter der Brücke ruhig dahin – denn es ist merkwürdig, dass gleich unter dem Fall das Wasser ruhig wird -, aber bald wird den Wassermassen das Bette doch zu enge, die von der Seite und wohl auch aus dem Grunde vorragenden Felsen erregen ihren Zorn, sie fangen an zu springen, sich zu überstürzen, zu tosen und hoch aufzuschäumen, und zeigen damit den Felsen, dass sie, die sich einst den Weg durch diese Enge gebahnt haben, doch die mächtigeren sind. Das sind die 1/4 Meile unter der Hängebrücke beginnenden, etwa 1/4 Meile langen *rapids* oder Stromschnellen, welche man, nachdem man durch eine *inclinued plain* (unsre Bergleute würden sagen „Bremsberg") bis an den Rand des Stromes hinunter befördert worden ist, am Ufer auf einem Holzstege hingehend betrachten kann und in der Tat auch zu betrachten nicht müde wird. Die Heilige Schrift vergleicht unser Leben mit einem schnell dahinfahrenden Strome. Hier sieht man dies Bild in solcher Deutlichkeit wie wohl sonst nirgends, und empfindet zugleich, wie wahr es ist. Und doch hat es Menschen gegeben, welche sich in sündhafter Vermessenheit in dieses Durcheinander mannshoher, sich überstürzender, eine die andre in rasender Hast verdrängender Wellen gewagt haben, um den Strom zu durchschwimmen. Der erste, der es wagte, bezahlte seine Gottlosigkeit mit dem Leben: Die Wellen erdrückten ihn, sein Leichnahm wurde weit unten im Strome gefunden. Dadurch klug gemacht, haben andre sich starke Fässer machen und sich in dieselben einschließen lassen, und so haben sie sich durch den Strom treiben lassen, bis sie eine Welle ans Ufer warf – ein ebenso zweck- als sinnloses Unternehmen.

Am Ende des hölzernen Steiges, der dort in eine Plattform ausläuft, hat ein Photograph sein Atelier aufgeschlagen und erbietet sich, die Reisenden mit der Hängebrücke als Hintergrund zu photographieren. Es ist in der Tat ein interessanter Anblick, von dort unten aus die luftige Hängebrücke hoch über das Tal gespannt, dessen Tiefe man hier recht ermessen kann, zu betrachten. Doch hat der Anblick ohne Zweifel gelitten durch die eiserne Gitterbrücke der Michigan-Centralbahn, welche kurz oberhalb der Hängebrücke das

Tal überspannt und nun von dem erwähnten Standpunkte aus unter der Hängebrücke zu sehen ist. Da die Gitterbrücke auf zwei aus Gitterwerk hergestellten eisernen Säulen ruht, so macht auch die Hängebrücke nicht mehr den Eindruck, den sie ohne Zweifel zuvor gemacht hat. Schaut man auf der erwähnten Plattform vor des Photographen Bretterbude über die Brüstung in den Strom, so sieht man das Wasser sieden wie in einem Topfe, denn es ist dort gerade unmittelbar am Rande eine verhältnismäßig ruhige Stelle. Aber wehe dem, der von dort hineinspringen wollte; die wilden Fluten würden ihn versenken!

Bisher hatten wir von dem eigentlichen Falle nichts gesehen. Nur am rechten Ufer sahen wir weit oben das Wasser, welches die Mühlen benutzt haben, in 6 bis 10 Strahlen die hohe Felswand hinabstürzen, und ich bin überzeugt, dass jeder dieser Strahlen für sich irgendeinem Gebirgstal in Deutschland eine Berühmtheit verleihen würde, während sie hier alle zusammen nicht beachtet werden, weil sie in der Tat nichts sind neben der gewaltigen Schönheit und Größe der eigentlichen Fälle. Um zu diesen zu gelangen, mussten wir 1 1/2 bis 2 Meilen am kanadischen Ufer hinauf. Wir benutzten dazu einen Wagen, der uns durch einen Park, von dem aus wir schon einen herrlichen Ausblick auf die Fälle, besonders auf den amerikanischen, hatten, in kurzer Zeit zum *table-rock*-Haus brachte. Oberhalb desselben läuft die durch die kanadische Provinz Ontario von Buffalo nach Detroit gehende Linie der Michigan-Centralbahn hin, und ich ließ mir erzählen, dass sie ihre Züge an jener Stelle 5 Minuten halten lässt, damit die Passagiere den herrlichen Anblick genießen können. In der Tat hat man von jener Stelle, bzw. von dem Turmzimmer des *table-rock*-Hauses aus den schönsten Überblick über das Ganze. Links, dem Beschauer fast gerade gegenüber, stürzt der amerikanische Fall in einer Breite von 915 Fuß 164 Fuß [1 Fuß = ca. 30cm] tief herab – *ein* Guss, eine Wassermasse ohne Unterbrechung oder Unregelmäßigkeit. Dann schieben sich die *goat-island* genannten Inselgruppen dazwischen und unterbrechen die Linie, die sich darnach fast rechtwinklig zu der des amerikanischen Falles fortsetzt in dem 1950 Fuß langen, in der Mitte einen hufeisenähnlichen Bogen bildenden kanadischen Fall, der eben um jenes Bogens willen der *horse-shoe-fall* (Hufeisenfall) heißt; die Höhe des Falles beträgt hier nur 158 Fuß, aber die Wassermasse, die hier hinunterstürzt, ist natürlich eine viel größere: In der Mitte, dem eigentlichen Hufeisen, hat das Wasser eine ganz grüne Farbe, ein sicheres Anzeichen, dass die stürzende Flut sehr tief ist, – wenn den Angaben des Führers zu trauen ist, 16 bis 18 Fuß tief. Von beiden Fällen steigt eine weiße Wolke auf; die von dem kanadischen Falle stieg so hoch auf, dass sie sich mit den tiefgehenden Wolken des Himmels verband. Das Getöse aber, welches die stürzenden Wassermassen verursachen, ist fast betäubend und tönte mir noch lange in den Ohren.

Doch wir sollten der Sache noch näherkommen. Das *table-rock* = Tafelfelsenhaus, hat seinen Namen von einem tafelförmigen Felsen am Ufer unterhalb des Falles. Ein *elevator* (Fahrstuhl), der durch vom Falle entlehnte Wasserkraft getrieben wird, führt da hinab. Und von dort aus kann man auf hölzernem schlüpfrigen Pfade bis dicht an den Fall, ja, durch einen neuerdings gehauenen Tunnel bis unter den Fall gelangen, so dass man die Wassermassen vor sich niederstürzen sieht. Ehe wir aber diese Tour antraten, mussten wir eine Metamorphose [Verwandlung] mit uns vornehmen lassen, indem wir Wachstuchhosen und desgleichen Rock mit Kapuze, sowie Gummischuhe anzogen; denn man ist da allenthalben dem Sprühregen des Falles ausgesetzt. Als wir nun da unten auf dem Tafelfelsen standen, da bekam ich erst einen Begriff von der Höhe des Falles; und, hinter dem Falle stehend, merkte ich erst, mit was für einer Wucht die Wassermassen niederstürzen, es macht fast den Eindruck, als ob sie heruntergeschleudert würden, und „die Wasser brausen greulich" [Lk 21,25], dies Schriftwort kam mir unwillkürlich in den Sinn.

Nachdem wir wieder Toilette gemacht und das Aussehen gewöhnlicher Menschenkinder erlangt hatten, gingen wir zu Fuß durch den oben erwähnten Park zurück bis zu der neuen nur für Fuhrwerke und Fußgänger bestimmten Hängebrücke, welche Clifton in Kanada direkt mit dem amerikanischen Städtchen Niagarafalls verbindet. Diese erst vor ca. 10 Jahren konstruierte Brücke wurde letztes Jahr durch einen heftigen Sturm zerstört, so dass nur die vier Drahtseile, deren jedes aus sieben zollstarken gedrehten Stahldrähten besteht, übrigblieben. Jetzt ist infolgedessen die Brücke noch durch ein Netz von Drahtseilen auf beiden Seiten geschützt und man kann so sicher darauf gehen, als ruhte sie auf granitnen Pfeilern; sie schwankt nicht einmal merklich, wenn ein Wagen drüberfährt. In Niagarafalls stärkten wir uns zunächst in einer deutschen Restauration und nahmen dann, da es ein wenig zu regnen begann, und die Wege so schon ziemlich schlecht waren infolge des in der Nacht zuvor gefallenen heftigen Regens, wieder einen Wagen, der uns vom *Prospect-Park* aus nach *Goat-Island* mit *Luna-Island* und den *Three Sisters* brachte. Die genannten Inseln sind mit dichtem Laubholz bestanden und teilen den amerikanischen und den kanadischen Fall. *Luna-Island* – die Luna-Insel – liegt auf der amerikanischen Seite, durch einen schmalen, reißenden Strom, über den eine hölzerne Brücke führt, von *Goat-Island*, der Ziegeninsel, getrennt. So befindet man sich auf der Luna-Insel mitten in den tobenden Gewässern, und an ihren beiden vorderen Ecken kann man an den senkrecht herabstürzenden Wassern des amerikanischen Falles gerade hinuntersehen, ein Anblick, dem nur schwindelfreie Leute gewachsen sein dürften, trotz der festen Brüstungen, die an den betreffenden Stellen angebracht sind. Auch liest man hier an mehreren Orten die Warnung: *„Do not venture in dangerous places* (Man wage sich nicht an gefährliche Stellen!) – eine bei der bekannten Waghalsigkeit der Amerikaner gewiss sehr nötige Warnung.

Von der Luna-Insel zurückkehrend, bestiegen wir wieder unseren Wagen und fuhren zu meinem Leidwesen vorbei an dem Eingang, zu der „Cave of the Winds" (Höhle der Winde). Derselbe führt mit einem Elevator an den Fuß des amerikanischen Falles und dann hinter den zwischen der Luna- und Ziegeninsel herabstürzenden schmalen Strom. Dort ist die Höhle der Winde, so genannt von dem gewaltigen Luftdruck, den man dort zu erleiden hat. Das Getöse soll so gewaltig sein, dass man auch den lautesten Schrei einer menschlichen Stimme nicht vernehmen kann.

Wir fuhren weiter an das andre Ende der Ziegeninsel und kamen auf etliche Felsblöcke, die ganz am Rande des kanadischen Falles liegen, wer weiß, wie lange schon! Auch dies war ein wundervoller Anblick und zum Andenken daran las mir mein freundlicher Begleiter einige Steine aus einem Rinnsale zwischen den verschiedenen Felsblöcken auf, die ich mit nach Hause nahm. Dahinter lagen gewaltige Baumstämme, die der Strom herbei geführt, die Felsen aber aufgehalten hatten. Sie sind ihrer Rinde beraubt und tragen bis weit hinaus, fast bis an den Rand des Falles, Inschriften von Namen waghalsiger Besucher, die trotz der Warnungstafel und trotz der augenscheinlichen Gefahr, die damit verbunden sein muss, auf den Stämmen hinausgeritten sind und dort ihre Namen eingeschnitten haben. – Weiter führte uns unser Wagen zum Eingange nach den „drei Schwestern". Das sind drei kleine, fast gleich gestaltete Felseninseln, die an der Südwestecke der Ziegeninsel in dem kanadischen Teile des Stromes liegen. Sie sind durch hölzerne Brücken mit der Ziegeninsel und untereinander verbunden und gewähren einen interessanten Blick in die dem Sturze entgegeneilenden Wasser des Stromes, der sich gleichsam zum Sprunge rüstet. Besonders von der ganz draußen im Strom gelegenen dritten Schwesterinsel sieht man bis zu dem ziemlich entfernt gelegenen, an jenem trüben Tage kaum erkennbaren kanadischen Ufer nichts als eine Menge kleiner Wasserfälle, in ihrem Zusammenhange eine Wasserwüste bildend, wie ich noch keine zweite gesehen habe.

Nirgends so wie hier kam mir die Ohnmacht des Menschen zum Bewusstsein, indem mir eben dies wogende, brausende Meer die Unendlichkeit Gottes und seine Macht und Größe vor Augen stellte. Wie lange brausen und tosen diese Wasser nun schon, dem Abgrunde entgegeneilend? Doch jedenfalls seit der Sündflut [Sintflut]! Und doch ist auch dieses Brausen der Gewässer ein Zeichen des Jüngsten Tages; denn sie erfüllen den sündigen Menschen mit Grauen, wenn er sich sagt, dass eine solche Welle genügen würde, ihm das Leben zu nehmen, und mit Ehrfurcht vor der göttlichen Majestät, die solches geschaffen und erhält. Mit ähnlichen Gedanken kehrten wir zu unserem Wagen zurück, der uns nach rascher Fahrt am Ufer des amerikanischen Stromes hin und über die denselben kreuzende Brücke im *Prospect-Park* absetzte, von dessen Terrasse wir einen letzten Gesamtüberblick über beide Fälle genommen. Tiefbewegt von der Großartigkeit dieses Bildes, kehrten wir mit dem Nachmittagszuge nach Buffalo zurück, welches wir 1/2 6 Uhr erreichten.

12. Über New York nach Hause

Bei fortgesetztem Regen hatte ich am Abend des 28. Oktobers in Buffalo den Bahnhof der *West-shore*-Bahn erreicht und hatte meine Schlafstelle im Schlafwagen eingenommen. Als ich aber am Morgen des 29. erwachte, wurde die reizende Gegend um *Kingston* am Hudson schon von den ersten Strahlen der aufgehenden Sonne beleuchtet. So konnte ich die Fahrt am rechten Ufer des Hudsonflusses, des „amerikanischen Rheins", recht genießen und wurde wenigstens etwas dafür entschädigt, dass die Flussdampfer nicht mehr gingen; denn ich hatte eigentlich vor, die letzte Strecke von *Albany* mit dem Dampfer zu fahren, aber die Saison war vorüber. Um 10 Uhr kam ich auf dem Bahnhofe am rechten Ufer des Hudson, gegen 12 Uhr per Dampffähre und Straßenbahn im Pilgerhause an. Diese lange Zeit brauchte ich auf der Straßenbahn, weil dieselbe, durch den Zusammenbruch eines mit Eisenstangen beladenen Lastwagens aufgehalten, in einen Knäuel von mehr als 100 Wagen verwickelt wurde und wohl eine Stunde lang kaum von der Stelle konnte. Da hatte ich einige Gelegenheit, New Yorker Verkehr zu studieren.

Nach diesem Aufenthalt erschien mir das Pilgerhaus erst recht als ein Ruhehafen und sicherer Ankerplatz. Herr Pastor Stephanus Keyl hieß mich hier herzlich willkommen, und er wetteiferte mit seinen Gehilfen, mir alle

Schwierigkeiten aus dem Wege zu räumen. Wie vielen Reisenden und Einwanderern ist dies Haus schon ein Segen gewesen! Möchten sie es nur immer mehr benutzen! Hier finden sie gutes Quartier und gute, reichliche Kost, wie ich bezeugen kann, da ich zweimal und das letzte Mal unerwartet daselbst eingekehrt bin. Hier finden sie Rat und Unterstützung in allen die Reise betreffenden Angelegenheiten und bleiben, wenn sie nur diesem Rate folgen, vor allen Schwindlern bewahrt. Hier wird ihnen geistlicher Zuspruch zuteil und, wenn die Einwanderer in betreff des Reisezieles nicht schon von Haus aus Bestimmung getroffen haben, so werden sie von hier aus an solche Plätze gewiesen, wo sie sicher sein können, die lutherische Kirche zu finden, und werden also vor den Sekten und Schwärmern und allerlei Verführern bewahrt. Bei den vortrefflichen Diensten, die dieses Haus unter der bewährten Leitung des Herrn Pastor Keyl allen Reisenden und besonders den nach Amerika Einwandernden leistet, ist es ganz unbegreiflich, dass es noch so viele – auch in der Missourisynode – gibt, welche ihre Schiffskarten sich von anderen Agenturen besorgen lassen und dadurch sich der Wohltat und des Schutzes dieser Anstalt, das Haus aber des Vorteils berauben, den es von der Besorgung der Karten hat. Erst kürzlich besuchten mich Leute aus einer nahe bei New York gelegenen Gemeinde der Missourisynode, welche ihre Schiffskarten anderweit bezogen hatten, obwohl ihr Pastor sie auf das Pilgerhaus aufmerksam gemacht hatte. Das sollte, bei aller persönlichen Freiheit, die natürlich nicht beschränkt werden soll, nicht geschehen. Das Werk der Emigrantenmission, in echt lutherischem Geiste getrieben, ist es wert, dass man es unterstützt und empfiehlt; und wer kann das besser, als der, welcher seine Dienste selbst gebraucht hat?

Die Arbeit in diesem Hause ist freilich eine sehr anstrengende und, besonders für den Leiter desselben, Herrn Pastor Keyl, fast aufreibende. Ich habe es mit angesehen, wie er von allen Seiten mit Anfragen um Auskunft, Bitten um Rat oder Beistand oder auch Unterstützung bestürmt wird, dass er oft nicht weiß, wo ihm der Kopf steht. Und ähnlich geht es der Hausmutter, Frau Karnils, die für die leiblichen Bedürfnisse der Gäste des Hauses zu sorgen hat und dafür mit Umsicht und Energie sorgt. Am schlimmsten sind natürlich die Tage unmittelbar nach Ankunft der europäischen Dampfer, durch die bald eine Anzahl einzelner Einwanderer, bald ganze Gesellschaften solcher dem Hause zugeführt werden. Kurz ehe ich auf meiner Rückreise nach New York kam, hatte ein Dampfer dem Hause mit einem Male über 100 Gäste gebracht, die alle beherbergt, beraten, gespeist und doch wieder auch möglichst schnell weiter befördert werden wollten; ein andres Mal waren es etliche 70 an einem Tage. Und zur Bewältigung all dieser Arbeit stehen außer den beiden Genannten nur noch fünf Hilfskräfte, zwei für Küche und Haushalt und drei für die Schreiberei, Lauferei und für das Abholen der Einwanderer, welches ja auch persönlich erfolgen muss und bei der Zudringlichkeit der Wirte und sonstiger auf die Taschen der Fremden spekulierender Leute einen energischen Mann erfordert, zur Verfügung. Man muss einige Erfahrung und Vorstellung auch davon haben, wie unwissend und unbeholfen, auch wie verwirrt durch das viele Neue, was sie sehen, die Einwanderer bei der Ankunft sind, um verstehen zu können, welche Arbeit und Verantwortung der Missionar dabei hat. Es ist aber auch für den Fremdling ein herrliches Gefühl, diesen Mann zum Beistand zu haben und in das Pilgerhaus wie in einen Friedenshafen eingelaufen zu sein, und obgleich die Arbeit des Missionars zum größten Teile in Äußerlichkeiten besteht, so ist es doch eine rechte Missionsarbeit, die Herz und Gemüt der Fremden erquickt und für das gütige Wort Gottes empfänglich macht. Es sei also hiermit dieses Lutherische Pilgerhaus Nr. 8 State Str. New York, dessen Abbildung nebenstehend zu sehen, jedem Reisenden dringend empfohlen.

(Wer von Deutschland reisend, die Dienste dieses Hauses gebrauchen will, wende sich an Herrn W. Schmidt in Bremen, Roßstraße 26, welcher im Auftrage des Pilgerhauses und unter der Kontrolle des Herrn Pastor Hübener in Hannover die Auswanderer berät und ihnen betreffs des Unterkommens in Bremen, der Besorgung des Gepäcks usw. Hilfe leistet, auch vor Abgang der Dampfer in seiner Wohnung einen Lesegottesdienst abhält, wenn Herr Pastor Hübener nicht selbst da ist, um zu predigen. Wer über Hamburg reist, verlange von Herrn W. Vopel, Amsinckstraße 15, die Karte des Pilgerhauses.)

Wer bei seiner Ankunft in New York die Karte des Pilgerhauses (eine gelbe Karte, auf welcher der Name dieses Hauses groß gedruckt ist) sichtbar an sich trägt oder auch sich auf dieses Haus beruft, muss dem beim Ausgange aus der Landungshalle anwesenden Agenten dieses Hauses zugewiesen werden. Sollte derselbe einmal nicht da sein, so braucht der Einwanderer nur den vor der Landungshalle befindlichen Platz, auf dem etliche Anlagen sind, zu überschreiten, dann wird ihm das Haus mit seinem weithin sichtbaren Schilde in die Augen fallen. Das gilt den Zwischendeckspassagieren, da, wie früher erwähnt, die Kajütpassagiere anderwärts landen.

Nun sollte und wollte ich noch von New York erzählen, wo ich im Hause des Herrn Pastor Sieker acht Tage lang die weitgehendste Gastfreundschaft genossen und so manches von den Merkwürdigkeiten und Sehenswürdigkeiten dieser Weltstadt gesehen habe. Aber der mir zur Verfügung stehende

Lutherisches Pilger Haus

Raum ist zu Ende. Und wenn man von New York erzählen will, so kann mans nicht auf einer halben Seite tun. Deshalb will ichs jetzt ganz lassen und hier nur so viel sagen, dass auch in New York die rechtgläubige Kirche, obwohl sie gerade hier mit besonderen Schwierigkeiten zu kämpfen hat, im Aufblühen begriffen ist. – Es wurde mir, obwohl es „nach Hause" ging, fast schwer, mich von den Freunden und Glaubensgenossen zu trennen, als ich am 6. November den Dampfer „Aller" bestieg. Denn sie hatten mich mit Liebe und Freundlichkeit überschüttet. Gott wolle sie ihnen vergelten und uns, wenns auf Erden nicht mehr sein soll, droben ein seliges Wiedersehen schenken.

In rascher Fahrt bei im Ganzen sehr günstigem Wetter legte die „Aller", einer jener trefflich eingerichteten und von erprobten Offizieren und Mannschaften geführten Schnelldampfer des „Norddeutschen Lloyd" zu Bremen, die Reise zurück. Schon in der Nacht vom 13. zum 14. November erblickten wir die Leuchtfeuer von Scilly Islands, am Mittag des 14. November lagen wir in der Bucht von Southampton, die wir nach kurzem Aufenthalt wieder verließen. Abends 7 Uhr passierten wir Dover und am Nachmittage des 15. November gegen 5 Uhr lag unser Schiff auf der Weser bei Bremerhaven, wo ich denn mit innigem Dank gegen Gott das Heimatland wieder betrat, das ich gerade vor 15 Wochen verlassen hatte.

Wie wird es sein, wenn wir in der ewigen Heimat ankommen?

O schöner Tag und noch viel schönre Stund,
wann wirst du kommen schier,
da ich mit Lust und freiem Freudenmund
die Seele geb' von mir
in Gottes treue Hände
zum auserwählten Pfand,
dass sie mit Heil anlände
in jenem Vaterland?

(aus: Ev.-Luth. Hausfreund-Kalender 1891, S. 65-110)

Personenregister

(auf den fettgedruckten Seiten finden sich biografische Angaben)

Lebensdaten von Otto Willkomm im Überblick

30.11.1847	geboren in Ebersbach (Oberlausitz)
1854-1858	Grundschule in Ebersbach
1858-1865	Gymnasium in Zittau
1865-1868	Theologiestudium in Leipzig
1868-1870	Lehrer in Leipzig (Teichmannsche Privatschule)
1870-1873	Kollaborator am Leipziger Missionshaus
1873-1876	Missionar in Ostindien
1876-1879	Pastor der Ev.-Luth. Freikirche in Crimmitschau (Sachsen)
1879-1917	Pastor in Zwickau-Planitz (St. Johannisgemeinde)
1879-1907	Präses der Ev.-Luth. Freikirche
1879-1920	Schriftleiter der Kirchenzeitung „Die Ev.-Luth. Freikirche"
1885-1925	Herausgeber des Ev.-luth. Hausfreund-Kalenders
1917	Emeritierung
1921	Ehrenpromotion des Concordia-Seminars in St. Louis/Mo.
5.8.1933	gestorben in Dresden-Bühlau (Grab in Zwickau-Planitz)

Kinder von Otto Willkomm

1. Karl **Martin** Willkomm (1876-1946), Pastor, Hochschulrektor in Kleinmachnow, verheiratet mit Emily Naumann

2. **Helene** Emma Marie Willkomm (1878-1965), verheiratet mit dem Missionar Georg Naumann (Missourisynode, USA)

3. Anna Maria **Katharina** Willkomm (1881-1973), verheiratet mit dem Verlagsbuchhändler Johannes Martin Herrmann in Zwickau

4. Johanna Dorothea Elisabeth (1885-1886)